由南开大学中外文明交叉科学中心资助出版
南开大学中外文明交叉科学中心文明互鉴系列

雷海宗史学论文选

Selected Historical
Papers of Lei Haizong

雷海宗————著

江苏人民出版社

图书在版编目(CIP)数据

雷海宗史学论文选 / 雷海宗著. 一南京：江苏人民出版社，2022.12

（南开大学世界古史论丛）

ISBN 978 - 7 - 214 - 27601 - 8

Ⅰ. ①雷… Ⅱ. ①雷… Ⅲ. ①史学—文集 Ⅳ. ①K0 - 53

中国版本图书馆 CIP 数据核字(2022)第 192149 号

书　　　名	雷海宗史学论文选	
著　　　者	雷海宗	
责 任 编 辑	杨　健　于馥华	
责 任 监 制	王　娟	
装 帧 设 计	刘　俊	
出 版 发 行	江苏人民出版社	
地　　　址	南京市湖南路 1 号 A 楼,邮编:210009	
照　　　排	江苏凤凰制版有限公司	
印　　　刷	南京新洲印刷有限公司	
开　　　本	652 毫米×960 毫米　1/16	
印　　　张	18　插页 4	
字　　　数	250 千字	
版　　　次	2022 年 12 月第 1 版	
印　　　次	2022 年 12 月第 1 次印刷	
标 准 书 号	ISBN 978 - 7 - 214 - 27601 - 8	
定　　　价	78.00 元	

(江苏人民出版社图书凡印装错误可向承印厂调换)

"南开大学世界古史论丛"
编委会

陈志强　江　沛　杨巨平　叶　民

"南开大学世界古史论丛"总序

　　南开大学历史学科即将迎来建立百年的日子,为纪念这一重要时刻,特推出"南开大学世界古史论丛"。作为南开大学世界史学科发展的重要学科领域,世界上古中古史学科方向经几代学者的不懈努力,不仅培养了大批学有专长的后备人才,而且取得了显著的科研成果。在世界上古中古史学科发展的历史上,涌现出蒋廷黻(曾开设欧洲文艺复兴史)、雷海宗、黎国彬、辜燮高、陈楠、王敦书、于可、李景云等蜚声国内外的老一辈学者群体,他们的弟子遍及海内外,也为其后以陈志强、杨巨平和王以欣等学者为代表的学科中坚力量的发展打下了坚实的学术基础。

　　改革开放以来,本学科优势持续发扬光大,呈现出令人可喜的局面,形成了西方古典史、拜占庭史、古代中西交流史、古埃及学等诸多国内领先的研究领域,在国内外学界的影响力持续增强。作为南开大学世界史学科重要的组成部分。世界上古中古史学科方向先后建立了南开大学希腊研究中心(教育部国别和区域研究备案中心)、西方古典文明研究中心、东欧拜占庭研究中心、丝路古代文明研究中心等学术机构,承担国家社科基金重大项目及以下各级别研究课题多项,培养了数以百计的硕士和博士生,他们已经成为国内各高校和科研机构的骨干力量。

为了继承和发扬传统、回顾和总结经验和成果、激励后学,在学院和学校各级领导大力支持下,我们决定共同努力,收集整理南开大学世界史老中青三代教师们的相关成果,编辑和出版"南开大学世界古史论丛"。该论丛以马克思主义历史唯物论为指导,突出学术性,展现南开大学世界上古中古史研究的实力,并向南开大学历史学科百年生日献上一束花,祝愿学科发展再上层楼。

出版说明

　　雷海宗是中国历史学家，出生于 20 世纪初，其活跃的年代为 20 世纪 30 年代至 50 年代，其著作的语言文字带有所处时代的鲜明特点，与现行的语言文字规范略有不同。本书所选雷海宗的论文均以其首次发表版本为主，为尊重作者行文习惯，对用词用字进行了保留，仅对明显的错讹之处、标点符号、"的""地""得"的用法进行了编辑修改。这些修改或有不当之处，还请读者批评指正。

　　本书关于我国历史朝代的断代纪元与现行说法略有不同，这里忠于作者原文，进行了保留。

　　此外，由于写作时代的限制，作者对古代农民起义多以"匪""贼"称呼（如黄巾起义、赤眉起义）；对古代的民族融合也多采用传统说法，如"五胡乱华"等。对于此类问题，为保持作者论述的原貌，保证叙述的逻辑连贯性，对类似说法进行了保留。特此说明。

目　录

上编　中国古史论

下编　西洋古史论

上 编

中国古史论

殷周年代考

序　论

殷周年代至今仍为古史上未决问题。太史公作《史记》，年表始于共和元年（西前八四一年），此前年代皆认为难凭之传说。时至今日，吾人对此亦未有确实之推定。然关于周室元年，比较有价值之说有二：

西前一一二二年（《三统历》）

西前一〇二七年（《竹书纪年》）

两说代表两种可能之年代考定法，关于古史年代，吾人普通亦只有此两法也。若有史料可凭，吾人当然根据史料之记载。例如秦并六国完成之年为西前二二一年，此为可靠记录，吾人可完全承认，无需再加推考，此一法也。若关于史上某事发生年代，无确实之记载，则吾人可以片段材料为起发点而加以推考，此又一法也。以上两说，第二说为历史上之记录，但是否确实，尚待考定。（普通多以《竹书》中所纪周元为西前一〇五〇年，此乃后世伪《竹书》之窜改，不可凭信。古本《竹书》纪周元为西前一〇二七年。——见王国维著《古本竹书纪年辑校》。）第一说则为刘歆《三统历》根据片段史料所推定。然古今推算者不只一人，如《大衍历》推周元为西前一一一一年，今人亦有根据历法推算而肯定此年者；日本学者新城新藏则推定为西前一〇六六年。此外转相抄袭或凭空拟定者尚多,更无赘述之价值。同为推算,而结果有三,且相差有四五十年之久;而推定结果之最早者与《竹书》所纪相差几至百年。此非古史中年代传说上下所差不过三五年无关重要者可比。两说必有一误,或两者全误,此犹待吾人考定者也。

根据片段史料而以历法推定历史上年代,须有以下条件为先题:(一)由吾人所确知之最早年代(如共和元年)至吾人所欲推定事实之年代(如周室元年),其间片段史料必须完全可靠,而非为疑似之传说;(二)于先后两年代间所用历法情形吾人必须详知;若有历法上之改革,吾人亦须明晰。以此两标准而断一切关于西周年代之推算,恐皆有穿凿附会之嫌也。(一)关于共和前之年代只《尚书》中有少数意义不清之记录。其记录是否可凭,尚有问题。即假定其全为事实,其解释亦大有困难。共和前任何周王在位年数吾人完全不知,而《尚书》中只言某事发生于某王某年;甚或年代亦全不录,而只记某月某日;而其记日之解释法则尚属疑题。于此种情形下吾人而欲确定《尚书》中所记某事为共和前某年,恐为事实上之不可能。(二)较此尤大之困难,则古代历法变更问题,今日已无从解决。春秋时代历法上之变化,吾人尚可由《左传》中见其一二;然春秋以前历法有无改变吾人完全无从究诘。于此种情形下吾人将以何种历法为据而推定《尚书》中所记年代月日乎?故苟非地下有关于历法史极清楚而可靠之发现,吾人决难以历法推算共和前之年代。若采此法,则每人对历法各持一说,又不能起古人而断孰是孰非;是每人可随意推考,而是非永无解决之日。同为推算,而有三种不同之结果,其故即在此也。而可能之结果恐尚不止此。若有欲为数学上之练习者,大可以此为题;其结果或早于西前一一二二年,或晚于西前一〇六六年,皆无不可也。

推计既不可靠,吾人似只有信古代传说矣。然古代传说之有确定年代者,惟有《竹书》;而《竹书》又为战国末年作品,上距周初或已有七八百年之久；吾人安能知其必是？本文所欲考证者，即此点也。

西周年代问题

于前述两种计年法外，尚有一法人少试用，吾人于此无可奈何情形下不妨尝试之。按温带人类生理，普通四世当合百年。中国古今朝代，皆不逃此原则。盖古代男子二十而冠，即可婚娶，至迟不过三十，所谓"男子三十而娶"者也。故以平均而论，娶妻生子年当在二十五左右；而帝王继位自周以下大半采长子承继制，故平均每世二十五年不爽也。后世虽行早婚制，不过有年未及冠而婚者而已，实际娶妻生子仍多在年二十与三十之间也。故吾人若以每世二十五年之法推计，西周年代虽不可确知，然大概年代必可求出，决不至再有上下百年之疑问也。

吾人试先推计西周以下之年代，以视其是否合于四世百年之例。然于推计之先，尚有须为声明者数则：（一）创业帝王往往即位已至垂死之年，故不能计为一世。（二）一代将亡时，往往一二幼主继立，不过十年即被废弑，此亦不能计为一世。（三）普通若有一二世兄弟相继者，兄弟二人或数人宜以一世计算，不能每君定为一世也。（四）若祖孙相继，则宜计为三世，非二世也。（五）吾人对不满四世之朝代概不计算。凡此皆属显然之理，不过预先指出以简下文而已。

共和以下周代年表既无问题，吾人可先为推计，以视其是否合于生理原则。共和十四年间厉王仍王于汾。厉王死，宣王始立；其年为西前八二七。故吾人可由宣王即位之年而计宣王以至赧王（西前二五六年死）之年代。此间共二十三世（其间除有数次兄终弟及易于查知者外，平王、桓王为祖孙相继，须特为注意），以每世二十五年计，应得五百七十五年，而实际年数为五百七十二年。推理与实际之相差可谓微乎其微矣。

西汉国祚二百一十四年（西前二〇六至纪元八年）。高祖晚年得天下，可不计算。孺子婴三年被废，亦宜除外。此间整个的为九世（宣帝为昭帝孙辈），按理宜为二百二十五年。

东汉国祚一百九十六年（纪元二五至二二〇）。光武壮年得天下，可计为一世；献帝晚年始禅位，亦可计为一世。光武至献帝共八世，宜为二百年。

晋国祚一百五十五年（纪元二六四至四一九）。由武帝至恭帝为五世，宜得一百二十五年。但其中除武帝外，每世皆兄终弟及。武帝以下三世每世三人为帝，第五则五人继立。故世代年代完全混乱。此点于讨论殷商年代时尚须提出。

唐国祚二百八十九年（六一八至九〇六）。其中除高祖晚年得天下，哀帝不得善终外，共十二世，宜为三百年。

宋国祚三百一十五年（九六〇至一二七四）。太祖得天下虽在晚年，然继位者乃其弟，兄弟二人可计为一世。太祖至度宗共十二世，宜为三百年。

元国祚一百零四年（一二六四至一三六七）。若计至顺帝死年（一三七〇），则为一百零七年。世祖壮年即位，可计为一世。世祖至顺帝共六世（其中成宗为世祖孙），宜为一百五十年。况前后六世中有两世皆为兄弟三人相继者，国祚即逾一百五十年，亦不为异。今竟不过百年有零，殊不可解。元代为古今惟一不可解释之例外。但此与本题无关，因关于西周年代，说者皆失之过长，而不失之过短也。况元史至今疑问尚多，将来研有结果，此种特点或亦不难解释也。

明国祚二百七十六年（一三六四至一六四三）。太祖壮年得天下。怀宗虽未得终天年，然殉国时已在壮年，亦非即位数年而不得善终。故明代首尾二帝可计为二世。前后共十二世，宜为三百年。怀宗若得善终，则有明国祚必与三百相近也。

清国祚二百六十八年（一六四四至一九一一）。世祖七岁即位，宜计为一世。宣统三年退位,可不计。由世祖至德宗共八世,宜为二百年。此特殊之例外,乃因清朝不立太子,每世继位者非长子而为幼子。故虽无兄弟相继之名,而有兄弟相继之实,非通例所可包括也。此点于讨论殷商年代时亦须提出。

兹将以上推定结果与实际记录列表如下:

朝代	世代	实际年数	推计年数
周共和以下	二十三	五七二	五七五
西汉	九	二一四	二二五
东汉	八	一九六	二〇〇
晋	五	一五五	一二五
唐	十二	二八九	三〇〇
宋	十二	三一五	三〇〇
元	六	一〇七	一五〇
明	十二	二七六	三〇〇
清	八	二六八	二〇〇

以上九代,除晋、清例外,当作别论;元为不关本题之例外;其他六代皆为四世百年之有力明证。上下三千年而无真正例外之生理事实,吾人似可承认矣。若以此而推,则西周年代当不难索得。武王晚年得天下,相传七年即崩,虽不可必,然为晚年王天下则属可信,故可不计为一世。由成王至厉王共八世,宜为二百年。宣王元年为西前八二七年,则周元当在西前一〇二七左右,此与《竹书》所纪恰相符合。若以西周全体而论,则共为十世,合二百五十年,周元当在西前一〇二〇左右。《竹书》纪西周共二五七年,所差不过七年。若以二周全体而论,则三十一世合得七百七十五年。周亡之次年为西前二五五年,是周元当在西前一〇三〇左右。兹将周元之四种可能年代列表如下:

西前一〇二七	《竹书》纪年
西前一〇二七	由宣王以上推计
西前一〇二〇	西周全部推计
西前一〇三〇	全周推计

由上表以观，周元似当在西前一〇三〇与西前一〇二〇年间，而《竹书》纪为西前一〇二七年。推理与史录吻合如此，《竹书》所纪必为可信无疑矣。

《竹书》纪录可信，尚有旁证。太史公修史紧严，列国世家于共和前皆不系年，而独辟鲁周公世家为例外；除伯禽年代无考外，考公以下皆系在位年数。史公必有比较可靠之根据也。兹列共和前鲁公年表如下：

伯禽	年数不详
考公	四
炀公	六
幽公	十四
魏公	五十
厉公	三十七
献公	三十二
真公	十三（真公十四年为共和元年。《十二诸侯年表》谓有共和元年为真公十五年说）

由考公至真公十三年共一百五十六年，至十四年为一百五十七年。共和元年为西前八四一年，是考公元年为西前九九七或西前九九八年。伯禽年代虽不可考，然其既为周公子，则必与成王年岁相若；且其封鲁在成王时，史传相传亦如此。成王元年当在西前一〇二〇左右，故伯禽元年亦当在西前一〇二〇左右。西前一〇二〇距西前九九七约二十余年，正合一君之平均年数。是《鲁世家》之记录

可为《竹书》之旁证，而与《三统历》则全不相合矣。

殷商年代问题

殷商年代问题，可分二部探讨之。盘庚以下比较易得，可先为研究。盘庚以上则作为别论。

殷商年代，上古传说较西周尤不一致。普通史籍据《三统历》定殷祀为六百四十四年，成汤元年为西前一七六六，盘庚元年为西前一四〇一。《三统历》关于西周之推计既不能成立，则前此推定更无讨论之价值。此外惟一记录则《竹书》谓盘庚迁殷至纣灭为二百七十三年。若周元为西前一〇二七，则盘庚迁殷适为西前一三〇〇年。此说吾人果可承认否？

殷行兄终弟及之制，由史传及甲骨文中皆可证明。此后行此制或与此相似之制者只晋、清二代。晋行此制，出自跋扈之臣，其中多有废弑。清行此制，则为皇室固定政策。有清一代，除穆宗为文宗独子外，其他诸帝无一为长子者。故清虽未行兄终弟及之制，而其年数结果则若已行此制者也。兹列清帝表如下：

世祖	
圣祖	世祖第三子
世宗	圣祖第四子
高宗	世宗第四子
仁宗	高宗第十五子
宣宗	仁宗次子
文宗	宣宗第四子
穆宗	文宗独子
德宗	穆宗堂弟

所谓平均每世二十五年者，乃历世或大多世代由长子嫡系相推

而下之谓也。若由幼子计算,此数当然不能成立。清代八世二百六十八年,是平均每世三十三年也。晋代五世一百五十五年,是平均每世三十一年也。殷自盘庚至纣为八世,若以《竹书》所纪二百七十三年计,则平均每世为三十四年。晋代多废弑,其平均数恐不若清朝之可靠,而清朝平均数又与《竹书》所纪之殷代平均数遥遥相符。是《竹书》记当无大误。虽未敢必,然盘庚迁殷必不出西前一三○○年左右也。(兄终弟及制下,每世平均不过三十三或三十四年,而据《三统历》则父子相继嫡长继位之西周每世平均反越乎此,岂不怪哉?据《三统历》,由周元至厉王死[西前一一二二至前八二八]平均每世合三十七年,远超殷、晋、清三代之上。即以日人所推周元为西前一○六六计,厉王以上平均数尚合三十年,几与晋代相等,必无是理也。且据《三统历》,殷自盘庚以下[西前一四○一至前一一二三]平均每世亦不过三十五年。即由盘庚之兄阳甲元年[西前一四○八]计起,每世亦仅三十六年,而西周自厉王以上反为三十七年。其迷于不可靠之历法而对事理全不顾及也明甚。)

盘庚以上年代则较为难考。盖此时王室尚无定居,都会屡迁,文化程度恐尚甚低。文字虽已经发达,而历史记录恐尚付缺如,或非常简陋也。故后代对盘庚以前无可靠之传说,《竹书》记录当未可轻信。《竹书》纪殷商一代共四百九十六年,是盘庚以前只有二百二十三年,而成汤元年为西前一五二三年也。然成汤至南庚为九世,继南庚而立者为其侄阳甲,乃盘庚之兄。阳甲死盘庚始立。故吾人若计阳甲为一世,则盘庚以前殷商尚有十世也。其十世间所行者亦兄弟相继制,故其年代绝无少于二百七十三年之理也。成汤即位,是否已老,全不可考。即令认汤即位为老年,而同时又不计阳甲为一世,则盘庚前尚有八世,其年数亦当与盘庚以下相等,不能反少五十年也。盘庚以前若以八世计,则商元当在西前一五七○左右;若以九世计,则当在西前一六○○左右;若以十世计,则当在西前一六三○或前一六四○左右。汤胜诸国而王中原,按传说似曾经过长期之战争，即王位当在老年，是以十世计似嫌过长。而盘庚前又有其兄阳甲在位，以八世计又嫌过短。是则盘庚前以九世计似属最为合宜。汤王中原当在西前一六〇〇左右，吾人似可承认矣。

　　商之年代除《竹书》有比较确定之记录外，战国时尚有一笼统之传说可供参考。《左传》宣公三年谓"商祀六百"，此不过大概之词，非定数也。若周元为西前一〇二七，则商元当为西前一六〇〇年左右，与吾人之推定洽相符合。

　　最后关于殷商年代，《鹖冠子·汤政天下至纣篇》尚有记载，谓由汤至纣"积岁五百七十六岁"。古本《鹖冠子》当为战国作品，其记录宜有相当价值；然今本《鹖冠子》真为古代残本，抑为后世伪托，尚有疑问，故不敢凭信。但其谓商元为西前一六〇三年，则堪注意者也。

殷周年代问题旁论

　　关于殷、周二代之年数，《孟子》尚有较《左传》尤为笼统之记载，然亦可为本题之旁证。《孟子》末章谓："由汤至于文王五百有余岁……由文王至于孔子五百有余岁。"若周元为西前一〇二七，此前两世（文王、武王）则当在西前一〇七七左右。孔子生于西前五五一年，最活动时期当在西前五〇〇左右；西前五五一及西前五〇〇距西前一〇七七皆为"五百有余岁"。若周元为西前一一二二，则文王当在西前一一七二左右，是距孔子时代已有六百余年，《孟子》不能谓为"五百有余岁"也。

　　《孟子》又谓"由汤至于文王五百有余岁"。若文王在位为西前一〇七七左右，则汤在位当在西前一五七七以前。是商元为西前一六〇〇左右，孟子亦承认之。孟子虽非史家，其说必根据战国时代尚存之古代史料。《竹书》之编者或有失检点，亦非不可能。或盘庚以前原本《竹书》本无讹误，而为晋以后之人钞误或计误，亦属可能。盖王氏辑本所录并非全为原文，内多后人总括《竹书》原文之词；其中总括年代处，难免无抄误或计误之点也。故盘庚前无可靠史料，虽似可解，然观孟子之言，则当时至少关于年代似已有大致可信之记载。惜史籍湮没，今已无考矣。

结　论

吾人若认以上所论为不谬，则《竹书》所纪周元为西前一〇二七，盘庚迁殷为西前一三〇〇，当为可信之历史记录。即有讹误，前后所差亦必无十年之多。至商元则吾人只能定为西前一六〇〇左右，较此尤确之年代则无从考证矣。至所谓夏代，其传说多属神话；当时恐只有与各国并立之夏国，并无所谓夏代也。其世系表中人物，除与商发生关系之末世数后外，原为神话人物抑历史人物，至今犹为未决问题，其年代更无论矣。

（原载武汉大学《文哲季刊》1931 年 2 卷 1 期）

中国的兵

历代史家关于兵的记载多偏于制度方面,对于兵的精神反不十分注意。本文范围以内的兵的制度,《文献通考》一类的书已经叙述甚详。所以作者的主要目的是要在零散材料的许可范围内看看由春秋时代到东汉末年当兵的是什么人,兵的纪律怎样,兵的风气怎样,兵的心理怎样;至于制度的变迁不过附带论及,因为那只是这种精神情况的格架,本身并无足轻重。作者相信这是明了民族盛衰的一个方法。

一、春秋

西周的兵制无从稽考,后世理想的记载不足为凭。但西周若与其他民族的封建时代没有大的差别,那时一定是所有的贵族(士)男子都当兵,一般平民不当兵,即或当兵也是极少数,并且是处在不重要的地位。

关于春秋时代,虽有《左传》《国语》内容比较丰富的史籍,我们对于当时的兵制仍是不知清楚。只有齐国在管仲时期的军制,我们可由《国语》中①得知梗概,其他各国的情形都非常模糊。按《国语》:

①《国语》卷六《齐语》。

管子于是制国以为二十一乡：工商之乡六，士乡十五。公帅五乡焉，国子帅五乡焉，高子帅五乡焉。

这段简单的记载有一点可以注意，就是工商人没有军事义务，因为只有十五个士乡的人才当兵。这些"士"大概都是世袭的贵族，历来是以战争为主要职务的。这个军队的组织与行政组织是二位一体的。行政的划分如下：

（一）国分十五乡——由乡良人治理；

（二）乡分十连——由连长治理；

（三）连分四里——由里有司治理；

（四）里分十轨——由轨长治理；

（五）每轨五家。

与这个行政划分并行的是管仲所制定的军政制度：

（一）每轨五家，出五人——五人为伍，由轨长统率；

（二）每里五十人——五十人为小戎，即戎车一乘，由里有司统率；

（三）每连二百人——二百人为卒，合戎车四乘，由连长统率；

（四）每乡二千人——二千人为旅，合戎车四十乘，由乡良人统率；

（五）每五乡万人——万人为军，合戎车二百乘；

（六）全国十五乡共三万人——全国三军，戎车六百乘，由国君、国子、高子分别统率。

这是"国"的军队，是由三万家出三万人组织而成。所谓"国"是指京都与附近的地方，只占全国的一小部分。"国"中的居民除工商外，都是世袭的"士"，并无农民。工商直到齐桓公时（西前六八五至前六四三年）仍无当兵的义务。农民当初有否这种义务虽不可考，管仲变法之后却有了当兵的责任；但并不是全体农民当兵，而是拣择其中的优秀分子。据《国语》：

（夫）是，故农之子恒为农，野处而不昵。其秀民之能为士者，必足赖也。有司见而不以告，其罪五。

可见选择农民中的特出人才"能为士者"是有司的一项重要职务。

"国"以外的地方统称为"鄙"，一定有"士"散处各处，但鄙中多数的人当然是人口中绝对多数的农民。管仲所定的鄙组织法如下：

（一）三十家为邑；

（二）十邑为卒——三百家；

（三）十卒为乡——三千家；

（四）三乡为县——九千家；

（五）十县为属——九万家；

（六）鄙共五属——四十五万家。

国中每家出一人，鄙中却不如此；既然规定选择农民中优秀的为士，当然不能有固定的数目。但《国语》中说齐桓公有"革车八百乘"，而"国"中实际只有六百乘；其余二百乘，合一万人，似乎是鄙所出的兵额。这若不是实数，最少是管仲所定的标准。假定四十五万家中有四十五万壮丁，由其中选择一万人，等于每四十五人出一人当兵。①所以春秋时代的齐国仍是士族全体当兵，但农民中已有少数由法律规定也有入伍的责任。

别国的情形如何，不得而知。但在同一个文化区域内，各种发展普通都是一致的，春秋时代各国的情形大概都与齐国相仿。关于

---

① 这些数目当然都是大概的成数，并不是精确的实数，但离实数似乎并不甚远。鄙中四十五万家，每家若按五口计算，共合二百二十五万人；若按八口计算，共合三百六十万人。至于国中人多半是士族，行大家族制，所谓三万家的"家"字又不知何指。但与鄙相较，国在人口数目上可说无足轻重，我们仍可说三百六十万是齐桓公时齐国人口的最高估计。近代中国人口骤然增加，是与西洋接触后的变态现象，不足为比较的标准。经过清朝一百五十年的太平盛世，乾隆晚年的人口大概可代表中国历代人口的最密限度。按《清朝文献通考》卷一九《户口考》一，乾隆四十八年（此后没有分省的统计）山东人口为二千二百零一万二千六百六十一人；这虽也是大概的数目，但自康熙废了人丁税之后人口的统计还大致可靠。这个数目与三百六十万为六与一之比，与二百二十五万为十与一之比。桓公时齐国的领土界线不清，但离今日山东面积的六分之一或者相差不远。即或当时的人口比较后代稀少，《国语》中的记载也与事实大致相合。

秦穆公(西前六五九至前六二一年),战国时代有如下的一个传说:

> 昔有秦缪公乘马而车为败,右服失而野人取之。……见野
> 人方将食之于岐山之阳,缪公叹曰:"食骏马之肉而不还饮酒,
> 余恐其伤女也!"于是遍饮而去。处一年,为韩原之战,晋人已
> 环缪公之车矣……野人之尝食马肉于岐山之阳者三百有余人,
> 毕力为缪公疾斗于车下。遂大克晋,反获惠公以归。①

这虽是很晚的传说,但《吕氏春秋》是秦国的作品,关于秦国先君的
记载或者不至全为虚构。由这个故事我们可见,韩原一战秦国军队
中最少有三百个平民出身的兵。

春秋时代虽已有平民当兵,但兵的主体仍是士族。所以春秋时
代的军队仍可说是贵族阶级的军队。因为是贵族的,所以仍为传统
封建贵族的侠义精神所支配。封建制度所造成的贵族,男子都以当
兵为职务,为荣誉,为乐趣。不能当兵是莫大的羞耻。我们看《左
传》《国语》中的人物由上到下没有一个不上阵的,没有一个不能上
阵的,没有一个不乐意上阵的。国君往往亲自出战,所以晋惠公才
遇到被虏的厄难。国君的弟兄子侄也都习武,并且从极幼小时就练
习。如晋悼公弟扬干最多不过十五六岁就入伍,因为年纪太小,以
致扰乱行伍。② 连天子之尊也亲自出征,甚至在阵上受伤。如周桓
王亲率诸侯伐郑,当场中箭。③ 此外,春秋各国上由首相,下至一般
士族子弟,都踊跃入伍。当兵不是下贱的事,乃是社会上层阶级的
荣誉职务。战术或者仍很幼稚,但军心的盛旺是无问题的。一般地
说来,当时的人毫无畏死的心理。在整部的《左传》中,我们找不到
一个因胆怯而临阵脱逃的人。当时的人可说没有文武的分别。士
族子弟自幼都受文武两方面的训练。少数的史筮专司国家的文书

---

① 《吕氏春秋》卷八《仲秋纪》第五《爱士篇》。
② 《左传》襄公三年。当时悼公自己年只十七岁,扬干幼小可知。
③ 《左传》桓公五年。

宗教职务,似乎不亲自上阵。但他们也都是士族出身,幼年时必也受过武事的训练,不过因专门职务的关系不便当兵而已。即如春秋末期专门提倡文教的孔子也知武事。《论语·述而篇》记孔子"钓而不纲,弋不射宿",可见孔子也会射猎,并不像后世白面书生的手无搏鸡之力。又《论语·季氏篇》,孔子讲"君子有三戒"说:"血气方刚,戒之在斗。"孔子此地所讲的"君子"似乎不只是阶级的,也是伦理的,就是"有德者"如孔子弟子一类的人。他们要"戒之在斗",必有"斗"的技艺与勇气,不像后世的文人只会打笔墨官司与研究骂人的艺术。

二、战国

战国初期文化的各方面都起了绝大的变化。可惜关于这个时代,史料非常缺乏。《左传》《国语》都已结束;《战国策》本身既不可靠,对战国初期又多缺略;《竹书纪年》真本后世愚妄的士大夫又眼看着它失传。所以这个轰轰烈烈的革命时代使后来研究的人感到极大的苦闷。我们由《史记》中粗枝大叶的记载,只能知道那一百年间(约西前四七〇至前三七〇年间)曾有几个政治革命,革命的结果国君都成了专制统一的绝对君主,旧的贵族失去春秋时代仍然残留的一些封建权利。同时在春秋时代已经兴起但仍然幼稚的工商业[①]到春秋末战国初的期间已进入政治的领域。范蠡[②]与子贡、白圭[③]诸人的传说可代表此时商业的发达与商人地位的提高。

传统的贵族政治与贵族社会都被推翻,代兴的是国君的专制政治与贵贱不分、最少在名义上平等的社会。在这种演变中,旧的文

[①]《国语》卷一四《晋语八》提到"绛之富商……能金玉其车,文错其服,能行诸侯之贿,而无寻尺之禄"。可见《春秋》时已有富商,但在政治上尚无地位。《左传》僖公三十三年,商人弦高救郑的故事,也是春秋时代有大规模商业的一个证据。
[②]《史记》卷四一《越王勾践世家》。
[③]《史记》卷一二九《货殖列传》。

物当然不能继续维持,春秋时代全体贵族文武两兼的教育制度无形破裂,所有的人现在都要靠自己的努力与运气去谋求政治上与社会上的优越地位。文武的分离开始出现。张仪的故事可代表典型的新兴文人:

> 张仪已学而游说诸侯,尝从楚相饮。已而楚相亡璧,门下意张仪曰:"仪贫无行,必此盗相君之璧!"共执张仪,掠笞数百。不服,醳之。其妻曰:"嘻!子毋读书游说,安得此辱乎?"张仪谓其妻曰:"视吾舌尚在不?"其妻笑曰:"舌在也。"仪曰:"足矣!"①

这种人只有三寸之舌为唯一的法宝,凭着读书所学的一些理论去游说人君。运气好,可谋得卿相的地位;运气坏,可受辱挨打。他们并无军事的知识,个人恐怕也无自卫的武技,完全是文人。

另外一种人就专习武技,并又私淑古代封建贵族所倡导的侠义精神。聂政②与荆轲③的故事最足以表现这种精神。他们虽学了旧贵族的武艺与外表的精神,但旧贵族所代表的文化已成过去。旧贵族用他们文武兼备的才能去维持一种政治社会的制度,他们有他们的特殊主张,并不滥用他们的才能。他们主要的目的,在国内是要维持贵族政治与贵族社会,在天下是要维持国际的均势局面。这些新的侠士并无固定的主张,谁出高价就为谁尽力,甚至卖命,也正如文人求主而事只求自己的私利一样。列国的君王也就利用这些无固定主张的人去实现君王自己的目的,就是统一天下。历史已发展到一个极紧张的阶段,兵制也很自然地扩张到极端的限度。

可惜关于战国时代没有一部像《左传》或《国语》的史籍,以致时代虽然较晚,我们对于那时的政治史与政治制度反不如春秋时代知

---

① 《史记》卷七〇《张仪列传》。
② 《战国策》卷二七《韩策二》。
③ 《战国策》卷三一《燕策三》。

道得清楚。各国似乎都行军国主义；虽不见得人人当兵，最少国家设法鼓励每个男子去当兵。关于这种近乎征兵的制度，只《荀子》中有一段极简略而不清楚的记载：

> 齐人隆技击，其技也，得一首者则赐赎锱金。……魏氏之武卒，以度取之，衣三属之甲，操十二石之弩，负服矢五十个，置戈其上，冠𫐐带剑，赢三日之粮，日中而趋百里。中试则复其户，利其田宅。……秦人，其生民也陿阸，其使民也酷烈，劫之以执，隐之以阸，忸之以庆赏，䲡之以刑罚，使天下之民所以要利于上者，非斗无由也。①

这是一段战国时代好空谈的儒家的记载，对于军事并无同情，所以记载的也不清楚。但看来秦国似乎是行全民皆兵的制度，齐、魏两国最少希望多数的人民都能当兵，定出一定的标准，以重利为诱惑，驱使多数人都努力去达到规定的标准。

战国时代的战争非常惨酷。春秋时代的战争由贵族包办，多少具有一些游戏的性质。我们看《左传》中每次战争都有各种的繁文缛礼，杀戮并不甚多，战争并不以杀伤为事，也不以灭国为目的，只求维持国际势力的均衡。到战国时代，情形大变，战争的目的在乎攻灭对方，所以各国都极力奖励战杀，对俘虏甚至降卒往往大批地坑杀，以便早日达到消灭对方势力的地步。吴越之争是春秋末年的长期大战，也可说是第一次的战国战争。② 前此大国互相之间并无吞并的野心，对小国也多只求服从，不求占领。吴国仍有春秋时代的精神，虽有灭越的机会仍然放过，但伍子胥已极力主张灭越。后来越国就不客气，把横行东南百余年的大吴国一股吞并。从此之后，这就成为常事。

坑卒与战争时大量的杀伤，据《史记·秦本纪》与《秦始皇本

①《荀子》卷一〇《议兵篇》第十五。
②《国语》卷十九《吴语》，卷二〇《越语》。

纪》,前后共十五次:

（一）献公二十一年,与晋战于石门,斩首六万;

（二）惠文王七年,与魏战,斩首八万;

（三）惠文王后元七年,秦败五国兵,斩首八万二千;

（四）惠文王后元十一年,败韩岸门,斩首万;

（五）惠文王后元十三年,击楚于丹阳,斩首八万;

（六）武王四年,拔韩宜阳,斩首六万;

（七）昭襄王六年,伐楚,斩首二万;

（八）昭襄王十四年,白起攻韩、魏于伊阙,斩首二十四万;

（九）昭襄王三十三年,破魏,斩首十五万;

（十）昭襄王四十三年,白起攻韩,斩首五万;

（十一）昭襄王四十七年,白起破赵于长平,坑降卒四十余万;

（十二）昭襄王五十年,攻三晋,斩首六千,晋军走死河中二万;

（十三）昭襄王五十一年,攻韩,斩首四万;攻赵,首虏九万;

（十四）王政二年,攻卷,斩首三万;

（十五）王政十三年,攻赵,斩首十万。

《秦本纪》与《秦始皇本纪》是太史公根据《秦纪》所作,事实大致可靠。其中所记都是秦国战胜后的杀伤数目。此外秦国失利甚至战胜时的死伤并未记载,其他六国相互间的战争当然杀伤也很可观。这是各国都全民武装的自然结果。斩首与大规模的坑杀成为常事,无人认为奇怪。

后代的人对于战国时代斩首数目的宏大,尤其对于坑杀至数十万人的惊人事实,往往不肯置信。这可说都是因为后代不善战、不肯战的文人不能想像历史上会有这种惨酷的时代。秦国以斩首多少定功行赏,斩首的数目不会有误。别国恐怕也采同样的办法。我们不可忘记这是一个列国拼命的时代,战争的目的是要澈底消灭对方的抵抗力。战争都是灭国的战争,为达到灭国的目的,任何手段都可采择。这是一个文化区域将要统一时的必有现象。罗马与迦太基的死战是古代地中海文化区将要统一时的大战。迦太基是当时的大国，但三战之后罗马不只灭了迦太基的国家，并且连它的人民也大多屠戮。这是有可靠的史料可凭的史实。可惜战国时代完全可凭的材料太少，但关于政治史与战争史，《秦本纪》与《秦始皇本纪》还算是最可靠的资料，我们没有否认的理由。

这种紧张的空气当然是不易忍受的。厌战的心理与军国主义相偕并进。墨子、宋钘一班人的奔走和平，不过是最惹当时与后世注意的厌战表现。一般的人民，虽然受暗示与群众心理以及国家威胁利诱的支配，或者多数乐意入伍，但必有少数是不愿参加这种屠宰场式的战争的。这种平民的呼声当然难以传到后代，但并非全无痕迹可寻。关于吴起，有如下的一段记载：

> 起之为将，与士卒最下者同衣食，卧不设席，行不骑乘，亲裹赢粮，与士卒分劳苦。卒有病疽者，起为吮之。卒母闻而哭之。人曰："子，卒也，而将军自吮其疽，何哭为？"母曰："非然也！往年吴公吮其父，其父战不旋踵，遂死于敌。吴公今又吮其子，妾不知其死所矣！"[1]

可见在战国的死拼局势之下，当权的人想尽方法去鼓励人民善战，战死的特别多，整个家庭绝灭的例一定也不少；民间自然有厌战的心理发生，故事中士卒的老母不过是我们由古籍中所仅见的一人而已。

总之，战国时代虽是战争极烈，但由军心民气方面看，两种不健全的现象也萌芽于此时：一是上等阶级的文武分离与和平主义的宣传提倡，一是一般人民中厌战心理的渐渐发生。在当时的紧张空气之下，这两种现象好似都不严重，不过是狂曲中陪衬的低音，使正曲益发显得壮烈。但后代军民隔离、社会解体的没落局面都孕育在这

---

[1]《史记》卷六十五《孙子吴起列传》。

两种不甚惹人注意的现象中。

三、秦代

秦在战国时代行征兵制，大概是无疑问的。情形特别严重时，甚至连童子也上阵。例如长平之战，秦王亲自到河内，"赐民爵各一级，发年十五以上悉诣长平"。① 不过天下一统之后，这种制度就不便不加修改，而仍全部地实行。前此征兵制是因各国竞争，需要人人当兵。现在天下一家，内战理当消灭，对外也不一定需要天下人都去从军。并且六国虽被武力统一，最少一部分人仍有旧国的留恋，秦始皇对这般人也不敢轻于信任，所以即皇帝位的当年（始皇二十六年，西前二二一年）就大规模地缴械：

> 大酺，收天下兵，聚之咸阳，销以为钟镰，金人十二，重各千石，置廷官中。②

这几句轻描淡写的文字所讲的是当时一件富有危险性而办理十分敏捷的大事。秦汉时代平时禁止人民聚饮：

> 汉律：三人已上无故群饮，罚金四两。③

汉制多承秦旧，这条汉律一定也是秦时的旧法。秦方并天下，于是就表示庆祝，特别许人民随意聚饮。这是很自然的事，人民当然不疑有甚么作用。始皇暗中摆布，很容易地就把民间所藏的军械查出没收。虽然全部检出是办不到的事，被没收的一定要占很大的部分。因为前此民间都有兵器，并无禁例，所以军械一定都公开地摆列，没有藏匿的需要，检查没收并无困难。

不过有一点《本纪》中没有言明，却是很关重要的事，就是所谓

---

① 《史记》卷七十三《白起王翦列传》。
② 《史记》卷六《秦始皇本纪》。
③ 《史记》卷一〇《孝文本纪》即位之年，《集解》引文颖注。

"收天下兵"的"天下"是否也包括秦国旧地在内。按理秦国人民对新局面不致不满意,无需缴械。若秦人也缴械,岂非国家就要无兵可用?所以十二铜人与铜器所用的大概都是六国的铜。

但无论如何,天下的重兵都驻在关中,兵士大多必是旧秦国人。此点由秦始皇的驰道政策可以看出。秦始皇并天下的次年,二十七年,就开始治驰道。① 驰道的形势,据汉初人的传说:

> 为驰道于天下,东穷燕齐,南极吴楚,江湖之上,濒海之观毕至。道广五十步,三丈而树,厚筑其外,隐以金椎,树以青松。②

文中"东穷燕齐,南极吴楚"两句话极可注意。只讲东与南,不提西与北,可见所有驰道的路线都以秦,尤其是咸阳,为起发点,直达六国的各冲要地,以便秦兵随时能迅速地开出平乱。这证明天下的重兵驻在关中,其他各地只有轻兵镇压,或者只有郡尉所领地方的保安兵,并非正式的军队。始皇相信民间兵器大部没收,又有驰道可任秦兵随时开往各地,六国的旧地不致有大问题发生。若地方有兵驻守,我们很难想见秦二世时各地起兵何以那样容易。

秦代当初要将军队限于秦人,但事实上不免有很大的困难。内战虽已停止,边患并未消灭。并且从前各国分担的边防现在归秦独自担当,同时关中所驻以防六国复起的重兵也不见得比战国末期秦国所需的兵少得许多。所以按始皇原来的计划,一定要有感到兵不足用的一天。尤其四边用兵,与边疆的防戍,规模太大,只靠秦国人决难办到。所以始皇三十三年,

---

① 《史记》卷六《秦始皇本纪》。
② 《汉书》卷五一《贾山传》。这是贾山为汉文帝所作《至言》中的话。贾山的年岁不可考,《至言》的年代也无记载,只说在文帝除铸钱令之前;除铸钱令,据《文帝纪》在五年(西前一七五年),秦亡于西前二〇七年,当中只有三十二年的时间。贾山此时年岁最少当在三十左右,所以他个人必曾亲见秦的驰道。况且汉时的驰道承继秦旧,到文帝时还没有多少改变。所以这种记载,今日看来虽像过于铺张,所讲的却是著者亲见的官道,决非文人空弄笔墨的浮词。

发诸尝逋亡人、赘婿、贾人略取陆梁地。①

这里并未说所发的限于秦国,并且秦国逋亡人等恐怕原有当兵的责任,无需特别征发。所以这次所发的一定是天下各地的人。此外还有一个证据:秦二世二年,天下大乱,李斯等谏二世:

关东群盗并起,秦发兵诛击,所杀亡甚众,然犹不止。盗多,皆以戍、漕转,作事苦,赋税大也。请且止阿房宫作者,减省四边戍转。②

由此可见边疆戍转是关东大乱的一个重要原因,证明边疆上的兵并不是秦人,至少秦人不占多数。由始皇三十三年取陆梁地所发的人,我们可知戍边人的成分:逋亡人是流民,赘婿都是贫困无赖的人,贾人是抑商政策下所认为卑贱的人。③ 总而言之,所发的都是社会所认为下流的人。这些下流人大概没有留恋旧国的思想,所以将他们发到边疆并无危险。这是后代只有流民当兵、兵匪不分、军民互相仇视的变态局面的滥觞。同时,良家子弟渐渐不愿当兵恐怕也是秦代不得不发流民的一个原因。缴天下械,征发流民,一方面是与秦有利的政策,一方面恐怕也正合乎一般厌战人民的心理。在这种两便的局面下,古代健全活泼的社会就被断送。

四、楚汉之际

六国遗民的复国思想,秦代用民的过于积极,是秦亡的两个主要原因。各地起兵叛秦的多是乌合之众。例如陈胜起兵的基本队伍就是发遣屯戍渔阳的人,彭越起兵时所领的不过是些强盗与流浪

---

① 《史记》卷六《秦始皇本纪》。
② 《史记》卷六《秦始皇本纪》。
③ 秦的重农抑商政策见《秦始皇本纪》二十八年琅邪台刻石文。

少年，黥布也是强盗头目，郦商是流氓头目。① 《史记》中常常讲到这些人到各处"略人""略地"或"徇地"。所谓"略人"云云，就是到各处招募流氓的意思。这些初起的都是流氓集团。在起事的人中，只有项羽、刘邦两人的兵比较可用。两人起事的地方（沛与会稽）都是战国时代楚国的旧地。楚在战国末期是秦以外最强的国家。各国在亡国的前夕抵抗的能力已经消灭。② 原故虽然不很明显，但秦的奖励战杀与大规模坑杀降卒恐怕是使列国的青年与壮丁日愈减少以至抵抗力几乎消灭的重大原因。所以五国最后吞并时，秦国反倒不觉特别费力。只有楚国情形不同。李信当初率二十万人攻楚，为楚所败。后来老将王翦用六十万兵才把楚国解决。③ 可见楚国仍是一个严重的问题。六国虽都有散兵游勇，恐怕只有楚国余的退伍士卒比较盛多，因为《史记》与《战国策》中都没有亡国时楚国军队为秦国大批屠杀的记载。在以前二三十年间，秦国的兵力多用在北方，无暇顾到楚国，在别国大受痛创时，楚国的元气仍得保全。所以楚国虽亡，可能实力还是很大。"楚虽三户，亡秦必楚"的谶语④意义虽不清楚，必有事实上的根据。当时的人恐怕都觉得只有楚国将来或有翻身的能力，甚或将秦推倒。所以北方起事的军队都不值章邯所领的秦兵一击，只有楚军可与秦兵一拼。太史公将这种情形描写得极为透澈活现：

当是时，楚兵冠诸侯，诸侯军救巨鹿下者十余壁，莫敢纵

①《史记》卷四八《陈涉世家》，卷九〇《彭越传》，卷九一《黥布传》，卷九五《郦商传》。
②《史记》卷六《秦始皇本纪》及各《世家》。只有齐国在被燕一度占领之后专讲和平主义，最后不抵抗而亡。别国亡时都是抵抗力消灭，并不是有兵而不用。
③《史记》卷七十三《王翦传》。
④《史记》卷七《项羽本纪》。范增说项梁："自怀王入秦不反，楚人怜之至今。故楚南公曰：'楚虽三户，亡秦必楚也。'"南公，据《汉书》卷三〇《艺文志》阴阳家有南公三十一篇，自注称南公为"六国时"人。无论这段谶语是否六国时南公所说，也无论当初的意义如何，但到秦统一天下后仍是楚国民间流行的预言，一方面表示楚民的希望，一方面证明楚国人相信自己终有灭秦的一天。这种信仰的事实根据就是在灭亡的六国中只楚国还有相当的实力。

兵。及楚击秦，诸将皆从壁上观。楚战士无不一以当十，楚兵呼声动天。诸侯军无不人人惴恐。于是已破秦军，项羽召见诸侯将。入辕门，无不膝行而前，莫敢仰视。项羽由是始为诸侯上将军，诸侯皆属焉。①

巨鹿之战虽有善战的项羽为将，但若无比较强悍的兵，也决难与历来有胜无败的秦军相抗。这次战争的结果极为重要。当时秦国最大的一支军队由章邯率领，驻在巨鹿附近的棘原，与项羽有过几次小接触，都不利。但两方大军若背水一战，胜负正不可知。所以项羽虽已击破巨鹿的秦兵，对这支大军能否应付还是问题。章邯若能败项羽，秦朝的寿命或能延长下去也未可知。章邯与项羽的相拒是历史上一个紧要的关头。但最后的结局却是出乎意外地荒谬可笑。因为后方有赵高作祟，章邯于是不经大战就带二十万的劲旅向项羽投降，并为诸军的前导向西攻秦。然而项羽对这支强大的秦军终不敢信任，于是乘夜把它全部坑杀。这是战国以来最末次的大批坑杀降卒。这支军队代表当时秦国实力的主体，从此秦的命运不卜可知。同时这支军队又可说是最后的一支国家军队，代表战国时代所遗留下来征兵制度下有训练、有组织的正式军队。从此以后，这类的军队在中国历史上就完全绝迹。各地起事的人虽都打着六国的旗号，实际他们谁都不代表，只代表他们自己。军队并不属于任何国家或任何地方，只属于他们自己。此后的军队都是个人的军队。军队的品格、纪律、战斗力等都靠主帅一人。主帅若肯忠于国家，他的军队临时就是国家的军队。主帅若要反抗国家，十有八九他的军队是牺牲国家而拥护主帅的。列国并立时所激荡而生的国家主义到统一之后渐渐衰弱。用六国的名义推翻秦朝，可说是旧日国家主义的回光返照。在这次的大混乱中，旧的爱国思想就寿终正寝。汉代虽常有内乱，但决不是由地方爱国思想所推动的内乱。爱

① 《史记》卷七《项羽本纪》。

国思想本由列国竞争所产生,天下一统之后爱国思想既然源泉枯竭,当然要趋于消灭。同时将当初狭义的爱国观念崇高化,推移到天下一统的大帝国,在理论上当然是可以办到,但实际只有极少数想像力较大、信仰心较深、知识较广的人或者能了解这种大而无外的理想,大多数人对这种观念根本不发生兴趣。爱国观念中消极的成分较积极的成分浓厚得多。爱国志士与其说是爱本国,不如说是恨别国。恨恶别国,轻视别国,是爱国观念的必需条件;要不然,爱国观念就必渐渐衰弱以至于消灭。秦代与楚汉之际就是中国历史上这种大转变的时期。爱国的观念消灭,爱天下的观念流产,人民渐多不愿入伍,结果就产生了一个麻木昏睡的社会。

五、西汉初期

汉初在理论上又恢复了战国时代流行而秦代临时间断的征兵制。当时力役与军役是同一件事。据董仲舒说:

> 月为更卒,已复为正。一岁屯戍,一岁力役,三十倍于古。①
> 颜师古注:"更卒,谓给郡县一月而更者也。正卒,谓给中都官者也。"

在乡间当差称"更卒",在中央当差称"正卒"。这些正卒实际恐怕就是保卫京师宫殿以及各官署的卫士。同时在地方当差的,除为地方官署服役外,又是地方的军队:

> 《汉仪注》云:民年二十三为正。一岁为卫士,一岁为材官骑士,习射御骑驰战陈。又曰:年五十六衰老,乃得免为庶民,就田里。②

---

① 《汉书》卷二十四上《食货志上》。
② 《汉书》卷一上《高帝纪上》二年,注引如淳说。

这种种的力役与军役总称为"更"。更又分三种：

> 更有三品：有卒更，有践更，有过更。古者正卒无常人，皆
> 当迭为之。一月一更，是谓卒更也。贫者欲得顾更钱者，次直
> 者出钱顾之，月二千，是谓践更也。天下人皆直戍边三日，亦名
> 为更，律所谓繇戍也，虽丞相子亦在戍边之调。不可人人自行
> 三日戍；又行者当自戍三日，不可往便还，因便住，一岁一更。
> 诸不行者出钱三百入官，官以给戍者，是谓过更也。①

这显然是事实修改理论的现象。天下统一后无需人民全体当兵，并
不是这种新更赋制的主要原因。即或无需全体上阵，在地方受训练
是每人可作也是健全社会每人当作的事。现在有践更的规定，一定
有许多人根本就不再与军役发生任何的关系。并且这些人既能出
雇更钱，多半都是在社会上地位比较高、资产比较厚、知识也比较深
的人。春秋时代是上等社会全体当兵，战国时代除了少数以三寸舌
为生的文人外，是全体人民当兵，现在上等社会不服军役而将全部
卫国的责任移到贫民甚至无赖流民的肩上。所以汉代称这种制度
为"更赋"，其中"更"的成分恐怕很少，"赋"的成分却极重要。"过
更"当然完全是一种戍边税；"践更"虽不是直接交纳与国家的一种
税，但国家既正式承认有钱者雇无钱者代替当兵，也等于一种税。
少数"卒更"的人虽可说是直接尽国民当兵的义务，但实际他们恐怕
都是终身当兵的，因为他们自己的期限满了之后就继续受雇"践更"
或领饷"过更"。所以汉初在理论上虽仍行征兵制，实际所行的已是
募兵制，不过尚未有募兵的名义而已。秦代发流民的临时政策到汉
代就成了国家法定的制度。

汉高帝出身民间，对一般人民不肯当兵的情形恐怕知道得很清
楚。所以他定制度时已默认征兵是不能实行的：

————————

① 《汉书》卷七《昭帝纪》元凤四年，注引如淳说。

> 高祖命天下郡国选能引关蹶张、材力武猛者，以为轻车、骑
> 士、材官、楼船；常以立秋后讲肄课试，各有员数。平地用车骑，
> 山阻用材官，水泉用楼船。①

文中的"选"字很可注意，"选"实际就是"募"。不过不被选的人要直
接纳一种免役税，名义上算是认为大家都有当兵的义务。

　　汉初的兵力极其微弱。楚汉竞争的劳民伤财只能解释这种情
形的一部分。征兵制破裂，募兵制又没有完全成立，兵制不定，组织
一个可用的军队恐怕很不容易。同时又逢边疆上有强大的部落集
团出现，以致大汉帝国只能守而不能攻。汉高帝虽然统一天下，却
被匈奴困于白登，后来贿赂阏氏才得脱险。高帝算是受了一番教
训，从此知道匈奴不像项羽一般人那样容易对付，只得委曲求和，行
合亲的政策。高帝死后，单于冒顿甚至向吕后下求婚书：

> 孤偾之君生于沮泽之中，长于平野牛马之域，数至边境，愿
> 游中国。陛下独立，孤偾独居；两主不乐，无以自虞。愿以所
> 有，易其所无！

中国虽受了这样大的侮辱，吕后虽然怒不可遏，终不敢向匈奴发兵，
只得婉词谢绝冒顿开玩笑的请求：

> 单于不忘弊邑，赐之以书。弊邑恐惧，退日自图：年老气
> 衰，发齿堕落，行步失度。单于过听，不足以自污。弊邑无罪，
> 宜在见赦！窃有御车二乘，马二驷，以奉常驾。

冒顿还算是好汉，肯认错，回想自己向岳母求婚未免过于无聊，覆书

---

① 《后汉书》卷一下《光武帝纪下》建武七年，注引《汉官仪》。关于四种军队地理上的分
配，史籍中没有清楚的记载。由散乱的材料中可知巴蜀（《汉书》卷一下《高帝纪下》十
一年）、三河、颍川、沛郡、淮阳、汝南（《汉书》卷八《宣帝纪》神爵元年）有材官；河东、上
党（《汉书》卷三《高后纪》五年）、三辅（《汉书》卷六《武帝纪》征和元年）、金城、陇西、天
水、安定、北地、上郡（《汉书》卷八《宣帝纪》神爵元年）有车骑；寻阳（《汉书》卷六四上
《严助传》）、桂阳、豫章、零陵（《汉书》卷六《武帝纪》元鼎五年）、会稽（《汉书》卷六四上
《朱买臣传》）、齐沿海地（《汉书》卷六《武帝纪》元封二年）有楼船。

向吕后谢罪。后来文、景二帝时中国虽照旧合亲并送重礼，仍不能防止匈奴屡屡寇边，焚杀劫掠。①

汉代最后一次壮丁的全部或大部被征发，只限于一个地方，就是七国乱时的吴国。吴王濞下令吴国：

> "寡人年六十二，身自将；少子年十四，亦为士卒先。诸年上与寡人比，下与少子等者，皆发。"发二十余万人。②

吴不只征发壮丁，连老幼的男子凡能勉强上阵的也都发出。除吴外，七国中楚最强，但史籍中没有楚国兵额的记载。这里所谓吴、楚二国就是战国末期楚国的地方，也是秦末惟一兵强的区域。楚汉之争时项羽就是以此地为根据地，并且由垓下楚歌的故事可知项王的士兵大部都是楚人。七国之乱是旧日楚地武力充实的最后表现，以后就长久地寂寞无闻。天下也不再有征发全体男子当兵的现象。

六、汉武帝

到汉武帝时（西前一〇四至前八七年），兵制上各种不健全的办法都发展成熟，所以武功虽盛，却是建在不稳固的基础之上。因为一般人不肯当兵③，武帝就开始正式募兵。旧日戍边的制度在人心涣散的局面下极难维持，于是屯田的制度成立。募兵与屯兵仍有时感到不足用，就大批地发囚徒，甚至雇用外族人当兵。一方面由于汉初六十年的养息，一方面由于武帝能牢笼人才，在种种的畸形发展下，中国历史上居然有空前绝后纯汉族的大帝国出现。

汉初中央有南北军。关于南北军的组织与统制，《汉书》中没有

---

① 俱见《汉书》卷九四上《匈奴传上》。
② 《史记》卷一〇六《吴王濞列传》。下面吴王告诸侯书又说吴国中有精兵五十万，恐怕是张大其词的吹嘘。二十万是实数。
③ 武帝向西南夷发展，要征发巴蜀的人，许多人宁可自杀而死，也不愿应征！这或者是极端的例，但也可见出当时的空气。见《汉书》卷五七下《司马相如传下·谕巴蜀檄》。

清楚的记载。南北军有多少兵也不可考。在理论上南北军或者是由郡国的人民轮番上,但实际上恐怕终身当兵的人必定不少。南北军的兵额不见得很大,只够维持京师的治安;国家需用大军时,多半要靠郡国临时调发。这种办法或者可以维持苟安的局面,但若想澈底解决边疆的问题,非另辟途径不可。武帝看到这一点,所以即位后就招募精兵维护京师。第一种称期门,次一等的称羽林。[①] 至于期门、羽林从此就代替了当初的南北军,或与南北军并立,或与南北军混合,都不可知。最少由武帝以下南军的名称未再提及,似乎期门、羽林是代替了南军。武帝所选的都是关西六郡(陇西、天水、安定、北地、上郡、西河)的良家子弟,从此六郡多出名将。[②] 期门、羽林专选强健武勇的子弟。例如元帝时甘延寿是北地人,善骑射,为羽林,后升为期门,屡次有功,至于封侯。[③] 这虽是较晚的例,甘延寿却是一个典型的六郡子弟,是以当兵为职业而起家的。

北军的名称武帝以下仍旧,但性质也与以前不同。武帝设置了八校尉:

（一）中垒校尉,掌北军垒门内,外掌西域;

（二）屯骑校尉,掌骑士;

（三）步兵校尉,掌上林苑门屯兵;

（四）越骑校尉,掌越骑;

（五）长水校尉,掌长水,宣曲、胡骑;

（六）胡骑校尉,掌池阳胡骑;

（七）射声校尉,掌待诏射声士;

---

① 《汉书》卷一九上《百官公卿表上》。
② 《汉书》卷二八下《地理志下》。当然皇帝的鼓励提倡并不是六郡以及整个的西北多出名将的唯一原因,也不见得是最重要的原因。普通在安逸地带的人尚文,甚至文弱;在危险地带的人尚武,甚至粗鲁。汉代外患在西北,西北多出名将是很自然的事。
③ 《汉书》卷七〇《甘延寿传》。

（八）虎贲校尉，掌轻车。①

北军的名义虽仍存在，但已被新设的中垒校尉所并。七校统称北军，由中垒校尉总管。中垒校尉同时又掌管西域，所谓北军已不是专卫京师的禁军。至于这七支军队的组成方法，三支外族兵当然是由胡越的降人充当；其他四军的士兵如何召来虽不可考，但由期门、羽林的例与当时人民不肯当兵的风气来看，一定是由召募而来，或者也多是六郡的子弟。这是汉武帝时第一种新的兵力。

汉初戍边的人以一年为期。但这种办法并不妥当，文帝时晁错已见到此点。胡人游牧为生，往来不定，乘虚入寇，边兵防不胜防。中央或邻地发大兵来援，胡寇早已不知去向。所以边兵费的粮饷虽多，效力却微乎其微。戍兵屯边一年，对边情方才熟习，就又调回，新来的兵仍是生手。况且戍边本是苦事，内地人多不愿去。晁错见到这种种困难，于是想出屯田的方法，专用囚犯与奴婢，不足用时再以厚利高爵召致良民。这些边兵兼营农业，可省去国家一大笔军费；都终身甚至世世代代守边，对边情必定熟习，防御边寇的效率必高。文帝听信了晁错的话，开始在边境屯田。② 但大规模的屯田到武帝时才实行。元狩二年（西前一二一年）在西北置武威、酒泉二郡，元鼎六年（西前一一一）又分两郡地，加置张掖、敦煌二郡，徙民六十万为屯田。③ 元狩四年（西前一一九年）卫青、霍去病大败匈奴，漠南空虚，自朔方以至令居（甘肃永登）屯田五六万人。开发西域以后，由敦煌至盐泽（吐鲁番西南）又随地置屯亭，远至轮台渠犁（迪化以南）之地都有田卒数百人，有使者校尉负责维持，一方面为汉在西北的驻防军，一方面又可接济中国遣往西域的使臣。④ 总理西北屯

---

① 《汉书》卷一九上《百官公卿表上》。所谓八校尉实际只领有七支军队，因为中垒校尉是总领一切的人，并不是一军的校尉。所以《汉书》卷二三《刑法志》说："至武帝，平百粤，内增七校。"晋灼注认为胡骑不常置，所以称七校，恐怕不妥。七校统称为北军。

② 《汉书》卷四九《晁错传》。

③ 《汉书》卷六《武帝纪》，卷二四下《食货志下》。

④ 《汉书》卷九四上《匈奴传上》，卷九六上《西域传序》。

田事务的并有屯田校尉。屯兵是武帝时第二种军力。

武帝时第三种重要的军士就是外国兵。① 胡越骑上面已经提到。此外尚有属国骑，是匈奴兵。元狩二年，匈奴昆邪王杀休屠王，带四万人来降，武帝划降地为武威、酒泉郡，并置五属国使匈奴降人居住。② 五属国并不设在原地。昆邪王的旧地置为二郡，后又析为四郡，由汉人屯田，渐渐汉化。属国都设在后方，为的是便于控制。五属国就是天水郡的勇士县，安定郡的三水县，上郡的龟兹县，西河郡的美稷县，五原郡的蒲泽县，每属国都有皇帝派的属国都尉治理。③ 这些地方都在匈奴旧地的河南（河套）与河南以南的地带，都是原来的汉地或已经汉化的地方。

武帝时第四种军力就是囚徒。发囚徒为兵并不始于武帝。秦二世二年（西前二〇八年）陈胜势力膨胀，二世一时来不及调动大军，于是就赦宥郦山修治始皇陵寝的囚徒，由章邯率领去攻陈胜。这是中国历史上第一次用囚徒为兵的例。但这是临时不得已的办法，后来继续发兵，所以章邯部下的主体仍是正式的军队。④ 第二次用囚徒，似乎是在汉高帝十一年（西前一九六年）英布反时。北军三万人与关中巴蜀的材官只足保护关中，不敢出发远方；汉统一天下不过六七年，对国本重地不敢不慎重。高帝不得已，于是"赦天下死罪以下，皆令从军"，才把英布打败。⑤ 这次也是临时救急的措施。此后八十年间，国家似乎没有再采用这种办法。⑥到武帝大规模向四方发展时，发囚徒才成了固定的政策。详情

① 晁错在文帝时已经提议以夷制夷，用降胡当兵，但文帝似乎没有采纳。见《汉书》卷四九《晁错传》。

②《汉书》卷六《武帝纪》。

③《汉书》卷二八下《地理志下》。此外中央又有典属国，或者是属国都尉的上司。据《汉书·百官公卿表上》，典属国是"秦官，掌蛮夷降者"。但秦时似乎没有将降人处在内地的事，典属国的责任恐怕是管理秦所征服的蛮夷土地与人民，并不像汉代的掌理迁处内地的蛮夷。

④《史记》卷六《秦始皇本纪》。

⑤《汉书》卷一下《高帝纪下》。

⑥ 武帝元鼎五年（西前一一二年）才又发囚徒，离高帝十一年有八十四年的工夫。

容待下面再讲。

由上述的情形我们可得一个结论，就是兵与民隔离的局面已经非常明显。募兵是少数或因喜好冒险，或因受厚赏的诱惑，才入伍的人，是一种职业兵。屯兵有的出于强迫（囚徒），有的出于自愿，但到边疆之后就成了永久固定的边军，也是一种职业兵。胡越骑与属国骑是国家雇用的外族，更是以当兵为职业的。囚徒不是职业兵，乃是国家无办法时强迫入伍的，但一经入伍之后恐怕也就成了终身的职业。汉武帝虽然也发郡国的民兵，但这四种职业兵的地位比民兵的地位日趋重要。这四种兵，从兵的身份上说，都不是直接由民间产生的，大半都是民间的流浪份子，甚至外族的浪人。他们既不直接出于民间，与一般的人民自然没有多少情感上的联系。对于国家他们也很难说有多大的忠心，不过皇帝养他们，他们替皇帝卖死就是了。一般的民众处在大致安定的大帝国之内，渐渐都不知兵。这些既不肯卫国又不能自卫的顺民难免要遭流浪集团的军人的轻视。由轻视到侮辱，是很短很自然的一步。同时因为军人多是浪人，所以很容易遭一般清白自守的良民的轻视。不过这种轻视没有武力作后盾，不能直接侮辱军人，只能在言语上诋毁。"好铁不打钉，好汉不当兵"的成语不知起于何时，但这种鄙视军人的心理一定是由汉时开始发生的。

由春秋时代到汉代的发展经过，总括一句，先是军民不分，后来军民分立，最后军民对立。军民对立之下的军队最难驾御。除粮饷充足外，将才是必不可少的条件。当然任何的军队都需要有才的人率领。但真正的民兵，即或主将不得人，顶多也不过是打败仗，决不至直接祸国殃民。流浪军却非有才将率领不可，否则不止要战败辱国，并且要行动如土匪，甚至公开地变成土匪。汉武帝的伟大时代就建设在这种军力之上。武帝个人缺点虽多，却是认识人才、善用人才的明主。他能从社会各阶级中找出有才的人，并且能尽量用这些人才。我们可将武帝一代的战争列

一个表，就可看出他的武功的经纬：①

年	对象	兵	将	结果
建元三年 西前一 三八	攻闽越，救 东瓯	会稽兵	严助（会稽 人，家贫，举 贤良）	闽越逃生
建元六年 西前一 三五	攻闽越，救 南越		王恢 韩安国（梁成 安人）	闽越人杀其王郢 而降
元光六年 西前一 二九	攻匈奴	四万骑	卫青（私生 子，生父为小 吏，归生父收 养） 公孙敖（北地 义渠人） 公孙贺（北地 义渠人，祖父 守陇西） 李广（陇西良 家子，秦将李 信后，善射）	卫青胜，首虏七 百级 公孙敖败，失七 千级 公孙贺无功 李广被虏，逃归
元朔元年 西前一 二八	攻匈奴	三万骑	卫青（见上） 李息（北地 人）	首虏数千级，降 人二十八万，设 苍海郡（三年罢）

① 《汉书》卷六《武帝纪》，卷五四《李广苏建传》，卷五五《卫青霍去病传》，卷六一《张骞李广利传》，卷九七上《孝武李夫人传》，卷六四上《严助传》，卷六六《公孙贺传》，卷九〇《王温舒传》《杨仆传》，卷九四上《匈奴传上》，卷九五《西南夷两粤朝鲜传》，卷九六《西域传》。

年	对象	兵	将	结果
元朔二年 西前一二七	攻匈奴		卫青(见上) 李息(见上)	首虏二千三百,俘三千人,畜百余万,收河南地置朔方郡、五原郡
元朔五年 西前一二四	攻匈奴	十余万,多为车骑	卫青(见上) 李息(见上) 公孙贺(见上) 张次公(河东人) 苏建(杜陵人) 李蔡(李广从弟) 李沮(云中人)	俘虏万五千人,畜百万
元朔六年春 西前一二三	攻匈奴	十余万骑	卫青(见上) 公孙敖(见上) 公孙贺(见上) 苏建(见上) 李广(见上) 李沮(见上) 赵信(降汉之匈奴小王)	虏三千级
元朔六年夏 西前一二三	攻匈奴	十余万骑	卫青(见上) 六将军(同前)	卫青大胜,首虏万九千级 李广无功,亡军,独身逃还 赵信败,降匈奴
元狩二年春 西前一二一	攻匈奴	万骑	霍去病(卫青姊私生子)	斩首九千级

年	对象	兵	将	结果
元狩二年夏西前一二一	攻匈奴		霍去病（见上）公孙敖（见上）	霍去病大捷,斩首三万余,降人二千五百公孙敖失道
元狩二年夏西前一二一	攻匈奴	万四千骑	张骞（汉中人）李广（见上）	张骞后期李广杀三千人,但全军覆没逃归
元狩四年西前一一九	攻匈奴	十万骑,人民乐从者四万骑,步卒数十万（内有乐从者）	卫青（见上）霍去病（见上）公孙敖（见上）李广（见上）赵食其（冯翊人）	卫青至漠北,围单于,斩首万九千霍去病与左贤王战,斩首俘虏共七万级,漠南空虚汉军死者数万,马十四万所余不满三万李广后期自杀赵食其后期赎死
元鼎五年西前一一二	攻南越及西南夷	天下罪囚,江淮以南楼船,夜郎兵,巴蜀罪人共十万余人	路博德（西河平州人）杨仆（宜阳人）越侯严（越降人）甲（越降人）越侯遗（越降人）	南越及西南夷皆平,置郡县
元鼎六年西前一一一	攻西羌	陇西、天水、安定骑士,中尉卒,河南、河内卒共十万人	李息（见上）徐自为	平西羌

年	对象	兵	将	结果
元鼎六年 西前一一一	攻东越	楼船,步卒	韩说(韩王信后,武帝幸臣) 王温舒(阳陵人,少时为盗) 杨仆(见上)	东越降,迁其民江淮间,东越遂虚
元鼎六年 西前一一一	攻匈奴	二万五千余骑	公孙贺(见上) 赵破奴(太原人,曾居胡中)	出塞二千余里,不见虏而还,遂分置西北四郡,徙民实边
元封元年 西前一一〇	攻匈奴	十八万骑	御驾亲征	匈奴匿漠北,不敢战
元封二年 西前一〇九	攻朝鲜	募天下死罪	杨仆(见上) 荀彘(太原广武人)	朝鲜人斩其王降,以其地为郡县 杨仆失亡多,免为庶人 荀彘争功弃市
元封二年 西前一〇九	平西南夷未服者	巴蜀兵	郭昌(云中人) 卫广	平定其地,以为益州郡
元封六年 西前一〇五	益州昆明反,发兵征讨	赦京师亡命	郭昌(见上)	?
太初元年 西前一〇四	征大宛	发天下谪民恶少年十万左右,属国骑六千	李广利(倡家子)	斩大宛王首,得善马三千 丧师十之八九,至大宛只余三万人,还军时只万人

年	对象	兵	将	结果
太初二年 西前一〇三	伐匈奴	二万骑	赵破奴（见上）	赵破奴被掳，全军覆没
天汉二年 西前九九	伐匈奴	三万骑，五千步卒	李广利（见上） 公孙敖（见上） 李陵（广孙，善骑射）	李广利斩首万级，汉兵死约二万 李陵只率步卒五千杀匈奴万人，最后战败降匈奴，只四百人逃归汉
天汉四年 西前九七	伐匈奴	骑六万，步卒七万，皆天下流民及勇敢士	李广利（见上）	战皆不利而还
		骑一万，步卒三万	公孙敖（见上）	
		步卒三万	韩说（见上）	
		步卒一万	路博德（见上）	
征和三年 西前九〇	伐匈奴	骑七万	李广利（见上）	李广利战败，降匈奴
		三万	商丘成	商丘成无所见而还
		骑四万	马通	马通多斩首

　　武帝在位五十四年间（西前一四〇至前八七）前后共大小二十五次对外的战争，可由上表得一个大概的印象。有几点特别可以注意：

　　（一）匈奴是外患中最严重的，二十五次战争中有十五次是对待匈奴。

（二）关于兵的数目与种类，数目几乎都有记载，种类可惜多半只记"骑""楼船"等，对于兵的来源没有说明。元狩四年，卫青、霍去病大伐匈奴时，军队中有人民自告奋勇代军士运粮的人。这些人虽不见得都是无赖，但社会上的流浪分子一定占重要的地位。元鼎五年攻南越与西南夷时，除江淮以南的楼船外，又发罪囚与夜郎兵。这是武帝第一次大规模用囚犯与外国兵的例。元封二年攻朝鲜所用的都是天下死罪的人。元封六年伐昆明，所用的是长安的亡命。太初元年伐大宛，所用的是天下的谪民与恶少年及属国骑。天汉四年大伐匈奴，所用的军队一部分是谪徒与自告奋勇的勇敢士。总之，二十五次战争中最少有六次是一部或全部用的囚徒、流民、恶少年、乐从的流浪人或外族人。此外有三次清清楚楚地讲明所用的是正常的军队：建元三年救东瓯，发会稽兵，意思大概是指会稽的楼船；元鼎六年攻西羌，用的是陇西、天水、安定的骑士，河南、河内的步卒，与京师中尉所领的步卒；元封二年平西南夷，用的是巴蜀地方的军队。其余十六次军役所用的到底是甚么兵我们无从知道。假定都是中央或地方的正式军队，二十五次中有六次（百分之二十四）用的是非常的军队，仍是一件深可玩味的事。尤其像伐大宛用兵数十万，除少数的属国骑外，都是谪民与恶少年，可见中央与地方的正式军队不足用或不可用到如何的程度。兵制破裂的情形，没有比这个再清楚的了。

（三）将军的出身高低不齐。有的是良家子或古代名将的后裔，有少数甚至是文人出身，但也有来历极不高明的，如倡家子、私生子、强盗之类。又有的是胡越投降的小头目。天下一统之后，人才的需要较列国并立时并不减少。有才就可擢用，尊崇无比的皇帝并不计较臣子的出身。并且因为尚武的风气日衰，将才很感缺乏，使皇帝要计较出身也办不到。

（四）战争的结果大半靠将才。卫青与霍去病二人从未打过败仗，每次都是大胜。李广利个人虽武艺高强，将才甚为平庸，所以总是打败，或需重大的代价才能求得小小的胜利，如伐大宛的一次。这也是兵制破裂的间接证据。当时的边族无论人力、财力都远在中国之下。文帝时，中国投降匈奴的中行说劝诫单于说：

> 匈奴人众不能当汉之一郡。然所以强者，以衣食异，无仰于汉也。今单于变俗，好汉物，汉物不过什二，则匈奴尽归于汉矣！①

这种小小的胡人，在战国分立时赵或燕能毫无困难地单独应付。战国时中国内部互相攻伐，战败的将很多，像赵括一类的笨将也不少。但汉时成为大患的匈奴对燕赵并不是严重的问题。当然到汉时匈奴方才组成一个坚固的帝国，战国时匈奴内部仍然分裂。但匈奴分裂时中国也分裂，中国与匈奴的统一也同时实现。所以匈奴统一虽或是中国感到威胁的一个原因，但决不是最重要的原因。惟一可能的结论，就是战国时代的兵可用，汉时的兵不可用，只有遇到才将率领时才能打胜仗。这是军队由流浪分子组成的当然结果。

汉武帝时代武功的伟大是显然的，是人人能看到的。但若把内幕揭穿，我们就知道这个伟大时代是建筑在极不健全的基础之上。

七、武帝以后——光武中兴

武帝后兵制的发展，一日千里地顺序退步。例如屯兵的制度仍旧，并且范围日广。宣帝时（西前七三至前四九年）为防止西羌内侵，用赵充国的计策，大量地在西北屯田。② 然而边疆的屯兵第一代或者还是兵，第二代以下就有变成边地农民的危险，对当兵并无特

---

① 《史记》卷一一〇《匈奴列传》。
② 《汉书》卷六九《赵充国传》。

别的热心。宣帝五凤三年(西前五五年)匈奴因内部分裂而投降之后①,边疆的大患消灭,所谓屯田更是有名无实。宣帝以下又屡次在西域屯兵。② 匈奴投降之后,本就不强的西域更不敢轻于为乱,所以中国略为屯兵就可维持西域的秩序,并非所屯的兵真正强盛。

武帝以后外族在中国军队中的地位日愈提高。昭帝时(西前八六至前七四年)开始用羌人。据《后汉书》,景帝时已有羌人投降中国,迁入边地。③ 但这个说法不知是否可靠,《史记》与《汉书》中都没有记载。昭帝时所用的羌人也不知道来源。昭帝始元元年(西前八六年)益州反,中国用羌人助战平乱。④ 推想起来,这大概是武帝威震西北以后投降中国的羌人。神爵元年(西前六一年),西羌反,宣帝所发的兵各色都有——囚徒、羽林、材官、骑士、胡越骑,此外并有羌骑。次年平服羌人之后,降羌很多,于是就设置了金城属国。⑤ 前此的降羌大概较少,此次有大批的人投降,才加置了一个羌族的属国。五凤三年呼韩邪单于率匈奴来降,又设置了西河、北地两属国,仍在河套与河套以南的地方。所以河套一带虽由秦汉两次征服并移民,但胡人的势力始终未曾完全消灭。

囚徒与恶少年的军队昭、宣二帝时也屡次征发⑥,并又时常临时募兵。⑦ 至于像武帝时调发正式军队的例,现在极其少见。西南夷与两粤平定之后,楼船似乎无形间废弃不用。其余三种正式军队一共只发过两次,并且都在宣帝一朝。本始二年(西前七二年)发关东的轻车与步卒去帮助乌孙攻打匈奴。神爵元年西羌反时,一方面发

---

① 《汉书》卷八《宣帝纪》,卷九四下《匈奴传下》。
② 《汉书》卷九六《西域传》。
③ 《后汉书》卷一一七《西羌传》。
④ 《汉书》卷七《昭帝纪》元凤四年诏:"度辽将军明友前以羌骑校尉将羌王侯君长以下,击益州反虏。"
⑤ 《汉书》卷八《宣帝纪》。
⑥ 《汉书》卷七《昭帝纪》元凤元年,五年,六年;卷八《宣帝纪》神爵元年。
⑦ 《汉书》卷七《昭帝纪》始元元年,卷八《宣帝纪》神爵元年,卷一二《平帝纪》元始二年,卷七九《冯奉世传》元帝永元二年"发募士万人"击羌。

三河、颍川、沛郡、淮阳、汝南的材官，一方面又发金城、陇西、天水、安定、北地、上郡的骑士。① 这种情形证明地方的兵一天比一天地不可用，所以国家非万不得已时不去征发。愈不征发，兵愈不可用。在这种恶劣的循环关系之下，由战国时代遗留下来的征兵制的痕迹就无形间消灭净尽。

到王莽时所用的就只有募兵、囚犯与外族兵，旧日正式的军队已经绝迹。例如始建国二年（西元一〇年）伐匈奴，"募天下囚徒丁男甲卒三十万人"，又发高句丽的兵，但高句丽不肯奉诏。② 此时适逢天灾流行，各地盗贼蜂起，最著名的是临淮的瓜田仪、琅邪女匪吕母与樊崇所率领由琅邪起事的赤眉贼，都于天凤四五年间（西元一七至一八年）发动。王莽在这种情形下，于天凤六年仍要大伐匈奴，所用的仍是"天下丁男及死罪囚吏民奴"。这种军队王莽大概也觉得不足用，于是

> 又博募有奇技术可以攻匈奴者，将待以不次之位。言便宜者以万数：或言能度水不用舟楫，连马接骑济百万师；或言不持斗粮，服食药物，三军不饥；或言能飞，一日千里，可窥匈奴。莽辄试之，取大鸟翮为两翼，头与身皆著毛，通引环纽，飞数百步，堕！莽知其不可用，苟欲获其名，皆拜为理军，赐以车马，待发。③

想用法术一类的把戏去打仗，这是一个兵力堕落不堪的社会才会发生的事。一个真正尚武的民族绝不屑于享受这些幼稚的幻想。后来闹到三辅之地也"盗贼麻起"，遣兵捕剿，"军师放纵，百姓重困"。④ 现在已到了兵匪不分的时代，这是军民分立最后的当然结果。兵的

---

① 《汉书》卷八《宣帝纪》。
② 《汉书》卷九九中《王莽传中》。
③ 《汉书》卷九九下《王莽传下》。
④ 《汉书》卷九九下《王莽传下》。

行动与匪无异,无告的人民不得已也多起来为匪。① 一个社会发展到这个阶段之后,兵事可说是到了不可救药的地步,任何理论上可通的方法都不能根本改善这种病态。

我们明白这种情形,对光武帝废除郡国兵的政策就不致认为难解。建武七年(西元三一年)诏:

> 今国有众军,并多精勇。宜且罢轻车、骑士、材官、楼船士及军假吏,令还复民伍。②

地方兵现在已全不可用。太平时代,一般所谓好人都不肯当兵;天下一旦混乱,少数流氓与多数饥民就成为土匪,只能扰乱社会秩序,并不能卫国卫民。这些土匪往往打着军队的旗号,但旗号是不能掩盖实际的。只有善将兵的人经过相当时期的训练,才能造出一支真会打仗的军队。诏书中所谓"国有众军,并多精勇",并非一句空话。光武起事时所领的虽也不过是些流氓与饥民,但经过十年左右的汗马生活,光武帝已锻炼出一个很大并且可用的军队。地方军反成了赘疣,在很多地方恐怕实际早已不存在,光武的诏书不过是承认一件既成的事实。隗嚣与公孙述是光武的两个大敌,在建武七年仍未平服,地方军若有丝毫的用处,光武也决不会在此时一纸公文把它废掉。

八、东汉

所以东汉只有中央军,没有地方军。中央军除宫廷的卫士外,北军的名称仍然存在,称北军五营或五校,就是屯骑、越骑、步兵、长水、射声。每营有校尉一人,五军由北军中候总领,就是武帝时的中

---

① 王莽时起事的人都是流民土匪出身。除赤眉等以外,如刘玄等人也都不过是土匪头目。见《后汉书》卷四一《刘玄刘盆子传》,卷四三《隗嚣公孙述传》。此外甚至有人利用西北属国的羌胡起兵。见《后汉书》卷四二《卢芳传》。
② 《后汉书》卷一下《光武帝纪下》。

垒校尉。武帝时七校的兵现在并为五校,胡骑并于长水,虎贲并于射声。[1] 北军五营中最少有两营完全是外族人,其他三营中是否有四夷的人加入已不可考。据《后汉书》注引《汉官》,五营每营七百人,只有长水营多三十六人,为七百三十六人。所以胡越兵在北军中占五分之二以上的地位。北军平时宿卫京师,四方有事也往往被发。

第二种中央直辖的军队就是驻守要地的营伍:

> 光武中兴,以幽、冀、并州兵骑克定天下,故于黎阳立营,以谒者监之……扶风都尉部在雍县,以凉州近羌,数犯三辅,将兵卫护园陵,故俗称雍营。[2]

黎阳就是今日河南浚县,在洛阳东北,所驻的大概就是光武所谓"国有众军,并多精勇"的兵,恐怕是东汉初年中央军的主体。雍营护卫长安与西汉诸帝的园陵,兵数大概也不少。可惜两营到底有多少兵,史籍没有记载。

中央第三种军队就是屯兵。缘边各郡都有屯田,明、章两代(西元五八至八八年)发囚徒到边疆屯田的事前后共有八次。[3] 可见从前的屯兵都已变成边地的土著农民,已不堪当兵,只得再发囚徒去充实国防。明帝向王莽时丧失的西域方面活动,也恢复了屯田的事业。[4] 同时又在金城一带屯兵,防备西羌。[5]

东汉也有属国兵,可算中央的第四种军队。东汉官制,有使匈奴中郎将一人,主护南单于;护乌桓校尉一人,主乌桓胡;护羌校尉

---

① 《后汉书》卷三七《百官志四》。
② 《后汉书》卷五三《窦宪传》注引《汉官仪》。
③ 《后汉书》卷二《明帝纪》永平元年,八年,九年,十六年,十七年;卷三《章帝纪》建初七年,元和元年,章和元年。
④ 《后汉书》卷一一八《西域传》。
⑤ 《后汉书》卷一一七《西羌传》。

一人,主西羌。① 这三个都是专管边境属国的人。匈奴在王莽时反叛,大半又都逃出塞外,东汉初年屡次寇边。建武二十四年(西元四八年)匈奴内部分裂为南北,南单于自称呼韩邪,又来投降,中国又把河套以及整个并州的地方交给降胡。南单于本人居西河,韩氏骨都侯屯北地,右贤王屯朔方,当于骨都侯屯五原,呼衍骨都侯屯云中,郎氏骨都侯屯定襄,左南将军屯雁门,栗籍骨都侯屯代郡。②

乌桓本是东北塞外(今热河南部)的东胡种,西汉时弱小,投降中国,代中国守边。王莽乱时与东汉初年屡次寇边。南匈奴投降的次年,建武二十五年(西元四九年),乌桓见强大的匈奴投降,自己于是也要求入居中国,光武也就容许他们迁居幽州塞内,为中国的属国。③ 北军五营中长水一营的胡骑多半是乌桓人。④

西羌本是小族,在西汉时就在凉州边境与汉人杂居,时常反叛,中国总是用屯田的方法防御他们。建武九年(西元三三年)光武设立护羌校尉,有事时可领降羌替中国打仗。⑤ 所以并州由匈奴代守,幽州由乌桓代守,凉州由西羌代守。此外又有些囚徒屯田各地,与外族人共同守边。整个的北边,由辽东到敦煌,都不用内地士大夫良家子与一般顺民去费力保护,中兴盛世的安逸人民大概认为这是又便宜又舒服的事!

总之,东汉只有中央直辖的军队,并且外族在这个军队中占很重要的地位。不过废地方兵并不是简单的事。最低的限度,地方的治安是须有人维持的。所以各郡的太守一定要召募些保安的地方兵。关于这件事,在中兴时代我们没有直接的证据。但东汉末年各地州牧太守纷纷割据,一定原来有兵。然而这都是地方官的私军,

<hr>

① 《后汉书》卷二十八《百官志五》。护乌桓校尉与护羌校尉西汉时已经设立,但西汉时羌兵与乌桓兵还不是中国不可少的兵力。
② 《后汉书》卷一一九《南匈奴传》。
③ 《后汉书》卷一二〇《乌桓传》。
④ 《后汉书》卷三十七《百官志四》注。
⑤ 《后汉书》卷一一七《西羌传》。

不受中央的调动。所以严格讲来，仍可说东汉只有中央军，没有地方兵。

由东汉向外用兵的情形就可知道当时兵的性质。明帝永平十六年（西元七三年）窦固伐北匈奴，这是东汉第一次并且是中兴盛世的向外大发动，所用的兵很可玩味：

> 固与忠（耿忠）率酒泉、敦煌、张掖甲卒及卢水羌胡万二千骑，出酒泉塞；耿秉、秦彭率武威、陇西、天水募士及羌胡万骑，出居延塞；又太仆祭肜、度辽将军吴棠将河东北地、西河羌胡及南单于兵万一千骑，出高阙塞；骑都尉来苗、护乌桓校尉文穆将太原、雁门、代郡、上谷、渔阳、右北平、定襄郡兵及乌桓、鲜卑万一千骑，出平城塞。①

这四支军队中都有外族兵，祭肜、吴棠的一支完全是胡兵。后来窦固的从孙窦宪于和帝永元元年（西元八九年）又大伐匈奴：

> 会南单于请兵北伐，乃拜宪车骑将军，金印紫绶，官属依司空，以执金吾耿秉为副，发北军五校、黎阳、雍营、缘边十二郡骑士，及羌胡兵出塞。明年，宪与秉各将四千骑及南匈奴左谷蠡王师子万骑，出朔方鸡鹿塞；南单于屯屠河，将万余骑，出满夷谷；度辽将军邓鸿及缘边义从羌胡八千骑，与左贤王安国万骑，出捆阳塞。皆会涿邪山。宪分遣副校尉阎盘、司马耿夔、耿谭将左谷蠡王师子、右呼衍王须訾等精骑万余，与北单于战于稽落山，大破之。虏众崩溃，单于遁走。追击诸部，遂临私渠比鞮海，斩名王已下万三千级，获生口马牛羊橐驼百余万头。于是温犊须、日逐、温吾、夫渠王柳鞮等八十一部率众降者，前后二十余万人。宪、秉遂登燕然山，去塞三千余里，刻石勒功，纪汉威德。②

---

① 《后汉书》卷二三《窦固传》。
② 《后汉书》卷二三《窦宪传》。

这是东汉规模最大、影响最深的一次外征,解决了三百年来的匈奴问题,最少当时的人相信这个问题已经解决。但所用的兵大半是外族人,而实际战败北单于的完全是南匈奴的兵。我们对东汉能驾御外族、以夷制夷的政策能收大功,不能不表示钦佩。但军队不是汉人的军队却也是不可掩蔽的严重事实。

除此次大败北匈奴外,东汉惟一的对外武功就是班超的平定西域。但班超当初所用的只有三十六个人,后来政府发给他的也不过一千多囚徒与义勇兵。班超所以制服西域的,一方面靠他个人特殊的将才与超人的勇敢,一方面还是靠以夷制夷政策的大规模利用,西域各国的军队互相攻击。①

这种专靠外族的办法极其危险。一旦外族不肯受利用,或转过来向我反攻,自己就要束手无策。这件事后来的确实现,并且就在窦宪大破北匈奴后还不到二十年。东汉初期,西羌屡屡扰边。塞外的羌人想要向内地劫掠,塞内投降的羌人又常受地方官与边民的侵害,因而怨恨反叛。建武九年班彪上书:

> 今凉州部皆有降羌。羌胡被发左衽,而与汉人杂处;习俗既异,言语不通。数为小吏黠人所见侵夺,穷恚无聊,故致反叛。夫蛮夷寇乱皆为此也。②

西羌、匈奴虽然强悍,但对中国国家与中国文化似乎十分景仰,对中国一般人民也无恶感。只要中国肯收容,他们就乐意移居塞内,为中国守边。由窦宪的攻破北匈奴可见他们也很诚恳地为中国卖力。但中兴以后政治日坏,地方官与豪右对这些异族的人不免侵夺、压迫,勉强他们服役。地方无知的人民恐怕也常推波助澜,因而时常引起叛变。待叛乱一起,地方官与边民又惶恐无措,敏捷的逃入内地,迟钝的束手待毙。最大最长的一次羌乱

---

① 《后汉书》卷四七《班超传》。
② 《后汉书》卷八七《西羌传》。

于安帝永初元年开始，直到灵帝建宁二年才算平服，前后乱了六十多年的功夫（公元107—169年）。羌乱的导火线很为简单。汉要发羌征西域，羌人不愿远屯，遂发兵反，出塞与塞外羌人联合，大乱于是开始。羌人在内地居住已久，多无兵器，只持用竹竿木枝为戈矛，用板案为盾，甚至手持铜镜为兵器。这种易与的叛羌就足以把边官与边民的胆惊破，都不敢动。顺民已训顺到如何的程度，可想而知！中央派兵去剿，总是打败的时候多。边官多为内地人，不愿出死力守凉州，就上书勉强边民内徙逃难。领兵的人"多断盗牢廩，私自润入，皆以珍宝货赂左右。上下放纵，不恤军事，士卒不得其死者白骨相望于野"。羌人夺取了官军的兵器之后，势力更为浩大。这种种不堪设想的情形王符描写得最为活现。王符是西北安定临泾（今甘肃镇原县）人，恐怕他自己的亲友戚族就有受祸的人：

> 往者羌虏背叛，始自凉、并，延及司、隶，东祸赵、魏，西钞蜀汉。五州残破，六郡削迹，周回千里，野无孑遗；寇抄祸害，昼夜不止，百姓灭没，日月焦尽。而内郡之士不被殃者咸云："当且放纵，以待天时！"用意若此，岂人心也哉？前羌始反，公卿师尹咸欲捐弃凉州，却保三辅，朝廷不听。后羌遂侵，而论者多恨不从惑议。余窃笑之，所谓嫁亦悔不嫁亦有悔者尔，未始识变之理。地无边，无边亡国。是故失凉州则三辅为边，三辅内入则弘农为边，弘农内入则洛阳为边。推此以相况，虽尽东海犹有边也……

> 前日诸郡皆据列城而拥大众……然皆不肯专心坚守，而反强驱劫，其民，捐弃仓库，背城邑走。由此观之，非苦城乏粮也，但苦将不食尔……

> 谚曰："痛不著身，言忍之；钱不出家，言与之！"假使公卿子弟有被羌祸朝夕切急如边民者，则竟言当诛羌矣！今苟以己无惨怛冤痛，故端坐相仍；又不明修守御之备，陶陶闲澹卧委天，听

羌独往来，深入多杀。已乃陆陆相将诣阙，谐辞礼谢退云状。会
坐朝堂，则无忧国哀民恳恻之诚，苟转相顾望，莫肯违止。日晏时
移，议无所定。已且须后，后得小安，则恬然弃忘。旬时之间虏复
为害，军书交驰，羽檄狎至，乃复惴惴如前。若此以来，出入九
载……一人吁嗟，王道为亏，况百万之众，叫号哭泣感天心乎？①

民众已不是战国时代人人能战的民众，士大夫更不是春秋时代出将
入相的士大夫。军事情形的不堪达到极点。羌乱方平，灵帝中平元
年（西元一八四年）黄巾贼的乱事又起。这时虽是方经长期的羌乱，
国家仍是忙得手足无措，军事毫无把握。"诏公卿出马弩，举列将子
孙及吏民有明战阵之略者，诣公车。"②同时又"诏敕州郡修理攻守，
简练器械"。③ 国家发了五校与三河的骑士（大概就是黎阳营）与召募的
义勇兵，靠皇甫嵩与朱儁的将才算是把乌合的黄巾贼捕灭。但两人（最
少朱儁）似乎有"家兵"杂在国家的军队之内。各地的刺史、太守都有私
军，朱儁曾作过交阯刺史，这些"家兵"就是作刺史时所召的私军。国家
现在只有羌、胡兵与地方官的"家兵"可用，天下的大势显然已不可收拾。

黄巾贼的次年，中平二年（西元一八五年），汉阳贼边章、韩遂与
羌胡联合东侵三辅。皇甫嵩奉命讨贼，就请求发乌桓兵三千人。北
军中候邹靖认为乌桓太弱，应当往塞外去召募鲜卑。下公卿大臣讨
论此事，两方面都有赞成与反对的人。反对用鲜卑的理由，就是从
前征匈奴与西羌曾用过鲜卑，结果并不美满：

> 斩获丑虏，既不足言，而鲜卑越溢，多为不法。裁以军令则
> 忿戾作乱，制御小缓则陆掠残害。劫居人，钞商旅，啖人牛羊，
> 略人兵马。得赏既多不肯去，复欲以物买铁。边将不听，便取
> 缣帛聚欲烧之；边将恐怖，畏其反叛，辞谢抚顺，无敢拒违。

---

① 王符《潜夫论》卷五《救边篇》第二二，同卷《劝将篇》第二一，《边议篇》第二三，《实边篇》
第二四也都论述羌祸与边事。
②《后汉书》卷八《灵帝纪》。
③《后汉书》卷一〇一《皇甫嵩传》。

乌桓、鲜卑都不愿用，最后听了应劭的话，决定用陇西"守善不叛"的羌胡！① 一统天下的公卿大臣公开承认用外兵要忍受外兵的跋扈，但说来说去总是逃不出召募外兵，对于召用汉人始终无人提起一字。连方才平定黄巾、威震天下的皇甫嵩也是一样。可见本国兵只能对付国内乌合的土匪，一牵涉到外族就非用其他的外族不可！

汉人现在并不是完全不会用兵器。但只有保护自己的家乡才肯出力，并且还必须有领袖指导。若无勇敢的领袖，即或家乡被扰，大家也都是驯羊。例如应劭不敢提议用汉人到边疆打仗，但他于献帝初平二年(西元一九一年)守太山，复起的黄巾贼入郡界，"劭纠率文武，连与贼战，前后斩首数千级，获生口老弱万余人，辎重二千两。贼皆退却，郡内以安"。② 至于远离乡土去冒险，除非是荒年被迫为盗，没有人甘心去作。

列国并立时，每国都是一个有机体的坚强体系，天下一统之后临时尚可勉强维持，但不久就成了一盘散沙，永未变成一个大的有机体。这样的民族是任何内部野心家或外来野心族的战利品，决难自立自主，自己的命运总不操在自己手里。董卓之乱将这种情形暴露无遗(西元一八九至一九二年)。董卓虽是汉人，手下所率领的兵最少一部分是羌胡：

> 是时洛中贵戚室第相望，金帛财产家家殷积。卓纵放兵士突其庐舍，淫略妇女，剽虏资物，谓之搜牢。人情崩恐，不保朝夕。及何后葬，开文陵，卓悉取藏中珍物。又奸乱公主，妻略宫人。虐刑滥罚，睚眦必死，群僚内外莫能自固。卓尝遣军至阳城，时人会于社下，悉令就斩之，驾其车重，载其妇女，以头系车辕，歌呼而还……
>
> 于是尽徙洛阳人数百万口于长安，步骑驱蹙，更相蹈藉，饥饿

① 《后汉书》卷四八《应劭传》。
② 《后汉书》卷四八《应劭传》。

寇掠,积尸盈路。卓自屯留毕圭苑中,悉烧宫庙官府居家,二百里内无复孑遗。又使吕布发诸帝陵及公卿已下冢墓,收其珍宝。①

迁都长安之后,长安又遭李傕、郭汜之乱,受祸不亚于洛阳。车驾于是又迁回东都:

> 自此长安城中尽空,并皆四散,二三年间关中无复行人。建安元年车驾至洛阳,宫阙荡涤,百官披荆棘而居焉。州郡各拥强兵,而委输不至。尚书郎官自出采稆,或不能自反,死于墟巷。②

董卓以后各地的太守、刺史都扩大私军,割据自雄。实际上五胡乱华的局面已经成熟。中国社会已经崩溃,只有边地的属国还有组织,同时又勇敢善战。布满幽、并、凉三州的外族很可能向南移动,占据中国。恰巧当时中国出来几个特殊的人才,把这种厄运又展缓了一百年的功夫。所谓三国时代,由这个观点来看,可说是曹操、司马懿几个善练兵、善将兵又有政治谋略的人重新组织散漫的中国以便抵抗外族的时代。曹操曾大破乌桓,并分散并州匈奴的势力③,可见他明了这个问题的严重性。但外族的势力根深蒂固,无从斩除;中国内部的病势过于沉重,难以根治。几个特殊人才死后不久,中原终于成了汉代那些属国的属国。

九、后言——汉末至最近

汉代的问题实际是中国的永久问题,东汉以下兵的问题总未解决。只有隋及盛唐承袭北朝外族的制度,百余年间曾实行半征兵的府兵制,这也是汉以后中国自治的惟一盛强时代。二千年来的情形,骨子里都与东汉一样。东晋以下中原陷于外族将近三百年。隋

---

① 《后汉书》卷七二《董卓列传》。
② 《晋书》卷二六《食货志》。
③ 《三国志·魏书》卷三〇《乌丸传》;《晋书》卷九七《北狄传》。

唐的盛期过去之后,由天宝到五代的二百年间是外族第二次扰乱中国的时代。中国常雇用外兵,外族也常擅自行动。宋虽名为统一,中国本部东北的燕云与西北的河西总未收复,每年与契丹、西夏纳贡,才得苟安。宋的军队中也有番兵,不过地位不像汉唐时那样重要。后来终于不能自保,中原又丧于女真,最后整个的中国亡于蒙古。明代算是把中国本部完全统一,但只有太祖、成祖的极短期间有应付外敌的能力。此后二百余年间几乎时时刻刻在勉强支持外侮的进袭。受日本的一度威胁之后,不久就亡于满洲。道光以下满汉并衰,中国又感到有被西洋吞并的危险。自己的力量不足,清末以下就又借外力,不过方式随着时代略有变化。现在借的不是外兵,而是外国的军器军火与军事顾问。正如历代靠番兵不足抵抗外番,西洋的军器军火与军事顾问也不足以抵抗西洋或澈底西洋化的国家。二千年来中国总是一部或全部受外族统治,或苟且自主而须忍受深厚的外侮;完全自立又能抵抗外族甚至能克服外族乃是极少见的例外。这种长期积弱局面的原因或者很复杂,但最少由外表看来,东汉以下永未解决的兵的问题是主要的原因。① 人类历史上的政治集团,无论大小,不为刀俎,必为鱼肉;若要两种都不作,是办不到的事。东汉以下的中国不能作刀俎,当然也不愿作鱼肉,但实际大半的时候总是任人宰割。

（原载清华大学《社会科学》1935 年 1 卷 1 期）

---

① 并且大家一向都安于这种堕落的局面,并不觉得这是一个需要解决的问题。只有王安石曾认清这个问题,并提出适当的解决方法:在他《上仁宗皇帝言事书》(俗称《万言书》)中,他认为只有叫良民当兵,尤其是一般所谓士大夫都人人知兵,人人当兵,才能使中国自立自主。只就这一点来看,王安石已是二千年间特出的奇才。可惜王安石一类的积极人才在传统的中国决无成功的机会。一般地说来,文武兼备的人有比较坦白光明的人格,兼文武的社会也是坦白光明的社会。这是武德的特征。中国二千年来社会上下各方面的卑鄙黑暗恐怕都是畸形发展的文德的产物。偏重文德使人文弱,文弱的个人与文弱的社会难以有坦白光明的风度,只知使用心计:虚伪,欺诈,不澈底的空气支配一切,使一切都无办法。中国兵制的破裂与整个文化的不健其实是同一件事。在这种病态的社会,王安石一流的人物生前必定失败。

无兵的文化

著者前撰《中国的兵》，友人方面都说三国以下所讲的未免太简，似乎有补充的必要。这种批评著者个人也认为恰当。但二千年来的兵本质的确没有变化。若论汉以后兵的史料，正史中大半都有兵志，正续通考中也有系统的叙述，作一篇洋洋大文并非难事。但这样勉强叙述一个空洞的格架去凑篇幅，殊觉无聊。反之，若从侧面研究，推敲二千年来的历史有甚么特征，却是一个意味深长的探求。

秦以上为自主、自动的历史，人民能当兵，肯当兵，对国家负责任。秦以下人民不能当兵，不肯当兵，对国家不负责任，因而一切都不能自主，完全受自然环境（如气候、饥荒等）与人事环境（如人口多少、人才有无与外族强弱等）的支配。

秦以上为动的历史，历代有政治社会的演化更革。秦以下为静的历史，只有治乱骚动，没有本质的变化，在固定的环境之下，轮回式的政治史一幕一幕地更迭排演，演来演去总是同一出戏，大致可说是汉史的循环发展。

这样一个完全消极的文化，主要的特征就是没有真正的兵，也就是说没有国民，也就是说没有政治生活。为简单起见，我们可以称它为"无兵的文化"。无兵的文化，轮回起伏，有一定的法则，可分几方面讨论。

一、政治制度之凝结

历代的政治制度虽似不同,实际只是名义上的差别。官制不过是汉代的官制,由一朝初盛到一朝衰败期间,官制上所发生的变化也不能脱离汉代变化的公例。每朝盛期都有定制,宰相的权位尤其重要,是发挥皇权的合理工具,甚至可以限制皇帝的行动。但到末世,正制往往名存实亡,正官失权,天子的近臣如宦官、外戚、幸臣、小吏之类弄权专政,宰相反成虚设。专制的皇帝很自然地不愿信任重臣,因为他们是有相当资格的人,时常有自己的主张,不见得完全听命。近臣地位卑贱,任听皇帝吩咐,所以独尊的天子也情愿委命寄权,到最后甚至皇帝也无形中成了他们的傀儡。

例如汉初高帝、惠帝、吕后、文帝、景帝时代的丞相多为功臣,皇帝对他们也不得不敬重。他们的地位巩固,不轻易被撤换。萧何在相位十四年,张苍十五年,陈平十二年,这都是后代少见的例。萧何、曹参、陈平、灌婴、申屠嘉五个丞相都死在任上,若不然年限或者更长。[1]

丞相在自己权限范围以内的行动,连皇帝也不能过度干涉。例如申屠嘉为相,一日入朝,文帝的幸臣邓通在皇帝前恃宠怠慢无礼,丞相大不满意,向皇帝发牢骚:

> 陛下幸爱群臣,则富贵之。至于朝廷之礼,不可以不肃!

文帝只得抱歉地答复:"君勿言,吾私之。"但申屠嘉不肯放松,罢朝之后回相府,正式下檄召邓通,并声明若不即刻报到就必斩首。邓通大恐,跑到皇帝前求援,文帝叫他只管前去,待危急时必设法救应。邓通到相府,免冠赤足,顿首向申屠嘉谢罪,嘉端坐自如,不肯

---

[1] 俱见《汉书》卷十九下《百官公卿表下》。

回礼,并声色俱厉地申斥一顿:

> 夫朝廷者,高皇帝之朝廷也。通小臣,戏殿上,大不敬,当斩!史今行斩之!

"大不敬"在汉律中是严重的罪名,眼看就要斩首。邓通顿首不已,满头出血,申屠嘉仍不肯宽恕。文帝计算丞相的脾气已经发作到满意的程度,于是遣使持节召邓通,并附带向丞相求情:"此吾弄臣,君释之!"邓通回去见皇帝一边哭,一边诉苦:"丞相几杀臣!"①

这幕活现的趣剧十足地表明汉初丞相的威风,在他们行使职权的时候连皇帝也不能干涉,只得向他们求情。后来这种情形渐渐变化。武帝时的丞相已不是功臣,因为功臣已经死尽。丞相在位长久或死在任上的很少,同时有罪自杀或被戮的也很多。例如李蔡、庄青翟、赵周、公孙贺、刘屈氂都不得善终。② 并且武帝对丞相不肯信任,相权无形减少。丞相府原有客馆,是丞相收养人才的馆舍。武帝的丞相权小,不能多荐人,客馆荒凉,无人修理;最后只得废物利用,将客馆改为马厩、车库或奴婢室!③

武帝似乎故意用平庸的人为相,以便于削夺相权。例如田千秋本是关中高帝庙的卫寝郎,无德无才,只因代卫太子诉冤,武帝感悟,于是就拜千秋为大鸿胪,数月之间拜相封侯。一言而取相位,这是连小说家都不敢轻易创造的奇闻。这件事不幸又传出去,遗笑外国。汉派使臣聘问匈奴,单于似乎明知故问:

> 闻汉新拜丞相。何用得之?

使臣不善辞令,把实话说出,单于讥笑说:

> 苟如是,汉置丞相非用贤也,妄一男子上书即得之矣!

---

① 《汉书》卷四二《申屠嘉传》。
② 《汉书》卷五八《公孙弘传》,卷六六《公孙贺传》,《刘屈氂传》。
③ 《汉书》卷五八《公孙弘传》。

这个使臣忠厚老实,回来把这话又告诉武帝。武帝大怒,认为使臣有辱君命,要把他下狱治罪。后来一想不妥当,恐怕又要遗笑大方,只得宽释不问。①

丞相的权势降低,下行上奏的文件武帝多托给中书谒者令。这是皇帝左右的私人,并且是宦官。这种小人"领尚书事",丞相反倒无事可作。武帝晚年,卫太子因巫蛊之祸自杀,昭帝立为太子,年方八岁,武帝非托孤不可。于是就以外戚霍光为大司马大将军,领尚书事,受遗诏辅政。② 大司马大将军是天下最高的武职,领尚书事就等于"行丞相事",是天下最高的政权。武帝一生要削减相权,到晚年有意无意间反把相权与军权一并交给外戚。从此西汉的政治永未再上轨道。皇帝要夺外戚的权柄就不得不引用宦官或幸臣,最后仍归失败,汉的天下终被外戚的王莽所篡。至于昭帝以下的丞相,永久无声无臭,大半都是老儒生,最多不过是皇帝备顾问的师友,并且往往成为贵戚的傀儡。光武中兴,虽以恢复旧制相标榜,但丞相旧的地位永未恢复,章帝以后的天下又成了外戚、宦官交互把持的局面。

后代官制的变化,与汉代如出一辙。例如唐朝初期三省的制度十分完善。尚书省总理六部行政事宜,尚书令或尚书仆射为正宰相。门下待中可称为副宰相,审查诏敕,并得封驳奏抄诏敕。中书令宣奉诏敕,也可说是副宰相。但高宗以下天子左右的私人渐渐用"同中书门下平章事"的名义夺取三省的正权,这与汉代的"领尚书事"完全相同。③

唐以后寿命较长的朝代也有同样的发展。宋代的制度屡次改革,但总的趋势也与汉、唐一样。南渡以后,时常有临时派遣的御营使或国用使一类的名目,操持宰相的实权。明初有中书省,为宰相职。明太祖生性猜忌,不久就废宰相,以殿阁学士勉强承乏。明朝可说是始终没有宰相,所以宦官才能长期把持政治。明代的演化也

---

① 《汉书》卷六六《车千秋传》。
② 《汉书》卷六《武帝纪》,卷六十八《霍光传》。
③ 《新唐书》卷四十六《百官志一》,卷四十七《百官志二》。

与前代相同,只不过健全的宰相当权时代未免太短而已。清朝以外族入主中国,制度和办法都与传统的中国不全相同,晚期又与西洋接触,不得不稍微摹仿改制。所以清制与历来的通例不甚相合。

历朝治世与乱世的制度不同,丞相的权位每有转移。其间时常发生一个有趣的现象:就是前代末期的乱制往往被后代承认为正制。例如尚书、中书、门下三省,乃是汉末、魏晋、南北朝乱世的变态制度;但唐代就正式定它为常制。枢密院本是唐末与五代的反常制度,宋朝也定它为正制。但这一切都不过是名义。我们研究历代的官制,不要被名称所误。两代可用同样的名称,但性质可以完全不同。每代有合乎宪法的正制,有小人用事的乱制。各朝的正制有公同点,乱制也有公同点;名称如何,却是末节。盛唐的三省等于汉初的丞相,与汉末以下演化出来的三省全不相同。以此类推,研究官制史的时候就不至被空洞的官名所迷惑了。

二、中央与地方

宰相权位的变化,二千年间循环反覆,总演不出新的花样。变化的原动力是皇帝与皇帝左右的私人,与天下的人民全不相干。这在一个消极的社会是当然的事。

中央与地方的关系,秦、汉以下也有类似的定例。太平时代,中央政府大权在握,正如秦、汉的盛世一样。古代封建制度下的阶级到汉代早已消灭。阶级政治过去后,按理可以有民众政治出现;但实际自古至今在任何地方也没有发生过真正的全民政治,并且在阶级消灭后总是产生个人独裁的皇帝政治,没有阶级的社会,无论在理论上如何美善,实际上总是一盘散沙。个人、家族以及地方的离心力非常强大,时时刻刻有使天下瓦解的危险。社会中并没有一个健全的向心力,只有专制的皇帝算是勉强沙粒结合的一个不很自然的势力。地方官必须由皇帝委任,向皇帝负责;不然天下就要分裂混乱。并且二千年来的趋势是中央集权的程度日愈加深。例如汉代地方官只有太守是直接由皇帝任命，曹掾以下都由太守随意选用本郡的人。南北朝时，渐起变化。隋就正式规定大小地方官都受命于朝廷，地方官回避乡土的制度无形成立。① 若把这种变化整个认为是由于皇帝或吏部愿意揽权，未免因果倒置。主要的关系恐怕还是因为一般的人公益心日衰，自私心日盛，在本乡作官弊多利少，反不如外乡人还能比较公平客观。所以与其说皇帝愿意绝对集权，不如说他不得不绝对集权。

乱世的情形正正相反。帝权失坠，个人、家族与地方由于自然的离心力又恢复了本质的散沙状态。各地豪族、土官、流氓、土匪的无理的专制代替了皇帝一人比较合理的专制。汉末三国时代与安史乱后的唐朝和五代十国都是这种地方官专擅的好例；最多只维持一个一统的名义，往往名义上也为割据。例如唐的藩镇擅自署吏，赋税不解中央，土地私相授受，甚至传与子孙。② 这并不是例外，以前或以后的乱世也无不如此。在这种割据时代，人民受的痛苦，由民间历来喜欢传诵的"宁作太平犬，勿作乱世民"的话，可以想见。乱世的人无不希望真龙天子出现，因为与地方小朝廷的地狱比较起来，受命王天下的政治真是天堂。

宋以下好似不大见到割据的局面，但这只是意外原因所造出的表面异态。北宋未及内部大乱，中原就被外族征服。南宋也没有得机会形成内部割据，就被蒙古人吞并。这都是外来的势力使中国内部不得割据的例证。元末汉人驱逐外族，天下大乱，临时又割据起来。明末流寇四起，眼看割据的局面就要成立，恰巧清兵入关，中国又没有得内部自由捣乱。清末民初割据的局面实际已经成立，只因在外族势力的一方面威胁、一方面维持之下，中国不得不勉强摆出

---

① 顾炎武《日知录》卷八《掾属》。
②《新唐书》卷五〇《兵志》，卷二一〇《藩镇列传》。

一个统一的面目。所以在北京政府命令不出国门的时候,中国名义上仍是一个大一统的中华民国。最近虽略有进步,这种情形仍未完全过去。所以宋以下历史的趋势与从前并无分别;只因外族势力太大,内在的趋势不得自由活动而已。

三、文官与武官

文官、武官的相互消长也与治乱有直接的关系。盛世的文官重于武官,同品的文武二员,文员的地位总是高些。例如汉初中央三公中的丞相高于太尉,地方的郡守高于郡尉,全国的大权一般讲来也都操在文吏的手中。① 又如唐初处宰相地位的三省长官全为文吏,军权最高的兵部附属于尚书省,唐制中连一个与汉代太尉相等的武官也没有。②

独裁的政治必以武力为最后的基础。盛世是皇帝一人的武力专政,最高的军权操于一手,皇帝的实力超过任何人可能调动的武力。换句话说,皇帝是大军阀,实力雄厚,各地的小军阀不敢不从命。但武力虽是最后的条件,直接治国却非用文官不可;文官若要合法地行政,必须不受皇帝以外任何其他强力的干涉支配;若要不受干涉,必须有大强力的皇帝作后盾。所以治世文胜于武,只是一般地讲;归结到最后,仍是强力操持一切。这个道理很明显,历史上的事实也很清楚,无需多赘。中国历史上最足以点破这个道理的就是宋太祖杯酒解兵权的故事:

> 乾德初,帝因晚朝与守信等饮酒。酒酣,帝曰:"我非尔曹不及此,然吾为天子,殊不若为节度使之乐。吾终夕未尝安枕而卧!"

---

① 《汉书》卷一九上《百官公卿表上》。
② 《新唐书》卷四六《百官志一》,卷四七《百官志二》。

　　守信等顿首曰:"今天命已定,谁复敢有异心? 陛下何为出此言耶?"

　　帝曰:"人孰不欲富贵? 一旦有以黄袍加汝之身,虽欲不为,其可得乎?"

　　守信等谢曰:"臣愚不及此,惟陛下哀矜之!"

　　帝曰:"人生驹过隙尔,不如多积金帛田宅以遗子孙,歌儿舞女以终天年,君臣之间无所猜嫌,不亦善乎?"

　　守信谢曰:"陛下念及此,所谓生死而肉骨也!"

　　明日皆称病,乞解兵权。帝从之,皆以散官就第,赏赉甚厚。①

　　宋初经过唐末五代的长期大乱之后,求治的心甚盛,所以杯酒之间大军阀能把小军阀的势力消灭。此前与此后的开国皇帝没有这样便宜,他们都须用残忍的诛戮手段或在战场上达到他们的目的。

　　乱世中央的大武力消灭,离心力必然产生许多各地的小武力。中央的军队衰弱,甚至消灭,有力的都是各地军阀的私军。这些军阀往往有法律的地位,如东汉末的州牧都是朝廷的命官,但实际却是独立的军阀。② 唐代的藩镇也是如此。此时地方的文官仍然存在,但都成为各地军阀的傀儡,正如盛世的文官都为大军阀(皇帝)的工具一样。名义上文官或仍与武官并列,甚或高于武官,但实情则另为一事。例如民国初年各省有省长,有督军,名义上省长高于督军,但省长的傀儡地位在当时是公开的秘密,并且省长常由督军兼任,更见得省长的不值钱了。

　　乱世军阀的来源,古今也有公例。最初的军阀本多是中央的巡察使,代中央监察地方官,本人并非地方官。汉的刺史、州牧当初是

①《宋史》卷二五〇《石守信传》。
②《后汉书》卷一〇四《袁绍传》。

061

巡阅使,并非行政官。① 唐代节度使的前身有各种的监察使,也与汉的刺史一样。后来设节度使,兵权虽然提高,对地方官仍是处在巡阅的地位;只因兵权在握,才无形中变成地方官的上司。② 这种局面一经成立,各地的强豪、土匪以及外族都可趁火打劫而成军阀。如汉末山贼张燕横行河北诸郡,朝廷不能讨,封为平难中郎将,领河北诸山谷事,每年并得举孝廉。③ 唐末天下大乱,沙陀乘机发展,以致引起后日五代时期的沙陀全盛局面。④ 这些新军阀都是巡察官的军阀制度成立后方才出现的。

四、士大夫与流氓

在一盘散沙的社会状态下,比较有组织的团体,无论组织如何微弱或人数如何稀少,都可操纵一般消极颓靡的堕民。中国社会自汉以下只有两种比较强大的组织,就是士大夫与流氓。

士大夫团体的萌芽,远在战国时代。古代的贵族政治破裂,封建的贵族被推翻,在政治上活动的新兴人物就是智识份子,在当时称为游说之士。但在战国时代百家争鸣,游说之士并非一个纯一而有意识的团体。这种团体的实现是汉武帝废百家,崇儒术,五经成为作官捷径后的事。隋唐以下,更加固定的科举制度成立,愈发增厚士大夫的团结力量。儒人读同样的书,有同样的目标,对事有同样的态度,并且因为政治由他们包办,在社会上他们又多是大地主,所以他们也可说有公同的利益。虽无正式的组织,他们实际等于一个政党,并且是惟一的政党。由此点看,一党专政在中国倒算不得稀奇! 皇帝利用儒人维持自己的势力,儒人也依靠皇帝维持他们的

---

① 《汉书》卷一九上《百官公卿表上》。
② 《新唐书》卷五〇《兵志》,卷二一〇《藩镇列传》。
③ 《后汉书》卷一〇一《朱儁传》。
④ 《新唐书》卷二一八《沙陀传》。

利益。这些士大夫虽不是一个世袭的贵族阶级，却是惟一有公同目标的团体，所以人数虽少，也能操纵天下的大局。

但士大夫有他们特殊的弱点。以每个分子而论，他们都是些文弱的书生，兵戎之事全不了解，绝对不肯当兵。太平盛世他们可靠皇帝与团体间无形的组织维持自己的势力。天下一乱，他们就失去自立自主的能力，大权就移到流氓的手中。士大夫最多只能守成，并无应付变局的能力。每次天下大乱时士大夫无能为力的情形就暴露无遗。乱世士大夫的行为几乎都是误国祸国的行为，古今绝少例外。他们的行为不外三种。第一，是无谓的结党误国。东汉末的党祸，宋代的新旧党争，明末的结党，是三个最明显的例。三例都是在严重的内忧或外患之下的结党营私行为。起初的动机无论是否纯粹，到后来都成为意气与权力的竞争；大家都宁可误国，也不肯牺牲自己的意见与颜面，当然更不肯放弃自己的私利。各党各派所谈的都是些主观上并不诚恳、客观上不切实际的高调。①

乱世士大夫的第二种行为就是清谈。一般的高调当然都可说是清谈，但典型的例却是魏晋时代的清静无为主义。胡人已经把凉州、并州、幽州（略等于今日甘肃、山西、河北三省）大部殖民化②，中国的内政与民生也到了山穷水尽的时候，一些负政治责任的人与很多在野的人仍在谈玄，这可说是一种逃避现实的行为。③ 今日弄世丧志的小品幽默文字，与一知半解的抄袭西洋各国的种种主义与盲目的号呼宣传，可说是两种不同的二十世纪式的清谈。

乱世士大夫的第三种行为就是作汉奸。作汉奸固然不必需要士大夫，但第一等的汉奸却只有士大夫才有资格去作。刘豫与张邦昌都是进士出身，洪承畴也是进士。

流氓团体与士大夫同时产生。战国时代除游说之士外，还有游

---

① 除正史外，可参考赵翼《廿二史札记》卷五，卷二六，卷三五。
②《晋书》卷五六《江统传》，卷九七《匈奴传》。
③ 赵翼《廿二史札记》卷八。

侠之士。他们都肯为知己的人舍身卖命，多为无赖游民出身；到汉代皇帝制度成立后，费了九牛二虎之力才把侠士太公开的自由行动大致铲除。① 但这种风气始终没有消灭，每逢乱世必定抬头。由东汉时起，流民也有了组织，就是宗教集团。最早的例就是黄巾贼。② 松散的人民除对家族外，很少有团结的能力。只有利用宗教的迷信与神秘的仪式才能使民众团结。由东汉时代起，历代末世都有类似黄巾贼的团体出现。黄巾贼的宣传，提出"苍天已死，黄天当立；岁在甲子，天下大吉"似通不通的神秘口号。唐末黄巢之乱，也倡出黄应代唐的妖言。③ 元末白莲教甚行一时④，明代（尤其明末）历批的流寇仍多假借白莲教或其他邪教的名义。⑤ 清朝末季的白莲教、天理教、八卦教⑥以及义和团都是这类的流氓、愚民与饿民的团体。流氓是基本分子，少数愚民被利用，最后饿民大批入教。一直到今日，在报纸上还是时常发现光怪陆离的邪教在各地活动。但二千年来的流氓秘密组织是否有一线相传的历史，或只是每逢乱世重新产生的现象，已无从稽考了。

太平时代，流氓无论有组织与否，都没有多大的势力。但惟一能与士大夫相抗的却只有这种流氓团体。梁山泊式劫富济贫、代天行道的绿林好汉，虽大半是宣传与理想，但多少有点事实的根据。强盗、窃贼、扒手、赌棍以及各种各类走江湖的帮团的敲诈或侵略的主要对象就是士大夫。流氓的经济势力在平时并不甚强，但患难相助的精神在他们中间反较士大夫间发达，无形中增加不少的势力。

流氓团体也有它的弱点。内中的分子几乎都是毫无知识的人，难成大事。形式上的组织虽较士大夫为强，然而实际也甚松散。

---

① 《汉书》卷九二《游侠列传》。
② 《后汉书》卷一〇一《皇甫嵩传》。
③ 《新唐书》卷二二五下《黄巢传赞》。
④ 《明史》卷一二二《韩林儿传》。
⑤ 赵翼《廿二史札记》卷三六《明代先后流贼》。
⑥ 魏源《圣武记》卷一〇。

《水浒》中的义气只是理想化的浪漫故事。真正大规模的坚强组织向来未曾实现过,所以在太平时代,流氓不能与士大夫严重对抗,并且往往为士大夫所利用:大则为国家的武官或捕快,小则为士大夫个人的保镖。由流氓团体的立场来看,这是同类相残的举动,可说是士大夫"以夷制夷"政策成功的表现。

但遇到乱世,士大夫所依靠的皇帝与组织失去效用,流氓集团就可临时得势。天下大乱,大则各地割据的土皇帝一部为流氓头目出身,小则土匪遍地,官宪束手,各地人民以及士大夫都要受流氓地痞的威胁与侵凌。人民除正式为宫廷纳税外,还须法外地与土匪纳保险费,否则身家财产都难保障。士大夫为自保起见,往往被迫加入流氓集团,为匪徒奔走,正如太平时代士大夫的利用流氓一样。以上种种的情形,对二十世纪的中国人都是身经、目睹或耳闻的实情,无需举例。

流氓虽然愚昧,但有时也有意外的成就。流氓多无知,流氓集团不能成大事;但一二流氓的头目因老于世故,知人善任,于大乱时期间或能成大领袖,甚至创造帝业。汉高祖与明太祖是历史上有名的这类成功人物。但这到底是例外,并且他们成事最少一部分须靠士大夫的帮助,成事之后更必须靠士大夫的力量保守成业,天下的权力于是无形中又由流氓移到士大夫的手里。

五、朝代交替

"话说天下大势,分久必合,合久必分"。谁都知道这是《三国志演义》的开场白,也可说是二千年来中国历史一针见血的口诀。一治一乱之间,并没有政治社会上真正的变化,只有易姓王天下的角色更换。我们在以上各节所讲的都是治世与乱世政治社会上各种不同的形态,但没有提到为何会有这种循环不已的单调戏剧。朝代交替的原因或者很复杂,但主要的大概不外三种,就是皇族的颓废、人口的增长与外族的迁徙。

第一种是个人的因素，恐怕不很重要；但因传统的史籍上多偏重这一点，我们不妨略为谈及。皇族的颓废化是一个自然的趋势，有两方面：一是生物学的或血统的，一是社会学的或习惯的。任何世袭的阶级，无论人数多少，早晚总要遇到一个无从飞渡的难关，就是血统上的退化。从古至今没有一个贵族阶级能维持长久，原因虽或复杂，但血统的日趋退化必是一个很重要的原因。法国革命前的贵族都是新贵，中古的贵族都已死净或堕落。今日英国的贵族能上溯到法国革命时代的已算是老资格的了。至于贵族中的贵族（王族或皇族）因受制度的维护，往往不至短期间就死净或丧失地位，但血统上各种不健全的现象却无从避免。百年战争时代（十四至十五世纪期间）的法国王族血统中已有了深重的神经病苗，今日欧洲各国的王族几乎没有一个健全的。只因实权大多不操在王手，所以身体上与神经上的各种缺陷无关紧要。但中国自秦、汉以下是皇帝专制的局面，皇帝个人的健全与否对于天下大局有很密切的关系。低能或愚昧的皇帝不只自己可走错步，他更容易受人包围利用。中国历代乱时几乎都有这种现象。至于血统退化的原因，那是生物学与优生学的问题，本文无需离题多赘。

皇族的退化不只限于血统，在社会方面皇帝与实际的人生日愈隔离，也是一个大的弱点。创业的皇帝无论是否布衣出身，但总都是老经世故、明了社会情况的领袖，所以不至受人愚弄。后代的皇帝生长在深宫之中，从生到死往往没有见过一个平民的面孔，对人民的生活全不了解。例如晋惠帝当天下荒乱、百姓饿死的时候，曾说："何不食肉糜？"①法国革命时巴黎饿民发生面包恐慌，路易第十六世的美丽王后也曾问过："他们为何不吃糕饼？"这样的一个皇帝，即或身心健全，动机纯粹，也难以合理地治理国家，必不免为人包围

---

① 《晋书》卷四《惠帝纪》。

利用;若再加上血统的腐化,就更不必说了。

皇族的退化只是天下大乱的一个次要原因。由中国内部的情形来讲,人口的增长与生活的困难恐怕是主要的原因。这个问题非常重要,下面另辟一节讨论。由外部的情形来讲,气候的变化与游牧民族的内侵是中国朝代更换的主要原因。大地上的气候似乎是潮湿期与干燥期轮流当位。潮湿期农产比较丰裕,生活易于维持,世界上各民族间不致有惊人的变动。干燥期间土著地带因出产减少,民生日困。并且经过相当长的潮湿期与太平世之后,人口往往已达到饱和状态,农收丰裕已难维生,气候若再忽然干燥,各地就立刻要大闹饥荒。所以内在的因素已使土著地带趋向混乱。同时沙漠或半沙漠地带的游牧民族因气候骤变,生活更难维持;牛羊大批地饿死,寄生的人类也就随着成了饿殍。游牧民族在平时已很羡嫉土著地带的优裕生活,到了非常时期当然要大批地冲入他们心目中的乐国。古今来中国的一部或全部被西北或东北的外族征服,几乎都在大地气候的干燥时期,这绝不是偶然的事。[①] 中国被外族征服是二千年来历史上的一件重大公案,下面也另节引申讨论。

六、人口与治乱

食料的增加有限,人口的增加无穷,这在今日已是常识。一切生物都自然地趋向于无限的繁殖,中国传统的大家族制度与"不孝有三,无后为大"的香火主义使人口增加的速度更加提高。一家数十口,靠父祖的遗产坐吃山空,都比赛着娶妻生子。甚至没有遗产或遗产甚少,但数十口中若有一二人能够生产,全家就都靠这一二人生活繁殖。所以在小家庭的社会被淘汰的废人游民,在中国也都

[①] 关于气候变化与游牧民族迁徙的问题,可参考 Ellsworth Huntington 教授的各种著作,最重要的是 *Civilization and Climate*, *The Pulse of Asia*, *Character of Races*。

积极地参加人口制造的工作。并且按人类生殖的一般趋势，人愈无用生殖愈多，低能儿之生儿育女的能力远超常人，生殖似乎是废人惟一的用处与长处。所以中国不只人口增加得特别快，并且人口中的不健全分子的比例恐怕也历代增加。这大概是二千年来中国民族的实力与文化日愈退步的一个主要原因。

中国到底能养多少人口，是一个难以解答的问题。人口的统计向来不甚精确。先秦时代可以不论，由汉至明的人口，按官家的统计，最盛时也不过六千万左右，大乱之后可以减到一二千万。但这个数目恐怕太低。中国自古以来的人丁税与徭役制度使人民都不肯实报户口；若说明以上中国的人口向来没有达到过七千万，这是很难置信的。由清代的人口统计，可以看出前代的记载绝不可靠。①康熙五十年（西元一七一一年）的人口为二千四百万。五十一年，颁"盛世滋生人丁"的诏书，从此以后，人丁赋以康熙五十年为准，这实际等于废人丁税。雍正时代田租与丁赋合并，可说是正式废除人丁税。从此户口实报已无危险，人口的统计不致像前代的虚妄。十年以后，康熙六十年（西元一七二一年），增到二千七百万。此后增加的速率渐渐达到好像不可信的惊人程度。二十八年后，乾隆十四年（西元一七四九年），人口忽然加到前古未有的一万七千七百万的高度，较前增加了六倍半。二十八年也不过是一世的期间，中国生殖率虽然高，也绝无高到这种程度的道理；显然是前此许多隐瞒的人口现在都出头露面了。再过十年，乾隆二十四年（西元一七五九年），就有一万九千四百万。再过二十四年，乾隆四十八年（西元一

---

① 汉代人口最盛时五千九百万（《汉书》卷二八上《地理志下》）。这数目或者还大致可靠。一，因当时的农业方法尚甚幼稚（《汉书》卷二四上《食货志上》）。二，因今日广东、广西、福建、云南、贵州与四川一部的广大区域方才征服，尚未开发。三，因长江流域一带也没有发展到后日的程度。大概汉时承继古代法治的余风，政治比较上轨道，人民也比较地肯负责，大致准确的人口统计还不是绝对办不到的事。至于唐代人口最盛时只有五千万的记载，绝不可信；此后历代的统计就更不值一顾了。

七八三年），就有二万八千四百万，将近三万万的人口高潮了。[①] 此时社会不安的现象渐渐抬头，高宗逊位之后就发生川、楚教匪的乱事，可见饭又不够吃的了。自此以后，至今一百四十年间社会总未安定，大小的乱事不断地发生。所以就拿中国传统极低的生活程度为标准，三万万的人口是中国土地的生产能力所能养的最高限度。历代最高六千万的统计，大概是大打折扣的结果，平均每五人只肯报一人。

至于今日四万万以至五万万的估计，大致也离实情不远。这个超过饱和状态的人口是靠外国粮食维持的。近年来每年六万万元的入超中，总有二万万元属于米麦进口。都市中的人几乎全靠外国粮食喂养，乡间也有人吃洋饭。这在以农立国的中华是生民未有的变态现象。今日的中国好比一个坐吃山空的大破落户，可吃的东西早已吃净，现在专靠卖房卖田以至卖衣冠鞋袜去糊口，将来终有一天产业吃光，全家老小眼看饿死。[②]

历代人口过剩时的淘汰方法，大概不出三种，就是饥荒、瘟疫与流寇的屠杀。人口过多，丰收时已只能勉强维持；收成略减，就要大闹饥荒。饥荒实际有绝对的与相对的两种。广大的区域中连年不雨或大雨河决，这是绝对的饥荒，人口不负责任。但中国每逢乱世必有的饥荒不见得完全属于这一类，最少一部分是人口过剩时，收成稍微减少，人民就成千累万地饿死。

瘟疫与饥荒往往有连带的关系。食料缺乏，大多数人日常的营养不足，与病菌相逢都无抵抗的能力，因而容易演成大规模的传播

---

① 关于历代人口的统计，除散见于正史《地理志》或《食货志》诸篇外，最方便的参考书就是《文献通考》卷一〇至一一《户口考》，《续文献通考》卷一二至一四《户口考》，《清朝文献通考》卷一九至二〇《户口考》。

② "兵在精，不在多"，谁都承认。一讲到人口，一般的见解总以为是多多益善。这是不思的毛病。南京中国地理学会出版的《地理学报》第二卷第二期（民国廿四年六月）中有胡焕庸教授《中国人口之分布》一文，可代表多数人的开明见解，注意中国人口问题的人都当一读。

性瘟疫。试看历代正史的《本纪》中,每逢末世饥荒与瘟疫总是相并而行,这也绝非偶然的事。

饥荒与瘟疫可说是自然的淘汰因素,人为的因素就是流寇。流寇在二千年来的中国历史上地位非常重要,甚至可说是一种必需的势力。民不聊生,流寇四起,全体饿民都起来夺食,因而互相残杀。赤眉贼、黄巾贼、黄巢、李自成、张献忠是最出名的例。但流寇不见得都是汉人,西晋末的五胡乱华也可看作外族饿民的流寇之祸。

在民乱初起时,受影响的只限于乡间,但到大崩溃时城市与乡间一同遭殃。例如西晋永嘉之乱时:

> 长安城中户不盈百,墙宇颓毁,蒿棘成林。朝廷无车马章服,唯桑版署号而已。众唯一旅,公私有车四乘。①

长安城中的人民或死亡,或流散。至于乡间的情形,据永嘉间的并州刺史刘琨的报告:

> 臣自涉州疆,目睹困乏,流移四散,十不存二;携老扶弱,不绝于路。及其在者,鬻卖妻子,生相损弃;死亡委厄,白骨横野,哀呼之声,感伤和气。群胡数万,周匝四山,动足遇掠,开目睹寇。唯有壶关,可得告籴,而此二道,九州之险,数人当路,则百夫不敢进。公私往反,没丧者多,婴守穷城,不得薪采;耕牛既尽,又乏田器。

后来刘琨转战到达晋阳(今太原),只见

> 府寺焚毁,僵尸蔽地,其有存者饥羸无复人色。荆棘成林,豺狼满道。②

城乡人口一并大减。历史中所谓"人民十不存一二"或许说得过火,但大多数人民都死于刀兵水火或饥饿,是无可怀疑的。

---

① 《晋书》卷五《愍帝纪》。
② 俱见《晋书》卷六二《刘琨传》。

民间历代都有"劫"的观念，认为天下大乱是天命降劫收人。这种民间迷信实际含有至理。黄巢的杀人如麻，至今还影射在民族心理的戏剧中。黄巢前生本为目连，因往地狱救母，无意中放出八百万饿鬼；所以他须托生为收人的劫星，把饿鬼全部收回。凡该被收的人，无论藏在什么地方，也逃不了一刀。这就是所谓"黄巢杀人八百万，在劫难逃"。这种神秘说法实际代表一个惨痛的至理。那八百万人（黄巢直接与间接所杀的恐怕还不只此数），无论当初是否饿鬼，但实际恐怕大多数是饿民或候补的饿民，屠杀是一个简直了当的解决方法。①

历代人口的增减有一个公式，可称为大增大减律。增加时就增到饱和点甚至超饱和点，减少时就减到有地无人种、有饭无人吃的状态。人口增多到无办法时，由上到下都感到生活困难；官吏受了生活恐慌心理的影响，日愈贪污，苛捐杂税纷至沓来。民间的壮健分子在饥寒与贪污的双层压迫下，多弃地为匪，或入城市经营小本工商，或变成无业的流民与乞丐。弃地日多，当初的良田一部成为荒地，生产愈少，饥荒愈多。盗匪遍地之后，凡不愿死于饥荒或匪杀的农民，也多放弃田地，或入城市，或为盗匪。荒地愈多，生产愈少，生产愈少，饥荒愈甚；饥荒愈甚，盗匪愈多，盗匪愈多，荒地愈广。这个恶圈最后一定发展到良民与盗匪无从辨别的阶段，这就是流寇的阶段。

长期的酝酿之后，人口已经减少，再加最后阶段的流寇屠杀，当初"粥少僧多"的情形必一变而成"有饭无人吃"的局面。至此天下当然太平，真龙天子也就当然出现。大乱之后，土地食料供过于求，在相当限度以内，人口可再增加而无饥荒的危险。所以历史上才有少则数十年，多则百年的太平盛世：西汉初期的文景之治，东汉初期的中兴之治，唐初的贞观之治，清代康熙乾隆间的百年太平，都是大

---

①《新唐书》卷二二五《黄巢传》。黄巢的八百万饿鬼中还有不少的洋鬼！见张星烺教授《中西交通史料汇篇》第三册第二九节。

屠杀的代价所换来的短期黄金境界。生活安逸，社会上争夺较少，好弄词藻的文人就作一套"路不拾遗，夜不闭户"的理想文章来点缀这种近于梦幻的境界。

但这种局面难以持久。数十年或百年后，人口又过剩，旧的惨剧就须再演一遍。

七、中国与外族

二千年来外族在中国历史上的地位非常重要。在原则上，中国盛强就征服四夷，边境无事，中国衰弱时或气候骤变时游牧民族就入侵扰乱，甚或创立朝代。但实际二千年来中国一部或全部大半都在外祸之下呻吟。五胡乱华与南北朝的三百年间，中原是外族的地盘。后来隋唐统一，中国算又自主。但隋与盛唐前后尚不到二百年，安史之乱以后，由肃宗到五代的二百年间，中原又见胡蹄时常出没，五代大部是外族扰攘的时期。北宋的一百六七十年间，中国又算自主，但国防要地的燕云始终属于契丹，同等重要的河西之地又属西夏。南宋的一百五十年间，北方又成了女真的天下。等到女真已经汉化之后，宋、金同归于尽，一百年间整个的中国是蒙古大帝国的一部，这是全部中国的初次被征服。明朝是盛唐以后汉族惟一的强大时代，不只中国本部完全统一，并且东北与西北两方面的外族也都能相当地控制。这种局面勉强维持了约有二百年，明末中国又渐不能自保，最后整个的中国又第二次被外族征服。二百年后，满人已经完全汉化，海洋上又出现了后来居上的西洋民族。鸦片一战以后，中国渐渐成为西洋人的势力，一直到今天。

中国虽屡次被征服，但始终未曾消灭，因为游牧民族的文化程度低于中国，入主中国后就都汉化。只有蒙古人不肯汉化[①]，所以不

---

① 赵翼《廿二史札记》卷三〇。

到百年就被驱逐。游牧民族原都尚武，但汉化之后，附带地也染上汉族的文弱习气，不能振作，引得新的外族又来内侵。蒙古人虽不肯汉化，但文弱的习气却已染上，所以汉人不很费力就把他们赶回沙漠。

鸦片战争以下，完全是一个新的局面。新外族是一个高等文化民族，不只不肯汉化，并且要同化中国。这是中国有史以来未曾遭遇过的紧急关头，惟一略为相似的前例就是汉末魏晋的大破裂时代。政治瓦解到不可收拾的地步，因而长期受外族的侵略与统治。旧文化也衰弱僵化，因而引起外来文化势力的入侵，中国临时完全被佛教征服，南北朝时代的中国几乎成了印度中亚文化的附庸。但汉末以下侵入中国的武力与文化是分开的，武力属于五胡，文化属于印度。最近一百年来侵入中国的武力与文化属于同一的西洋民族，并且武力与组织远胜于五胡，文化也远较佛教为积极。两种强力并于一身而向中国进攻，中国是否能够支持，很成问题。并且五胡与佛教入侵时，中国民族的自信力并未丧失，所以仍能得到最后的胜利：五胡为汉族所同化，佛教为旧文化所吸收。今日民族的自信力已经丧失殆尽，对传统中国的一切都根本发生怀疑。这在理论上可算为民族自觉的表现，可说是好现象。但实际的影响有非常恶劣的一方面：多数的人心因受过度的打击都变为麻木不仁，甚至完全死去，神经比较敏捷的人又大多盲目地崇拜外人，捉风捕影，力求时髦，外来的任何主义或理论都有它的学舌的鹦鹉。这样说来，魏晋南北朝的局面远不如今日的严重，我们若要找可作比较的例证，还须请教别的民族的历史。

古代的埃及开化后，经过一千余年的酝酿，在西前一六○○年左右全国统一，并向外发展，建设了一个大帝国，正如中国的秦汉时代一样。这个帝国后来破裂，时兴时衰，屡次被野蛮的外族征服，但每次外族总为埃及所同化。这与中国由晋至清的局面相同。最后于西前五二五年埃及被已经开化的波斯人征服，埃及文化初次感到威胁。但波斯帝国不能持久，二百年后埃及又为猛进的希腊人所征服。从此埃及文化渐渐消灭，亚历山大利亚后来成为雅典以外最重要的希腊文化城。从此经过罗马帝国时代，埃及将近千年是希腊文化的一部分。最后在西元六三九至六四三年间，埃及又为回教徒的阿拉伯人所征服，就又很快地阿拉伯化，一直到今天埃及仍是亚拉伯文化的一部分。今日在尼罗河流域只剩有许多金字塔与石像还属于古埃及文化。宗教以及风俗习惯都已阿拉伯化，古文字也早已被希腊文与阿拉伯文前后消灭，直到十九世纪才又被西洋人解读明白，古埃及的光荣历史才又被人发现。

古代的巴比伦与埃及的历史几乎同时，步骤也几乎完全一致，也是在统一与盛强后屡次被野蛮的外族征服，但外族终被同化。后来被波斯征服，就渐渐波斯化，最后被阿拉伯人征服同化。今日在两河流域的古巴比伦地已经找不到一个巴比伦人，巴比伦的文字也是到十九世纪才又被西洋的考古学家解读明白的。

中国是否也要遭遇古代埃及与巴比伦的命运？我们四千年来的一切是否渐渐都要被人忘记？我们的文字是否也要等一二千年后的异族天才来解读？但只怕汉文一旦失传，不是任何的天才所能解读的！这都是将来的事，难以武断地肯定或否定。但中国有两个特点，最后或有救命的效能，使它不至遭遇万劫不复的悲运。中国的地面广大，人口众多，与古埃及、巴比伦的一隅之地绝不可同日而语。如此广大的特殊文化完全消灭，似非易事。但现代战争利器的酷烈也为前古所未有，西洋各国宣传同化的能力也是空前地可怕，今日中国人自信力的薄弱也达到了极点，地大人多似乎不是十分可靠的保障。

另外一个可能的解救中国文化的势力就是中国的语言文字。汉文与其他语文的系统都不相合，似乎不是西洋任何的语文所能同化的。民族文化创造语言文字，同时语言文字又为民族文化所寄托，两者有难以分离的关系。语言文字若不失掉，民族必不至全亡，文化也不至消灭。阿拉伯人所同化的古民族中,只有波斯人没有失去自己的语言文字,所以今日巴比伦人与埃及人已经绝迹于天地间,但波斯地方居住的仍是波斯人,他们除信回教之外,其他都与阿拉伯人不同。并且他们所信的回教是阿拉伯人所认为异端的派别,这也是波斯人抵抗阿拉伯文化侵略的表现。这种抵抗能力最少一部分是由于语言文字未被同化。西洋文化中国不妨尽量吸收,实际也不得不吸收,只要语言文字不贸然废弃,将来或者终有消化新养料而复兴的一天。

（原载清华大学《社会科学》1936 年 1 卷 4 期）

历史的形态与例证

　　所谓历史,有特殊哲学意义的历史,并不是由开天辟地以迄今日演变的种种。历史的时间以最近五千年为限。前此的发展是天文学、地质学、生物学与人类学的园地,与正当的历史学无关。旧石器时代的各种人类,与今日的人类,属于生物学上不同的物种,我们虽也承认他们为"人",但他们究竟"非我族类",他们的活动与我们的活动在根本上大异其趣,不能用同样的标准去衡量。进到新石器时代,有了一种新的人类,那就是我们今日世界上已开化与未开化的各种民族的祖先。但在公元前三五〇〇年以前,世界各地的新石器文化,仍然一脉相通,北非与东亚之间,或西欧与中亚之间的新石器文化,并无显著的分别。所以此一阶段也仍属于人类学的范围。

　　但在公元前三〇〇〇年左右或略前,最早或可追溯到前三五〇〇年左右,不知由于何种外来的影响或内发的力量,在清一色的新石器世界中,有两个地方发生了变质的作用,就是埃及与巴比伦。自此以后,地面各处或先或后地都脱离了石器的阶段而进入历史文化的阶段。据今日所能确知,五千年来的高等文化区域共有七个:埃及、巴比伦、印度、中国、希腊罗马、回教、欧西。

　　直到百年之前,大家都认历史为一元的。虽至今日,文化一元说仍然相当地盛行。这种观点甚为自然。各民族无不保有惟我独尊的态度,视四方为夷狄,认文化为以我为中心而一系相传的发展。在交通不便的时代,这是再自然不过的心理形态,前代的中国,古代的印度,古典的希腊罗马,以及远古的埃及或巴比伦,无不自视为天之骄子,无不自命为文化至宝的唯一创造者与维系者。直到如今,在欧美各国,连许多以客观自诩的学者,有意无意间仍不免以欧西文化为起发点而衡量古往今来的一切。但交通的大开,与考古学的空前收获,使心胸宽大眼光锐利的一些学者,把前此的文化一元论完全放弃,认为历史是多元的,是在不同的时间与不同的地域各个独自产生与自由发展的。考古的发掘,使我们知道有许多被后人忘记的伟大文化;交通的便利,使我们发现远方有许多前所未闻的异样民族。这许许多多时间与空间都不相同的历史单位,经过多人与多方的探讨,虽无人否认他们各有特殊点,然而历史进展大步骤的公同点,现在已逐渐成为学者所公认的现象。这种共同点,就是历史的形态。

在一个文化的发展上,第一个阶段就是封建时代,前后约六百年。此时的政治、社会与经济的现象都很特殊。政治上的主权是分化的。在整个文化区域之上,有一个最高的政治元首,但这个元首并不能统治天下的土地与人民。所谓“溥天之下,莫非王土,率土之滨,莫非王臣”,在当时不过一种理论与理想而已。元首所直辖的,只有天下土地一小部分的王畿;并且在王畿内,也有许多卿大夫的采邑维持半独立的状态。至于天下大部分的土地,都分封给很多诸侯,诸侯实际各自为政,只在理论上承认共主的元首。但诸侯在封疆之内也没有支配一切的权力,他只自留国土的一小部分,大部土地要封与许多卿大夫,分别治理。卿大夫在自己的采邑之上,也非绝对的主人,采邑的大部又要分散于一批家臣的手中,家臣之下,可有再小的家臣,以此类推,在理论上封建贵族的等级可以多至无限,政治的主权也可一层一层地分化,以至无穷。实际的人生虽然不似数学的理论,但封建政治之与“近代国家”正正相反,是非常显明的事实。

封建时代的第二个特征,是社会阶级的法定地位。有史以来,阶级的分别是一个永恒的事实。但大半的时期，这种阶级的分别，只是实际的，而不是法律所承认并且清清楚楚规定的。只是在封建时代，每个人在社会上的地位、等级、业务、权利、责任，下至衣食住行一般日常生活的方式，都是由公认的法则所分派的，并且阶级的地位是世袭的。贵族的子孙，世世代代永为贵族，平民的子孙，世世代代永为平民。同一贵族或平民的阶级之内，往往又有许多小的等级或职务的分别，小分别之间的界限往往也是相当严格的。

封建时代的第三个特征是经济的特征，就是所有的土地都是采地，而非私产。自由买卖，至少在理论上不可能，实际上也是不多见的。所有的土地都是一层一层地向下分封，分封的土地就是采地。土地最后的用处，当然是食粮的生产，生产食粮是庶民农夫的责任，各级的贵族，由最高的王公以至最微的士子，都各把他们直接支配的一部土地，分给农夫耕种。由这种农业经济立场看，土地称为"井田"或其他类似的名称。此中也有"封"的意味，绝无自由买卖的办法。井田可说是一种授给农夫的"采"，不过在当时"封"或"采"一类的名词，只应用于贵族间的关系上，对平民不肯援用此种高尚的文字而已。

在精神方面，封建时代是宗教的天下。国家的每种大典，婚丧生育的人生大事，以至团体或个人的许多例行事务，几乎都为宗教的规则所围范。宇宙间充满了神力，大小的神祇可以多至不可胜数。一般人对于神灵既然恐惧，又须依赖，有时敬爱的心理也能发生。无论是恐惧，或依赖，或敬爱，一概都要由崇拜的外仪来表现。

历史的第二个阶段，可称为贵族国家时代，前后约三百年，是一个以贵族为中心的列国并立时代。封建的晚期，当初本不太强的中央共主渐渐全成傀儡，有时甚至整个消灭。各国内部的卿大夫以及各级的小贵族也趋于失败。夺上御下，占尽一切利益的，是中间的一级，就是当初封建各国的国君。最后他们各把封疆之内完全统一，使全体的贵族都听他们指挥，同时他们自己却彻底脱离了天下共主的羁绊。天下的共主至此失位或者完全消灭，或者名存实亡。主权分化的现象已经不复存在。整个的天下虽未统一，但列国的内部却是主权集中的。社会上的士庶之分，在理论上仍然维持，在政治各部门辅助国君的也是贵族居多。但平民升为贵族，实际已非不可能，并且也不太难。在经济方面，井田一类的授田制尚未正式推翻，但自由买卖的风气已相当地流行。各国内部已统一，小的纷乱当然减少到最低的限度；至此只有国际间的战争，而少见封建时代普遍流行的地方战乱。贵族阶级在封建时代已经开始修养的侠义精神与斯文仪式，至此发展到最高的程度，在不与国家的利益冲突的条件之下，他们对待国界之外的人也是尽量地侠义有礼。国际的战争大致仍很公开，以正面的攻击为主，奇谋诡计是例外的情形。战时的死伤并不甚多，战场之上也有不可轻易破坏的礼仪。战争的目的只求维持国际的均势，没有人想要并吞天下。国际的战争虽然难免，但天下的大局是大致稳定的。

在精神方面，宗教仍占重要的地位。但唯理的思想已经开始，渐盛，最后发展到极峰。一个文化对于宇宙人生问题的伟大解释与伟大答案，都产生于此时。伟大的哲人与诗圣，也都是此时的人物。

文化的第三个阶段，是帝国主义时代，前后约二百五十年。第二第三两期之际，必发生惊天动地的政治、社会与经济的大革命。革命的结果，贵族阶级被推翻，过去日渐得势的平民阶级，至此夺得政权。临时在表面上实现了一个全民平等的社会，最初的一百年间，政治社会生活的各方面，往往可谓大体美满，但社会的骚动与国际的大战很快地就把这种美满的境界毁灭。阶级既然取消，全民既然平等，大家就都有效命疆场的义务。当兵，在封建时代是贵族的权利，贵族国家时代的军队仍以贵族为主，平民的小兵完全要受贵族将官的指挥。进到帝国主义时代之后，全民皆兵的征兵制成立，大规模的战争，惨酷无情的歼灭战，成了国际野心家所专研的战争方法。战场以大量的屠杀为最高的目的，以便消灭对方的实力，最后占据对方的领土，灭掉对方的国家。前一时代的斯文战争，至此已不再见，列国的数目，尤其是强国的数目，日渐减少，最后只剩三两个大国，各自率领附属的小国，互作死拼的决战。

在不断的大战与大乱之中，文物开始遭受浩劫。战乱时无意的破坏，当然古今难免，但此时因战争的特别激烈，所以摧残尤厉。并且在无意的破坏外，还有由于各国政策所产生的故意的文化摧残。经过短期间思想自由的阶段之后，焚书坑儒一类的办法渐渐成为常事。与国家政策不合的文字，对于当权者不利的文人学士，轻则被弃，重则被毁、被逐，或被戮。在思想方面，这是一个回光返照的时代。短期之间，百家争鸣，在表面上似乎非常热闹。但思想趋于派别化，伟大的创造思想家并不多见。最后连派别化的思想也趋于消沉，只剩下毫无中心见解的杂家，东拼西凑地去写许多杂乱无章的大书。

文化的第四个阶段是大一统时代，前后约三百年。长期的酷战与大乱之后，一国独强，并吞天下，实现了封建时代可望而不可即的理想，就是整个文化区的大一统局面。至此，无论名义如何，政治必然是专制独裁的。此时人心已感疲倦，精神渐渐不支，不能再过从前那种紧张悲壮的生活，不能继续维持过去那种丰富复杂的文化。专制的皇帝与他的左右，现在替天下的人解决一切的问题，个人无需再过分地努力自苦。天下大致是太平的。内乱当然难免，边患也不能却除，但兵荒马乱的事，的确较前大为减少，一般人的物质生活大致安逸。但这只是更加增进心理的松懈与精神的涣散。社会的颓风日愈明显，最后一泻千里，不可收拾。尚武的精神急速地衰退，文弱的习气风靡一世，征兵制不能维持，只得开始募兵，最后连募兵都感困难，只得强征囚犯奴隶，或召募边疆归化的夷狄来当兵。但在最后的崩溃尚未来临之前，帝国疆域往往可以扩展到空前的程度。许多边外的夷狄，或因慕化，或因畏威，都归顺投降。帝国也自动地征服许多新土。但表面的庞大，并非内在伟大。毁灭的命运很快地必然来临。

思想学术与文艺,都急剧地退步。思想趋单调。政府受了潮流的影响,往往也推进思想一尊的趋势。或因政见的不同,或因文人的偏激,政府时常与思想界发生冲突,大规模的焚书坑儒都是此时所演的惨剧。局面稳定之后,思想学术定于一尊,真正的哲学消灭,文人全失创造的能力,只能对过去的思想与学术作一番解释、研究与探讨的工夫,并且其中时常夹杂许多附会、误会与望文生义的现象。一言以蔽之,文化至此已经前途若非很快地死亡,就是长期的凝结。

第五个文化阶段,最后的时代,是政治破裂与文化灭亡的末世。时间不定,可长可短。这是三百年大一统时代后无从幸免的一个结局。政治日愈专制,日愈腐败,日愈野蛮。社会的机构,一代不如一代;最后极端的个人主义、自私自利主义,变成社会生活的主要原动力。内乱迭起。外患也因而日愈严重。当初灿烂的文明帝国,往往被边疆的蛮夷侵占征服。古老的文化,从此可以一蹶不振,以致死亡。有时外族被同化,文化临时又有短期的生气,但同化的外族,不久也腐化,又被其他的外族征服。传统的政治文化,最后总有完全毁灭的一天。

这些是一般文化历程的梗概。现在让我们提出具体的例证。

一、埃及文化

埃及文化是世界上最古的文化之一,只有巴比伦可与它比拟。因典籍亡佚,哲学的发达无从稽考,但古老埃及的政治社会演变,从我们今日所能知的约略情形,可见其也不出历史形态的范围。

埃及的封建时代,普通称为旧王国时代,又称金字塔时代(公元前二八〇〇至前二一五〇年)。王室为政治文化的中心,诸侯分立各地。王权有限,"法老"只为名义上的天下共主。

埃及的贵族国家时代,普通称为中期王国时代(公元前二一五〇五至前一八五〇年)。王室衰微,诸侯独立,许多小国相互争衡。这就是许多西洋史学家所误认的"封建时代"。真的封建时代已经过去,此时最多不过只保留一些封建的痕迹而已。

帝国主义时代,称希克索斯(Hyksos)时代(公元前一八五〇至前一六〇〇年)。希克索斯人是一种来历不明的外族。他们入侵埃及,很快地埃及化,临时成了埃及内部最强的势力,与旧日的埃及列国争胜。此时战事日烈,俨然一个具体而微的战国局面。最后,一个大一统的埃及帝国成立。

大一统时代普通称为新王国时代,或新帝国时代(公元前一六〇〇至前一二五〇年)。此时埃及大拓疆土,西至今日利比亚的沙漠,南达阿比西尼亚,东抵巴比伦之地。

公元前十三世纪中期以下,埃及一方面内乱迭起,一方面又屡次被野蛮的外族征服。但因这些征服者文化幼稚,先后都为埃及所同化。公元前五二五年,波斯入主,这是埃及初次遭受一个已经开化民族的征服,埃及文化染上了不少的波斯色彩。公元前三三二年,亚历山大成了埃及的主人,埃及于是又与希腊同化。到公元前三〇年埃及变成罗马帝国一个行省的时候,在文化上已经完全是希腊的附庸了。不仅旧的制度文物荡然无存,连传统的语言文字也趋消灭,除了少数偏僻区域的人之外,所有的人都只说希腊语,读书的人也只读希腊书。埃及民族与埃及文化至此可说已经绝迹于天地间了。六七百年之后,公元六三九至六四一年间,埃及又被回教徒征服,就又毫无困难地阿拉伯化。今日所谓埃及人,无论血统如何,由宗教、语言、文字、风俗、习惯上言,其实大都是阿拉伯人了。

二、希腊罗马文化

希腊罗马文化的封建时代,历史上称为王制时代(公元前一二

○○至前六五○年）。小国林立，各有国王；但王下有贵族，限制王
权的行使。在众王之上，有一时期曾有一个最高的共主；关于此点，
荷马的诗中仍留有痕迹，可惜史实已完全失传了。宗教盛行，后世
流行的神话都是此时的产物。

贵族国家时代（公元前六五○至前三二三年）的历史，大致以雅
典、斯巴达与罗马三国为中心，就是历来史书中所称道的希腊文化
的极盛时代。内部统一的列国，罗布在地中海世界的大部，外交的
关系甚为复杂，国际的战争也时常发生。但各国的内部，除罗马外，
始终不甚稳定。天下的共主早已消灭，多数的国内已把王推翻，同
时又无固定的新制替代。王制最少可说是一种安定力，王制破裂，
各国的政局时常都在动荡中。但无论如何的变化，各国的政治可说
是贵族性的，因为多数人或为奴隶，或为没有政权的农奴。所谓民
主政治，或全民政治，也不过是全体人口中少数自由人的政治而已。
哲学由兴起而渐盛，晚期出了三大哲人，苏格拉底、柏拉图、亚里斯
多德。

帝国主义时代，普通称为后期希腊与罗马时代（公元前三二三
至前八二年）。此时地中海沿岸只余五大强国，就是希腊化的埃及、
希腊化的叙利亚、马其顿、罗马，与制度罗马化的迦太基。此外尚有
一些缓冲小国，以希腊半岛上为最多。五国中罗马最强，最少可说
罗马的政策最为高明。它采取各个击破的策略，先毁灭了比较强劲
的迦太基，然后并吞东方各国。迦太基之亡，甚为凄惨，不只国破，
并且民族也全部被歼，仅剩下极少数的遗民，也遭流放异地的命运。
至公元前八二年苏拉（Sulla）独裁，可说是地中海世界第一任的实际
皇帝。此时的哲学只有旧日思想的演述，与几种时髦一时的人生
观。斯多亚派、伊比鸠鲁派、怀疑主义派、犬儒派，算是比较新颖的
人生学说，此外则有柏拉图与亚里斯多德主义的信徒。最后调和一
切的，也可说毁坏一切的，杂家出现，而古典的希腊哲学遂告结束。

大一统时代就是罗马帝国的盛期（公元前八二至公元一八○

年）。罗马的疆土不只扩展到整个地中海沿岸，并且在许多方面深入内地。今日意大利、希腊、保加利亚、土耳其、西班牙、葡萄牙、法兰西、比利时与瑞士的全部，德意志的西境，荷兰、南斯拉夫与罗马尼亚的大部，伊拉克与高加索的一部，埃及与沙漠以北的整个北非之地，都是帝国的疆域。此外并在海外征服了今日的英格兰、威尔斯与苏格兰的南境。但希腊罗马人的颓风日甚，公民渐都不肯当兵。起初还有内地的游民入伍，最后就只剩边地的日耳曼人与其他的外族还有执干戈的能力。颓废的人心，除物质的享乐外，往往又向东方传入的许多厌世宗教去求安慰。思想知识，只有以雅典与亚历山大利亚两城为中心的古代经典的研究。

盛世一个最后的伟大皇帝死于公元一八〇年，帝国逐渐瓦解。不婚，婚而不育的现象，相当地普通。人口减少，品质似乎也退步。怠工与游手好闲成了社会的风气，许多人宁受国家的救济，而不肯从事正当的工作以自养。田地荒废，无人经营。整个的社会，呈显一种坐以待毙的征象。日耳曼人入侵，不过是用手指弹倒一个行尸走肉的帝国而已。传统所谓四七六年罗马帝国的灭亡，实际不能由日耳曼人负责。罗马民族与文化的消灭，更与日耳曼人无关。

三、欧西文化

欧西文化的封建时代就是普通所误称的西洋中古时代的大部（公元九一一至一五一七年）。名义上的天下共主，有两人争夺，就是罗马的教皇与神圣罗马帝国的皇帝。各国分立，国王无权，各级贵族分据国内各地。农业集中于佃庄，与中国古代的井田相类。精神生活全由基督教笼罩。每人由出生，直至临死，甚至死后，无不受教会的指导与约束。

贵族国家时代，历史上称旧制度时代（公元一五一七至一八一五年）。内部统一的列国成立，中央的共主失位。教皇只余宗教的地位,政权尽失;皇帝仅拥虚名,但他的傀儡权位直到时代末期才被拿破仑废掉。旧日独立的封建贵族,至此成为辅助王政的特权阶级。国际之间时起战争,普遍天下的大战,由十七世纪起,平均每五十年一次。三十年战争(一六一八至一六四八年),西班牙王位继承战争(一七〇一至一七一三),七年战争(一七五六至一七六三年),拿破仑战争(一七九九至一八一五年),除末期的拿破仑战争外,所有的国际冲突可说都是以维持均势为目的的。十七与十八两世纪间,伟大的思想家辈出,末期的康德与诗哲歌德可说是集大成的哲学家。

一八一五年以下,欧西文化进到帝国主义的阶段。北美合众国的地位日趋重要,所以我们可称此期为欧美文明时代。这个时代至今方逾百年,尚未结束,无从见其全貌,但大战国的景象已经非常明显。由大革命的法国开端,征兵制普遍于欧美的世界。英美因地理形势的安全,久想逃避现实,但今日也已被迫实行征兵。百余年来的战争中,歼灭战与屠杀战的形式,一次比一次地显著。纳粹所谓闪电战不过是最后为此种趋势找到一个动听的名词而已。炮炸弹火的威力,不分前方与后方。伤亡与俘虏数目的庞大,在人类史上真是空前。德国攻马奇诺防线后,法军被俘虏的在一百五十万人以上,除少数老弱残兵外,一般青壮的军士至今尚未解放。他们目前所遭的摧残,可以意度。至于他们将来的命运,谁敢设想! 白起对付赵国降卒的手段,虽未必不折不扣地重演在今日,但虽生犹死的遭遇,安知不会发生? 纳粹在占领各国,因一二德人被暗杀而竟大批屠戮"人质"的惨剧,这岂非新野蛮时代已经来临的明证? 这一切不过是开端而已,欧美世界未来的大流血与大悲剧,恐非今日仍未忘情于19世纪比较斯文的景象的人类所能想象!

文物的破坏,在欧美也已见端倪。相生相克的道理,在文物破坏中最为明显。欧美钢骨水泥的各种伟大建筑,甚至中世纪所传下的纯石块的大礼拜堂,都非一般的"刀兵水火"所能破坏。但欧美的人类又精心地制造猛烈无比的炮火与炸弹,数十世代千辛万苦所积累而成的文化标识,多在狂战中惨遭毁灭与损伤。到了大破坏的时代,文物的遭劫似为不可避免的命运。至于比较微弱的孤本古书、名贵雕绘、稀世乐器,无论如何地善为保藏,或大或小的损害更难逃脱。除了这种虽非故意而却似有命运存乎其间的文物浩劫外,焚书坑儒的事件也已由德国作俑。犹太人的著作或与国社主义相违的作品,都被有系统地焚毁。犹太学者与非犹太而反纳粹的文人哲士,重则丧命轻则被囚,幸运者得遭放逐或逃亡国外。此种焚书坑儒的风气,将来恐怕也有日趋猖獗之势。十九世纪百年间比较自由的思想与学术,恐怕只是暂时的现象。目前宣传已经取代思想的地位,不久的未来欧美人士或将不知精神为何物。伟大的思想家已少出现,思想已开始派别化:康德派、黑格尔派、唯实派、实际派,以及各种巧立名目的派别。新的宗教精神也已萌芽,奇形怪状的各种新宗教,流行在欧美的各大都市中。一种新的巫术,所谓灵学,虽有少数人用科学的方法与态度去研究,但对大多数问津的人却成了自我慰藉与逃避现实的一服精神麻醉剂。

所以,无论由国内政治与国际形势言,或由精神情况言,今日的欧美很显然的是正在另一种作风之下,重演商鞅变法以下的战国历史或罗马与迦太基第二次大战以下的地中海历史。欧美在人类史上若非例外,最后的归宿也必为一个大一统的帝国。但这或者仍为百年以后的事。历史的发展,自有其节奏与时限,速成班之类的办法在历史上是轻易不见的。时机未到,野心大于希特勒十倍的怪杰,也不能使大一统的局面稳定地实现。

四、独具二周的中国文化

除欧美的历史尚未结束外,一切过去的伟大文化都曾经过一度的发展,兴盛,衰败,而最后灭亡。唯一的例外就是中国。

中国的文化独具二周。由殷商西周至五胡乱华为第一周。由五胡乱华以至最近为第二周。

（甲）第一周的形态

中国的封建时代，就是殷商西周，由盘庚迁殷至平王东迁，前后五百余年（公元前一三〇〇至前七七一年）。中央有一个王，又称天子，当初是殷，后改周室。天子之下，各地有许多诸侯。诸侯之下，有卿大夫与各级的家臣。这是标准的封建金字塔。贵族与平民之间，界线森严。一切的农田、井田，都由贵族支配，分与平民耕种经营。殷周的宗教，虽多失传，但由甲骨文、铭刻与仅存的一点古代文献，我们还可看出当时精神生活的中心就是宗教。

中国的贵族国家时代称春秋时代（公元前七七一至前四七三年）。诸侯多已统一境内，列国并立的国际局面成立。贵族阶级仍然存在，但只能在诸侯统制下操持国政，不似封建时代的随便自行其是。国际间列国争衡，天子已成了傀儡，只能承认最强的诸侯为霸主。齐晋秦楚是四方的四强，它们大致只求维持国际的均势，即或一国特强，也仅要作中原小国的盟主，并无吞并天下的野心，天下在理论上仍由天子统治。国际的战争虽多，然而并不酷烈，大家都服膺"适可而止"的道理。战场之上，有谦让客气的种种礼教，侠义之士无不遵守。战争并不是一种拼命的死争，而是一种有章有则的竞赛。在精神方面，宗教的形式仍然维持。但少数的哲士对宇宙人生的问题探索甚深。可惜早期或有的作品都已失传，我们今日所知的最早思想家是春秋末期的孔子与孔子早时的一些哲人。孔子是保守派，认为旧制破裂，人心不古，是一切困难的根源。若能恢复封建时代的先王之道，天下就可太平无事。与孔子相反的一派，可以邓析为代表。他是革命思想家，认为封建时代与春秋时代的旧制都已陈腐不堪，必须澈底扫除，代以全新的一套办法，方可解决各国内部的问题与国际之间的纷争。这种说法当然要遭在位者的很恶，所以他终究被郑国的执政借故杀掉。第三派是消极的隐士。他们认为世事已不可为,不如一了百了,遁世埋名,独善其身,最少还可赚得一心的清净。孔子周游列国时,遇到不少这种的人,如长沮、桀溺、楚狂接舆、晨门、荷蒉、荷蓧丈人等,都属于此种自私自利的思想学派。

春秋末期思想界的矛盾与复杂,预示帝国主义新时代的来临,就是战国时代(公元前四七三至前二二一年)。初期百年间,发生了政治社会的大革命。贵族阶级被推翻,国君独裁,最后都正式否认天子的地位,各自称王。战事日愈激烈,全民平等之后,各国都行征兵制。军队的数目扩大,战事的性质愈加残忍,在战场上奖励戮杀,对降卒与俘虏也时常加以不人道的大批屠杀,白起坑赵降卒四十万,是最惨的此种事例。许多古代的文献,有历史价值的建筑,恐怕都毁于此时的大战中。秦国已开始焚毁当政者所不赞同的书籍,别国有否同样的情事,可惜史籍失载。思想曾经盛极一时。杨墨庄孟,诸子百家争鸣当世。中期以下,阴阳五行与神仙的信仰兴起,是文化开始退步的明证。思想趋于派别化,成了后世所谓六家。最后杂家出现,《吕氏春秋》象征先秦思想的总结束。

中国的大一统时代,是秦、西汉、新与东汉中兴的三百年(公元前二二一年至公元八八年)。外表甚为辉煌,武功极盛,秦皇汉武奠定了二千年来中国疆域的规模,东北吞朝鲜,西北通西域,南达安南,西南并滇。天下太平,民生安乐,文景、宣元、明章之世尤为后世所称道。但征兵的制度到汉武帝时已不能维持,武帝的武功是靠募兵、囚犯兵与外族兵完成的;真正的征兵,反处次要的地位。东汉中兴,对外作战时已到了几乎只有胡兵可用的地步。独立的思想消灭,先秦的思想学术真能明了的人可说无有。泛滥无归的经学训诂是当时学界唯一可能的工作。秦始皇大规模的焚书坑儒,必非文化退步的主因,只是时代作风与文化退步的一种自然表现而已。一种消极的宗教精神大盛,阴阳五行、黄老神仙、宗教化的儒学与东汉初传入的佛教,是当世的主要精神食粮。

东汉中兴过去之后(公元八九年以下),大汉帝国渐趋破裂,古代文化渐趋灭亡。接踵而起的内乱或边患、羌乱、党锢、黄巾贼、十常侍之乱、董卓之乱,使帝国的机构全部瓦解。三国的群雄割据与西晋的粉饰太平,都不能挽回已去的大势。最后五胡乱华,中原沦陷,中国面对全部覆亡的严重危机!

(乙)第二周与未来

中国发展到五胡乱华时,若按人类史的通例,可说已到灭亡时期。当时中国也确有灭亡的危险。但中国当亡不亡,经过几百年的酝酿后,竟又创出一个新的文化,可称为第二周的中国文化。

在政治上并无新的进展,大致只能墨守秦汉所定下的规模,但在思想文艺上,却各代都有新的活动,并且可与第一周的文化相比。为清楚起见,可列表比较如下:

时代　　周	宗教时代	哲学时代	哲学派别化与开始退步时代	哲学消灭与学术化时代	文化破裂时代
第一周	殷商西周(公元前一三〇〇至前七七一年)殷墟宗教周代宗教	春秋时代(公元前七七〇至前四七三年)邓析、楚狂接舆、孔子	战国时代(公元前四七二至前二二一年)六家	秦汉与东汉中兴(公元前二二一至公元八八年)经学训诂	东汉末至五胡乱华(公元八九至三八三年)思想学术并衰,佛教之输入
第二周	南北朝隋唐五代(公元三八三至九六〇年)佛教之大盛	宋代(公元九六〇至一二七九年)五子、陆象山	元明(公元一二七九至一五二八年)程朱派、陆王派	晚明盛清(公元一五二八至一八三九年)汉学考证	清末以下(公元一八三九年以下)思想学术并衰,西洋文化东渐

表中所列各项，可以自解，无须再加赘述。讲到目前，我们这处在第二周末期的当代中国人士，一方面要对欧美世界的实现，一方面要觉察中国文化的实况，才能明了我们今日所达的阶段与明日可走的途程。我们若能不自矜，也不自馁，平心静气地观察现局，大概对今日的中国以及与世界的关系，可得如下的几种认识：

（一）西洋世界今日正处战国的中间阶段。今日的大战虽然已够惊人，将来的战争恐怕只有更加酷烈，其程度、规模与情景必有吾人所不能想象的。

（二）中国文化的第二周诚然是人类历史上的一个奇迹，但现在已发展到末期，它的前途是结束旧的局面，创造新的世界，实现一个第三周的中国文化。过去的文化为何一定都要毁灭，我们不知道。中国为何能够独存，我们也不知道。我们只知其然，而不知其所以然；强为解释，虽不太难，但目前可撇开不谈。若勉强作一个比喻，我们可说文化如花，其他的文化都是草本，花一度开放，即告凋死；中国似为木本花，今年开放，明年可再重开，若善自培植，可以无限地延长生命。第二周的文化虽在人类史上已为例外，但既有第二周，也就可有第三周。

（三）但由实力言，今日的世界是一个欧美重心的世界，这是无可否认的事实。所以我们不能完全摆脱欧美的影响与欧美的势力而独创自己满意的新世界与文化。此后日愈惨酷的战争中，任何一次中国也无完全处身局外的可能。

（四）但由文化大势言，欧美已至开始下落的时期。目前西洋任何一种思想、主义或学术的潮流，虽在中国都不免引起波动，但对我们的同化力恐将日渐降低。欧美的实力，在较近的未来我们虽仍不能漠视，但欧美思想信仰对我们的主动力或将日趋薄弱，我们对西洋文化中的一切可不至再似过去的崇拜盲从，而是自动自主地选择学习。然而这绝不是说我们将来可以松懈对于欧美的研究。盲从时可以不深知而不害事，选择学习时却非认真研究与彻底了解不可。我们将来需要更多更通的西洋学艺专家。

若对未来勉强拟定一个比较具体的方案,我们似乎可说:在实力方面,我们必须努力建起一个能够独当一面的军事机构,将来在欧美重心的国际上我们最少可不至完全被动,而能取得动不动由我而不由人的自由。此点如果能够作到,思想学术方面的前途就很可乐观。只要能有相当可靠的实力,政治上可以完全自由,则在国际上自由自主的空气中,相信我们此代与今后几代的中华儿女必能建起第三周的中国文化!

（原载重庆《大公报·战国副刊》1942 年 2 月 4 日、25 日,3 月 4 日。转录自林同济、雷海宗合著《文化形态史观》,上海大东书局 1946 年版,第 18—44 页）

断代问题与中国历史的分期

　　断代是普通研究历史的人所认为一个无关紧要的问题。试看一般讲史学方法的书，或通史的叙论中，对此问题都有一定的套语，大致如下：

　　　　历史上的变化都是积渐的，所有的分期都是为研究的便利而定，并非绝对的。我们说某一年为两期的分界年，并不是说某年的前一年与后一年之间有截然不同之点，甚至前数十年与后数十年之间也不见得有很大的差别。我们若把这个道理牢记在心，就可分历史为上古、中古、近代三期而不致发生误会了。

　　这一类的话在西洋的作品中时常遇到，近年来在中国也很流行一时。话都很对，可惜都不中肯要。历史就是变化，研究历史就为的是明了变化的情形。若不分期，就无从说明变化的真相。宇宙间的现象，无论大小，都有消长的步骤；人类文化也脱离不了宇宙的范围，也绝不是一幅单调的平面图画。但因为多数研究的人不注意此点，所以以往的分期方法几乎都是不负责任的，只粗枝大叶地分为上古、中古、近代，就算了事。西洋人如此，中国人也依样画葫芦。比较诚恳一点的人再细分一下，定出上古、中古、近古、近世、近代、现代一类的分期法，就以为是独具匠心了。这种笼统的分法比不分期也强不了许多，对于变化的认清并没有多大的帮助。不分期则已；若要分期，我们必须多费一点思索的功夫。

一、正名

　　"名不正则言不顺"这一句话，很可移用在今日中国史学界的身上。无论关于西洋史或中国史，各种名义都不严正，这是断代问题所以混乱的一个主要原因。我们若先将各种含意混沌的名词弄清，问题就大半解决了。

　　西洋史上古、中古、近代的正统分期法，是文艺复兴时代的产物。当时的文人对过去数百年以至千年的历史发生了反感，认为自己的精神与千年前的罗马人以至尤前的希腊人较为接近，与方才过去的时代反倒非常疏远。他们奉希腊、罗马的文献为经典（Classics），现在为这种经典的复兴时代（Renaissance），两期中间的一段他们认为是野蛮人，尤其是哥特人的时代（Barbarous 或 Gothic），或黑暗时代（Dark Ages）恨不得把它一笔勾销。他们只肯认为这是两个光明时代之间的讨厌的中间一段，甚至可说是隔断一个整个的光明进展的障碍物，除"野蛮""哥特"或"黑暗"之外，他们又称它为"中间时代"①，字中含有讥讽、厌弃的意义。希腊、罗马就称为经典时代（Classical Ages），又称为古代或上古（Antiquity）。"经典"当然是褒奖的名词，连"古代"也有美的含义。他们那时的心理也与中国汉以下的情形一样，认为"古"与"真美善"是一而二，二而一的。因为崇拜"古"，所以"古代"就等于"理想时代"或"黄金时代"。至于他们自己这些崇拜"古代"的人，就自称为"摩登时代"或新时代（Modern Age）。所谓"摩登"与近日一般的见解略有不同，并不是"非古"，而是"复古"的意思，是一个"新的古代"或"新的经典时

---

① Mediaeval 为拉丁文"中间"（medius）与"时代"（aevum）二字合成。

代",或"经典复兴的时代"。

这种说法并不限于一人,也不倡于一人,乃是文艺复兴时代的普遍见解。虽然不久宗教改革运动发生,宗教信仰又盛极一时,但文艺复兴人物崇拜古代的心理始终没有消灭,历史的三段分法也就渐渐被人公认,直到今日西洋史学界仍为这种分法所笼罩。虽不妥当,在当初这种分法还可勉强自圆其说。"上古"限于希腊、罗马;关于埃及、巴比伦和波斯,除与希腊、罗马略为发生关系外,他们只由《圣经》中知道一点事实,在正统的历史作品中对这些民族一概置诸不理。十九世纪以下情形大变。地下的发掘增加了惊人的史料与史实,和出乎意料地长的时代。这些都在希腊、罗马之前,虽不能称为"经典时代",却可勉强称为"古代"。地下的发掘愈多,"古代"拉得愈长。到今日,古代最少有四千年,中古最多不过千年,近代只有四五百年。并且把希腊、罗马与中古近代的历史打成一片,虽嫌牵强,还可办到。但地下发现的史实太生硬,除了用生吞活剥的方法之外,万难与传统的历史系统融合为一。专讲埃及史或巴比伦史,还不觉得为难;一旦希求完备的通史,就感到进退窘迫。凡读通史的人,对希腊以前时间非常长而篇幅非常短的一段都有莫明其妙的感想,几万言或十几万言读过之后,仍是与未读之前同样地糊涂,仍不明白这些话到底与后来的发展有什么关系。近年来更变本加厉,把民族、血统完全间断,文化系统线索不明的新石器时代与旧石器时代也加上去[1],甚至有人从开天辟地或天地未形之先讲起[2],愈发使人怀疑史学到底有没有范围,是否一种大而无外的万宝囊。

西洋人这种不加深思的行动,到中国也就成了金科玉律,我们也就无条件地认"西洋上古"为一个神怪小说中无所不包的乾坤如

---

[1] 新石器时代的人类与近人大概有血统的关系,虽然同一地的新石器人类不见得一定是后来开化人类的祖先,文化系统也不见得是一线相传。至于旧石器时代的人类,与近人并不是同一的物种。

[2] H. G. Wells 的 *Outline of History* 是最早、最著名的例。近年来东西各国效颦的人不胜枚举。

意袋。西洋人自己既然如此看法，我们也随着附和，还有可说；但摹仿西洋，把中国史也分为三段，就未免自扰了。中国从前也有断代的方法，不过后来渐渐被人忘记。在《易·系辞》中已有"上古""中古"的名称，"上古"是指"穴居野处，结绳而治"的时代，"中古"是指殷周之际，所谓"殷之末世，周之盛德"的纣与文王的时代。① 以此类推，西周以下当为近代。若求周备，可称西周为"近古"，就是荀子所谓"后王"的时代②，礼乐崩坏，"世风日下"，"人心不古"的春秋、战国可称"近世"或"近代"。这大体可代表战国诸子的历史观与历史分期法。秦汉以下，历史的变化较少，一般人生长在不变之世，对于以往轰轰烈烈的变化，渐渐不能明了，史学于是也变成历朝历代的平面叙述。断代的问题并不发生，因为清楚的时代观念根本缺乏。

十九世纪西学东渐以后，国人见西洋史分为三段，于是就把中国史也照样划分。战国诸子的分法到今日当然已不适用，于是就参考西洋的前例，以先秦时代为上古，秦汉至五代为中古，宋以下为近代。再完备的就以宋为近古，元、明、清为近代，近百年为现代。此外大同小异的分期法，更不知有多少。这种分期法倡于何人，已无可考，正如西洋史的三段分法由何人始创的不可考一样。③ 但西洋史的三段分法，若把希腊以前除外，还勉强可通；至于中国史的三段分法或五六段分法，却极难说得圆满。

近年来中国史的上古也与西洋史的上古遭了同样的命运。中国古代的神话史本来很长，但一向在半信半疑之间，并不成严重的问题。近来地下发见了石器时代的遗物，于是中国史戴上了一顶石头帽子。这还不要紧。北京原人发见之后，有些夸大习性未除的国人更欢喜欲狂，认为科学已证明中国历史可向上拉长几十万年。殊

---

① 见《易·系辞》下。
② 见《荀子》卷三《非相篇》第五，卷五《王制篇》第九。《韩非子》卷一九《五蠹篇》第四九以有巢、燧人的二代为上古，以尧、舜、禹之世为中古，以商周为近古，与《荀子》略异。
③ 若详细搜索清末的文字，或者可找到创始的人。但这种事殊不值得特别费时间去作；将来或有人无意中有所发现。

不知这种盗谱高攀的举动极为可笑,因为北京原人早已断子绝孙,我们决不会是他的后代。由史学的立场来看,北京人的发现与一个古龙蛋的发现处在同等的地位,与史学同样地毫不相干。据今日所知,旧石器时代各种不同的人类早已消灭,唯一残留到后代的塔斯玛尼亚人(Tasmanians)到十九世纪也都死尽。① 新石器时代的人到底由何而来,至今仍为人类学上的一个未解之谜;是由旧石器时代的人类演变而出,或由他种动物突变而出,全不可知。新石器时代的文化是否由旧石器时代蜕化而出,也无人能断定;新旧两石器时代的人类似乎不是同一的物种,两者之间能否有文化的传达,很成问题。新石器的人类与今日的人类属于同一物种,文化的线索也有可寻,但不见得某一地的新石器时代人类就是同地后来开化人类的祖先,某一地的新石器文化也不见得一定与同地后来的高等文化有连带的关系。因为我们日常习用"中国史""英国史""欧洲史"一类的名词,无意之间就发生误会,以为一块地方就当然有它的历史。由自然科学的立场来看,地方也有历史,但那是属于地质学与自然地理学的范围的,与史学本身无关。地方与民族打成一片,在一定的时间范围以内,才有历史。民族已变,文化的线索已断,虽是同一地方,也不是同一的历史。这个道理应当很明显,但连史学专家也时常把它忽略。无论在中国或西洋,"上古史"的一切不可通的赘疣都由这种忽略而发生。所以关于任何地方的上古史或所谓"史前史",即或民族文化都一贯相传,最早也只能由新石器时代说起,前此的事实无论如何有趣,也不属于史学的范围。这是第一个"正名"的要点。

人类史的最早起点既已弄清,此后的问题就可简单许多。在中国时常用的名词,除"中国史"之外,还有"世界史""外国史"与"西洋史"三种名称。"世界史"按理当包括全人类,但平常用起来多把中

---

① 见 W. J. Sollas 著 *Ancient Hunters* 第四章。

国史除外，所以"世界史"等于"外国史"。至于"外国史"与"西洋史"
有何异同，虽没有清楚的说法，但大致可以推定。我们可先看"西洋
史"到底何指。"西洋"是一个常用的名词，但若追问"西洋"的时间
与空间的范围，恐怕百人中不见得有一人能说清。若说西洋史为欧
洲史，当初以东欧为中心的土耳其帝国制度文物的发展是否西洋史
的一部分？若是，为何一般西洋史的书中对此一字不提；若不是，土
耳其帝国盛时的大部显然在欧洲。西历前的希腊与近数百年的希
腊是否同一地属于西洋的范围？若说欧洲与地中海沿岸为西洋，起
初不知有地中海的古巴比伦人为何也在西洋史中叙述？回教到底
是否属于西洋？若不属西洋，为何一切西洋中古史的书中都为它另
辟几章？若属于西洋，为何在西洋近代史的书中，除不得不谈的外
交关系外，把回教完全撇开不顾？欧洲新石器时代的文化与埃及文
化有何关系？埃及已经开化之后，欧洲仍在新石器时代，但西洋通
史的书中为何先叙述欧洲本部的石器文化，然后跳过大海去讲埃
及？这些问题，以及其他无数可以想见的问题，不只一般人不能回
答，去请教各种西洋史的作者，恐怕也得不了满意的答覆。

　　"西洋"一词(the West 或 the Occident)在欧美人用来意义已经
非常含混，到中国就更加空泛。我们若详为分析，就可看出"西洋"
有三种不同的意义，可称为泛义的、广义的与狭义的。狭义的西洋
专指中古以下的欧西，就是波兰以西的地方，近四百年来又包括新
大陆。东欧部分，只讲它与欧西的政治外交关系，本身的发展并不
注意，可见东欧并不属于狭义的西洋的范围。这是以日耳曼民族为
主所创造的文化。我们日常说话用"西洋"一词时，心目中大半就是
指着这个狭义的西洋。

　　广义的西洋，除中古与近代的欧西之外，又加上希腊罗马的所
谓经典文化，也就是文艺复兴时代的所谓上古文化。讲思想学术文
艺的发展的书中，与学究谈话时所用的"西洋"，就是这个广义的
西洋。

泛义的西洋,除希腊、罗马与欧西外,又添上回教与地下发掘出来的埃及、巴比伦以及新石器时代,甚至再加上欧洲的旧石器时代。这是通史中的西洋,除了作通史的人之外,绝少这样泛用名词的。

对于希腊以前的古民族,欧美人往往半推半就,既不愿放弃,又不很愿意简直了当地称它们为"西洋",而另外起名为"古代的东方"(the Ancient East 或 the Ancient Orient)。但希腊文化最初的中心点在小亚细亚,与埃及处在相同的经线上,为何埃及为"东"而希腊为"西",很是玄妙。回教盛时,西达西班牙,却也仍说它是"东方"。同时,西洋通史又非把这些"东方"的民族叙述在内不可,更使人糊涂。总之,这都是将事实去迁就理论的把戏。泛义的西洋实际包括埃及、巴比伦、希腊、罗马、回教、欧西五个独立的文化,各有各的发展步骤,不能勉强牵合。至于欧洲的新石器时代,与这些文化有何关系,是到今日无人能具体说明的问题。这五个独立的文化在时间上或空间上或有交互的关系,但每个都有自立自主的历史,不能合并叙述。若勉强合讲,必使读者感觉头绪混乱。我们读西洋上古史,总弄不清楚,就是因为这个道理;中古史中关于回教的若即若离的描写,往往也令人莫测高深。把几个独立的线索,用年代先后的死办法,硬编成一个线索,当然要使读者越读越糊涂了。

欧西的人尽量借用希腊、罗马的文献,当经典去崇拜,所以两者之间较比任何其他两个文化,关系都密切。但推其究竟,仍是两个不同的个体。希腊、罗马文化的重心在小亚细亚西岸与希腊半岛,意大利半岛的南部处在附属的地位,北部是偏僻的野地,地中海沿岸其他各地只是末期的薄暮地带。今日希腊半岛的民族已不是古代的希腊民族,今日的意大利人也更不是古代的罗马人。真正的希腊人与罗马人已经消灭。至于欧西文化的重心,中古时代在意大利北部与日耳曼,近代以英、法、德三国最为重要。希腊半岛与欧西文化完全无关,最近百年才被欧西所同化。上古比较重要的意大利南部也始终处在附属的地位。地中海南岸与欧西文化也完全脱离关系。创造欧西文化的，以日耳曼人为主体，古罗马人只贡献一点不重要的血统。连今日所谓拉丁民族的法兰西、意大利、西班牙人中也有很重要的日耳曼成分；称他们为拉丁民族，不过是因为他们的语言大体是由古拉丁语蜕化而出。希腊、罗马文化与欧西文化关系特别密切，但无论由民族或文化重心来看，都绝不相同。其他关系疏远的文化之间，当然更难找同一的线索了。这是"正名"工作的第二种收获，使我们知道西洋一词到底何指。狭义的用法，最为妥当；广义的用法，还可将就；泛义的用法，绝要不得。

日常所谓"西洋史"既包括五个不同的文化，在人类所创造的独立文化中，除新大陆的古文化不计外，只有两个未包括在内，就是中国与印度。所以我们平常所谓"外国史"或"世界史"只比"西洋史"多一个印度。若因印度人与"西洋人"都属于印欧种而合同叙述，"外国史"或"世界史"就与"西洋史"意义相同了。这是"正名"的第三种收获，使我们知道三个名词的异同关系。

文化既是个别的，断代当然以每个独立的文化为对象，不能把几个不同的个体混为一谈而牵强分期。每个文化都有它自然发展消长的步骤，合起来讲，必讲不通；若把人类史认为是一个纯一的历史，必致到处碰壁，中国的殷周时代当然与同时的欧洲或西亚的历史性质完全不同，中古时代的欧西与同时的希腊半岛也背道而驰。我们必须把每个文化时间与空间的范围认清，然后断代的问题以及一切的史学研究才能进行无阻。这是"正名"的第四种收获，使我们知道人类历史并不是一元的，必须分开探讨。互相比较，当然可以；但每个文化的独立性必须认清。

在每个文化的发展过程中，都可看出不同的时代与变化。本文对中国特别注意，把中国史分期之后，再与其他文化相互比较，看看能否发见新的道理。

二、中国史的分期

中国四千年来的历史可分为两大周。第一周,由最初至西元三八三年的淝水之战,大致是纯粹的华夏民族创造文化的时期,外来的血统与文化没有重要的地位。第一周的中国可称为古典的中国。第二周,由西元三八三年至今日,是北方各种胡族屡次入侵,印度的佛教深刻地影响中国文化的时期。无论在血统上或文化上,都起了大的变化。第二周的中国已不是当初纯华夏族的古典中国,而是胡汉混合、梵华同化的新中国,一个综合的中国。虽然无论在民族血统上或文化意识上,都可说中国的个性并没有丧失,外来的成分却占很重要的地位。为方便起见,这两大周可分开来讲。

华夏民族的来源,至今仍是不能解决的问题。我们只能说,在西前三〇〇〇至前二〇〇〇年间,日后华夏民族的祖先已定居在黄河流域一带。至于当初就居住此地,或由别处移来,还都是不能证明的事。在整个的第一周,黄河流域是政治文化的重心,长江流域处在附属的地位,珠江流域到末期才加入中国文化的范围。第一周,除所谓史前期之外,可分为五个时代:

(1) 封建时代,西前一三〇〇至前七七一年;

(2) 春秋时代,西前七七〇至前四七三年;

(3) 战国时代,西前四七三至前二二一年;

(4) 帝国时代,西前二二一至西元八八;

(5) 帝国衰亡与古典文化没落时代,西元八八至三八三年。

在西元前三〇〇〇年以后,黄河流域一带,北至辽宁与内蒙,渐渐进入新石器文化的阶段。除石器之外,还有各种有彩色与无彩色的陶器最足代表此期的文化。无彩色的陶器中有的与后来铜器中的鬲与鼎形状相同,证明此期与商周的铜器时代有连接的文化关系。与新石器时代遗物合同发现的骸骨与后世的华夏人,尤其北方一带的人大致相同,证明此期的人已是日后华夏民族的祖先。①

　　这些原始的中国人分部落而居,以渔猎或牧畜为生,但一种幼稚的农业,就是人类学家所谓锄头农业(hoe culture),已经开始。在西前二〇〇〇年左右,这些部落似乎已进入新石器时代的末期,就是所谓金石并用期。石器、骨器、陶器之外,人类又学会制造铜器。农业的地位日趋重要,与农业相并进行的有社会阶级的产生。人民渐渐分为贵族巫祝的地主与平民的佃奴两个阶级。这种阶级的分别直延到封建的末期,才开始破裂。部落间的竞争,继续不断,当初成百成千的部落数目逐渐减少。到西前一七〇〇年左右,或略前,有两个强大的部落出现,就是夏与商。夏当初大概比较盛强,许多小部落都承认它为上国。所以“夏”“华夏”或“诸夏”就成了整个民族的种名。但商是夏的死敌,经过长期的竞争之后,在西前一六〇〇年左右,商王成汤灭夏,所有的部落都被臣服,最早松散的半封建帝国,部落组成的帝国,由此成立。可惜此后三百年间的经过,我们完全不知道。但我们可断定,在西前一六〇〇年左右必已有一个比较可靠的历法,否则农业不能发达。同时必已发明文字,因为自成汤以下历代的王名都比较可靠,并且传于后代。

　　据《竹书纪年》,在西前一三〇〇年,盘庚迁殷。这是中国历史上第一个比较确定的年代,可认为封建时代的开始。关于此前三百年,我们只知商王屡次迁都;但此后三百年殷总是商王势力的中心。这或者证明前三百年间商王的共主地位只是名义上的。因势力不稳,而时常被迫迁都,或因其他的关系迁都;但因为势力微弱才能因小故而迁都,若势力稳固就不能轻易迁动国本。到盘庚时真正的封建制度与封建帝国才算成立,已不是许多实际独立的部落所组成的松散帝国。商王是所有部落的共主,又称天子,势力最少可达到一

---

① Black, D. 著 *The Human Skeletal Remains from Sha Kuo Tun*; *A Note on the Physical Characters of the Prehistoric Kansu Race*.

部分的部落之内,或者有少数的部落是被商王征服之后又封给亲信的人的。但无论当初的部落,或后封的诸侯,内政则大致自由,诸侯的地位都是世袭的。

后来周兴起于西方,据《竹书纪年》,于西前一〇二七年灭商,代商为天子。武王、周公相继把东方的领土大部征服,然后封子弟功臣为诸侯。所以周王的势力大于前此的商王,周的封建帝国也较商为强。但整个的制度仍是封建的,天子只直接统辖王畿,诸侯在各国仍是世袭自治的。

约在西前九〇〇年左右,封建帝国渐呈裂痕。诸侯的势力日愈强大,上凌共主的天子,下制国内的贵族。经过长期的大并小强兼弱之后,少数的大国实际变成统一的国家与独立的势力,天子不能再加干涉。西前八六〇年左右,厉王即位,想要压迫诸侯,恢复旧日的封建帝国。这种企图完全失败,在西前八四二年,厉王自己也被迫退位。此后十四年间王位空虚,诸侯更可任意发展。迨宣王(西前八二七至前七八二年)即位之后,诸侯已非王力所能制服。戎人屡屡寇边,内中有诸侯的阴谋也未可知。宣王最后败于戎人,不能再起。幽王(西前七八一至前七七一年)的情形更为狼狈,最后并被戎人所杀。整个的西部王畿临时都遭戎人蹂躏。平王(西前七七〇至前七二〇年)不得已而东迁,封建共主的周王从此就成了傀儡。我们已进到列国为政治重心的春秋时代。

封建时代的精神生活为宗教所包办。自然界的各种现象都被神化。风伯、雨师、田祖、先炊、河伯以及无数其他的神祇充满天地间。最高的有无所不辖的上帝,与上帝相对的有地上最高灵祇的后土。除此之外,人与神的界限并不严明。所有贵族的人死后都成神,受子孙的崇拜。

"春秋"本是书名,书中纪年由西前七二二至前四八一年。但我们若完全为一本书所限,又未免太迂。若由西前七二二年起,此前的五十年将成虚悬,无所归宿。以西前四八一年为终点,还无不可,因为西前五世纪初期的确是一个剧变的时期。但那一年并没有特殊的大事发生。此后三十年间可纪念的事很多,都可作为时代的终点。西前四七九年,孔子死;西前四七七年,田桓割齐东部为封邑,田齐实际成立;西前四七三年,越灭吴;西前四六四年,《左传》终;西前四五三年,《国策》始,就是韩、赵、魏灭智氏,三晋实际成立的一年。这都值得注意。《通鉴》始于韩、赵、魏正式为诸侯的西前四〇三年,认为战国的始点,略嫌太晚。我们定越灭吴的西前四七三年为春秋战国之间的划界年,原因下面自明。

东迁以后,实际独立的列国并争,开始有了一个国际的局面。齐、晋、秦、楚四方的四个大国特别盛强,中原的一群小国成了大国间争夺的对象。这种争夺就是所谓争霸或争盟。大小诸国在名义上仍都承认周王的共主地位,但天子的实权早已消灭,他的唯一功用就是正式承认强力者为霸主。当初齐桓、晋文相继独霸中原,但楚国日趋盛强,使这种独霸的局面不能维持。秦在春秋时代始终未曾十分强大,齐自桓公死后也为二等国,天下于是就成了晋、楚争盟的均势局面。中原的北部大致属晋,南部大致属楚。

这些竞争的列国,内部大体都已统一。封建的贵族虽仍存在,诸侯在各国内部都已成了最高的实力者,贵族只得在国君之下活动,帮助国君维持国力。平民仍未参政,在国君的统治之下,贵族仍包揽政治。所以春秋可说是封建残余的时代。但贵族的势力,在各国之间也有差别。例如在秦、楚二国,贵族很为微弱;在晋国,贵族势力就非常强大,世卿各有封土,国君只有设法维持世卿间的均势才能保障自己的地位。但这种办法终非长久之策,最后世卿实际独立,互相征伐,晋君成为傀儡,晋国因而失去盟主的地位。但楚国并未得利用这个机会北进,因为在东方有新兴的吴国向它不住地进攻,使它无暇北顾。吴的兴起是春秋的大变局。

吴国兴起不久,南边又崛起了一个越国,两国间的竞争就结束了春秋的局面。春秋时代的战争是维持均势的战争,大国之间并不想互相吞并。吴越的战争，性质不同。吴仍有春秋时代的精神，虽有机会，又有伍子胥的怂恿，但并未极力利用机会去灭越。然而越国一旦得手，就不再客气，简直了当地把第一等大国的吴一股吞并。这是战国时代的精神，战国的战争都是以消灭对方为目的的战争。所以春秋末期的变化虽多，吴越的苦战可说是最大的变化，是末次的春秋战争，也是初次的战国战争。越灭吴之年是最适当的划分时代的一年。

春秋大部的时间似乎仍在宗教的笼罩之下。但到末期，大局发生剧变，独立的思潮开始抬头。对时局肯用心深思的人大致分为三派。第一为迎合潮流，去参加推翻旧势力的工作的人。这种人可以邓析为代表，是专门批评旧制，并故意与当权者为难的人。① 第二，为悲观派，认为天下大局毫无希望，只有独善其身，由火坑中求自己的超脱。这种隐士，孔子遇见许多；楚狂接舆、长沮、桀溺都是这一流的人。第三，就是孔子的一派，崇拜将要成为过去的，或大半已经成为过去的旧制度文物，苦口婆心地去宣传保守与复古。每到剧变的时代，我们都可遇到同样的三种人：为旧制辩护的人，向旧制进攻的人与逃避现实的纠纷的人。

"战国"一词的来源，不甚清楚。司马迁已用此名，可见最晚到汉武帝时已经流行。②《战国策》成书似在秦末或汉初或楚汉之际。③ 但书名本来无定，不知当初"战国策"是否也为书名之一。④若然，"战国"一词在秦汉之际已经通行。但很可能，在秦并六国之先，已有人感觉当时战争太多太烈，而称它为"战国"。所以这个名称不见得一定是后人起的，也许是当时人自定的。

---

① 《左传》定公九年；《吕氏春秋》卷一八《审应览》第六《离谓篇》。
② 《史记》卷一五《六国年表序》。
③ 六国中齐最后亡，齐亡时的情形，卷一三《齐策六》中有记载。卷三一《燕策三》中又提到高渐离谋刺秦始皇的事，可见成书必在秦并六国之后。书中似乎没有汉的痕迹。
④ 据刘向《战国策目录》，书名原有《国策》《国事》《短长》《事语》《长书》《脩书》六种。不知"国策"是否"战国策"的缩写。

　　战国初期的一百年间是一个大革命的时代。三家分晋与田氏篡齐不过是最明显的表面变化,骨子里的情形较此尤为紧张。各国内部,除政治骚乱外,都起了社会的变化。封建残余的贵族都被推翻,诸侯都成了专制独裁的君主。所有的人民最少在理论上从此都一律平等,任何人都可一跃而为卿相,卿相也可一朝而堕为庶民。一切荣辱都操在国君手中。要在政治上活动的人,无论文武,都须仰国君的鼻息。同时,人民既然平等,就须都去当兵,征兵的制度开始成立。当兵已不是贵族的权利,而是全体人民的义务。所有的战争都是以尽量屠杀为手段,以夺取土地为目的的拼命决斗。周天子名义上的一点地位也无人再肯承认,一切客气的"礼乐"都已破坏无遗。这是中国历史上唯一全体人民参战的时代。

　　战争最烈的时代也是中国思想史上的黄金时代。各家争鸣,都想提出最适当的方案,去解决当前的严重问题。各派都认为当设法使天下平定,最好的平定方法就是统一。但统一的方策各自不同。除独善其身的杨家和道家与专事辩理的名家外,儒、墨、法、阴阳四家都希望人君能实行他们的理想以平天下。除了法家之外,这些学说都不很切实际,最后平定天下的仍是武力。但秦并六国后却承认阴阳家的五德终始说,自认为以水德王。

　　西前二二一年,秦始皇创了自古未有的新局。前此无论名义如何,实际总是分裂的。自此以后,二千年间统一是常态,分裂是变局。但在二千年的统一中,以秦、西汉及东汉中兴的三百年间的统一为最长,最稳固,最光荣。二千年来的中国的基础可说都立于这三个世纪。秦始皇立名号,普遍地设立郡县,统一度量,同文,同轨。一般讲来,这都是此后历朝所谨守的遗产。中国的疆土在汉武帝时立下大致的规模,此后很少超出这个范围。

　　社会制度也凝结于此时。传统的宗法社会在战国时代颇受打击。商鞅鼓励大家族析为小家庭的办法,恐怕不限于秦一国,乃是当时普遍的政策。为增加人民对于国家的忠心,非打破大家族、减少家族间的团结力不可。这种政策不见得完全成功,但宗法制度必受了严重的摇撼。到汉代就把这种将消未消的古制重新恢复。在重农抑商的政策之下,秉持宗法的大地主阶级势力日盛。同时,儒教成为国教后,这个事事复古的派别使宗法社会居然还魂。丧服与三年丧是宗法制度的特殊象征。这种在春秋时代已经衰败,在战国时代只是少数儒家迂夫子的古董的丧制,到汉代又渐渐重建起来。①

帝国成立之后,争鸣的百家大半失去存在的理由,因而无形消灭。若把此事全都归咎于秦始皇的焚书,未免把焚书的效能看得太高。只有儒、道、阴阳三家仍继续维持,但三者的宗教成分都日愈加重。孔子虽始终没有成神,但素王也演化为一个很神秘的人格。道家渐渐变成道教,鬼神、符箓、炼丹、长生的各种迷信都成了它的教义。阴阳家自始就富于神秘色彩,至此儒道两家都尽量吸收它的理论。汉的精神界可说是儒、道、阴阳合同统治的天下。

和帝一代(西元八九至一〇五年)是重要的过渡时期。此前三百年间,除几个短期的变乱之外,帝国是一致的盛强的。由和帝以下,帝国的衰退日益显著。内政日坏,外族的势力日大,最后北部边疆的领土实际都成了胡人的殖民地。民族的尚武精神消失,帝国的军队以胡人为主干。在这种内外交迫的局势之下,大小的变乱不断发生。羌乱,党锢之祸,黄巾贼,十常侍之乱,董卓之乱,李傕、郭汜之乱,前后就把帝国的命运断送。经过和帝以下百年的摧残之后,天下四分五裂,帝国名存实亡。三国鼎立之后,晋虽临时统一,但内部总不能整顿,外力总不能消灭。勉强经过三国魏晋的百年挣扎之后,胡人终于把中原占据,汉人大批地渡江南迁。

同时,精神方面也呈现相似的衰颓状态。儒教枯燥无味,经过几百年的训诂附会之后,渐渐被人厌弃。比较独立的人都投附于一

---

① 关于此点,两《汉书》中材料太多,不胜枚举。关于汉儒的丧服理论,可参考《白虎通》卷四。

种颓废的老庄学说，就是所谓清谈。平民社会的迷信程度日愈加深，一种道教会也于汉末成立。在这种种无望的情形下，佛教暗中侵入。当初还不很惹人注意，但自汉末以下势力日大，与无形中侵蚀土地的胡人同为威胁传统中国的外力。

胡人起事的八十年后（西元三八三），北方临时被外族统一，符坚决意要渡江灭晋，统一天下。淝水之战是一个决定历史命运的战争。当时胡人如果胜利，此后有否中国实为问题。因为此时汉族在南方的势力仍未根深蒂固，与后来蒙古、清军过江时的情形大不相同。不只珠江流域尚为汉族殖民的边区，连江南也没有澈底地汉化，蛮族仍有相当的势力①，汉人仍然稀少。胡人若真过江，南方脆弱的汉族势力实有完全消灭的危险。南北两失，汉族将来能否复兴，很成疑问。即或中国不至全亡，最少此后的历史要成一个全新的局面，必与后来实际实现的情形不同。东晋在淝水虽占了上风，中国所受的冲动已是很大。此后二百年间，中国的面目无形改变。胡、汉两族要混合为一，成为一个新的汉族，佛教要与中国文化发生不可分的关系。中国文化已由古典的第一周进到胡人血统与印度宗教被大量吸收的第二周了。

胡人的血统在第一周的末期开始内浸，在整个第二周的期间都不断地渗入。一批一批的北族向南推进，征服中国的一部或全部，但最后都与汉人混一。唯一的例外就是蒙古。北族内侵一次，汉族就大规模地渡江向南移殖一次。在第一周处在附属地位的江南与边疆地位的岭南，到第二周地位日见提高，政治上成了一个重要的区域，文化上最后成了重心。

佛教也是在第一周的末期进入中国，但到第二周才与中国文化发生了化学的作用。中国文化原有的个性可说没有丧失，但所有第二周的中国人，无论口头上礼佛与否，实际没有一个人在他的宇宙

---

① 《宋书》卷九七《夷蛮列传》；《南史》卷七九《诸蛮列传》。

人生观上能完全逃脱佛教的影响。

第二周也可分为五期：

（1）南北朝、隋、唐、五代，西元三八三至九六〇年；

（2）宋代，西元九六〇至一二七九年；

（3）元明，西元一二七九至一五二八年；

（4）晚明盛清，西元一五二八至一八三九年；

（5）清末中华民国，西元一八三九年以下。

第一周的时代各有专名，第二周的时代只以朝代为名。这并不是偶然的事。第二周的各代之间仍是各有特征，但在政治社会方面一千五百年间可说没有什么本质的变化，大体上只不过保守流传秦汉帝国所创设的制度而已。朝代的更换很多，但除强弱的不同外，规模总逃不出秦汉的范围。只在文物方面，如宗教、哲学、文艺之类，才有真正的演变。最近百年来，西化东渐，中国文化的各方面才受了绝大的冲动，连固定不变的政治社会制度也开始动摇。

南北朝①、隋、唐、五代是一个大的过渡、综合与创造的时代。南北朝的二百年间，北方的胡族渐与汉人同化，同时江南的蛮人也大半被汉族所同化。到隋统一宇内的时候，天下已无严重的种族问题，所以这个新的汉族才能创造一个媲美秦、汉的大帝国。同时，在南北朝期间，新旧文化的竞争也在夷夏论辩与三教合一的口号之下

---

① "南北朝"在中国史学上是一个意义极其含混的名词。《南史》与《北史》同为李延寿一人所撰，但《北史》始于拓跋魏成立的西元三八六年，终于隋亡的六一八年；《南史》始于刘宋成立的四二〇年，终于陈亡的五八九年。所以《北史》的首尾都超过《南史》。关于南北朝的始点，有人用三八六年，有人用四二〇年，又有人用魏统一北方的四三九年。关于终点，隋亡的年当然不可用，因为当时已非南北分立的局面；一般多用隋灭陈而统一天下的五八九年，可算非常恰当。关于南北朝的始点，很难武断地规定。当然五胡起事的三〇四年或东晋成立于江南的三一七年都可认为是南北分立的开始。但当初的局面非常混沌，普通称此期为"五胡乱华"的时期，十分妥当。三八六与四二〇两年，除两个代的创立之外，并没有特殊的重要，四三九年又嫌太晚，都不应定为时代的开始。到淝水战后，北方已很明显地要长期厌于胡人，同时胡人也觉悟到长江天险的不易飞渡，南北分立的局面至此才算清楚，分立局面下种族与文化的酝酿调和也可说由此开始。所以我们不只把三八三年当为南北朝的开始年，并且定它为第二周的起发点。

得到结束。在汉代,佛教并未被人注意,因为当时那仍是一个不足注意的外来势力。到南北朝时佛教大盛。以儒、道为代表的旧文化开始感到外力的威胁,于是才向所谓夷狄之教下总攻击。由《弘明集》中我们仍可想见当时新旧文化竞争的紧张空气。这种竞争到种族混一成功时也就告一段落,佛教已与旧有的文化打成一片,无需再有激烈的争辩。调和一切、包含一切的天台宗恰巧此时成立,并非偶然。同时,中国式的佛教的最早创作也于此时出现,就是有名的《大乘起信论》。① 伟大的隋、唐帝国与灿烂的隋、唐文化都可说是南北朝二百年酝酿的结果。

隋、唐的天子在内称皇帝,对外称"天可汗",象征新的帝国是一个原由胡、汉混成,现在仍由胡、汉合作的二元大帝国。所以外族的人才时常被擢用,在《唐书》的列传里我们可遇到很多的外族人。佛教的各派,尤其像华严宗、法相宗、禅宗一类或内容宏大或影响深远的派别,都在此时发展到最高的程度。完全宗教化的净土宗也在此时泛滥于整个的社会,尤其是平民的社会。在唐代文化结晶品的唐诗中,也有丰富的释家色彩。

历史上的平淡时代可以拉得很长,但光荣的时代却没有能够持久的。隋、唐的伟大时代前后还不到二百年,安史之乱以后不只政治的强盛时期已成过去,连文化方面的发展也渐微弱。藩镇、宦官与新的外祸使帝国的统一名存实亡;五代时的分裂与外祸不过是晚唐情形的表面化。在文化方面发生了复古的运动,韩愈、李翱一般人提倡一种新的儒教,以老牌的孔孟之道相号召。佛教虽仍能勉强维持,极盛的时期却已过去,宋代的理学已经萌芽。所以南北朝、隋、唐、五代代表一个整个的兴起、极盛与转衰的文化运动。

宋代的三百年间是一个整理清算的时代。在政治社会方面,自从大唐的二元帝国破裂之后,中国总未能再树立健全的组织,国力

---

① 见梁启超《大乘起信论考证》。

总不能恢复。二百年来的分裂割据局面到九六〇年算是告一段落，但各种难题仍未解决。隋、唐短期间所实行的半征兵制度的府兵早已破裂，军队又成了不负责任的流民集团。财政的紊乱与人民负担的繁重也是一个极需下手解决的问题。隋、唐时代的科举制度至此已成为死攻儒经的呆板办法，真正的人才难以出现，国家的难题无人能出来应付。在这种种的情形之下，宋连一个最低限度的自然国境都不能达到，也无足怪。不只外族的土地，寸尺不能占有，连以往混乱期间所丧失的河西与燕云之地也没有能力收复。这是中国本部东北与西北的国防要地，若操在外人手里，中国北方的安全就时刻感到威胁。宋不只无力收复，并且每年还要与辽夏人贡（巧立名目为"岁币"），才得苟安。

整个的中国显然是很不健全，极需彻底的整顿。王安石变法代表一个面面俱到的整理计划，处处都针对着各种积弊，以图挽回中国的颓运。但消极、破坏与守旧的势力太强，真正肯为革新运动努力的人太少，以致变法的运动完全失败。不久中原就又丧于外人，宋只得又渡江偏安。最后连江南都不能保，整个的中国第一次亡于异族。

在思想方面也有同样的整顿运动，并且这种企图没有像政治社会变法那样完全失败。无论衷心情愿与否，中国总算已经接受了外来的佛教，永不能把它摈除。但人类一般的心理，无论受了别人如何大的影响，在口头上多半不愿承认。实际中国并未曾全部印度化，中国的佛教也不是印度的佛教，但连所吸收的一点印度成分中国也不愿永久袭用外来的招牌。宋代理学的整顿工作，可说是一种掉换招牌的运动。在以往，中国参考原有的思想，尤其是道家的思想，已创了一个中国式的佛教。现在中国人要把这种中印合璧的佛教改头换面，硬称它为老牌的古典文化，就是儒教。宋代诸子最后调和了中国式的佛教、原有的道教与正统的儒教，结果产生了一种混合物，可称为新儒教。这种结果的价值难以断定，但最少不似政治社会方面整顿计划的那样明显的失败。

元、明两代是一个失败与结束的时代。一百年间整个的中国初次受制于外族。五胡、辽、金所未能实现的，至此由蒙古人达到目的。这是过度保守、过度松散的政治社会的当然命运。蒙古人并且与此前的外族不同，他们不要与中国同化，还要鼓励汉人摹仿蒙古的风俗习惯，学习蒙古的语言文字。所以中国不只在政治上失败，文化上也感到空前的压迫。但蒙古人虽不肯汉化，不久却也腐化，所以不到百年就被推翻。

明是唐以后唯一的整个中国自治统一的时代，不只东北与西北的国防要地完全收复，并且塞外有军事价值的土地也被并入帝国的范围。这种局面前后维持了二百年，较宋代大有可观。但这种表面上的光荣却不能掩盖内里的腐败。科举制度最后僵化为八股文的技术，整个民族的心灵从此就被一套一套的口头禅所封闭，再求一个经世的通才已办不到。宋代还能产生一个王安石，到明代要找一个明了王安石的人已不可得。此外，政治的发展也达到腐败的尽头。廷杖是明代三百年间的绝大羞耻。明初诛戮功臣的广泛与野蛮，也远在西汉之上；汉高情有可原，明祖绝不可恕。① 成祖以下二百余年间国家的大权多半操在宦官手中，宦官当权成了常制，不似汉唐的非常情形。有明三百年间，由任何方面看，都始终未上轨道，整个的局面都叫人感到是人类史上的一个大污点。并且很难说谁应当对此负责。可说无人负责，也可说全体人民都当负责。整个民族与整个文化已发展到绝望的阶段。

在这种普遍的黑暗之中，只有一线的光明，就是汉族闽粤系的向外发展，证明四千年来唯一雄立东亚的民族尚未真正地走到绝境，内在的潜力与生气仍能打开新的出路。郑和的七次出使，只是一种助力，并不是决定闽粤人南洋发展的主要原动力。郑和以前已

---

① 赵翼《廿二史札记》卷三二《胡蓝之狱》。

有人向南洋活动，郑和以后，冒险殖民的人更加增多，千百男女老幼的大批出发并非例外的事。① 有的到南洋经商开矿，立下后日华侨的经济基础。又有的是冒险家，攻占领土，自立为王。后来西班牙人与荷兰人所遇到的最大抵抗力，往往是出于华侨与中国酋长。汉人本为大陆民族，至此才开始转换方向，一部分成了海上民族，甚至可说是尤其宝贵难得的水陆两栖民族！

元、明两代的思想界也与政治界同样地缺乏生气。程、朱思想在宋末已渐成正统的派别，明初正式推崇程朱之学，思想方面更难再有新的进展。到西元一五〇〇年左右，才出来一个惊人的天才，打破沉寂的理学界。王阳明是人类历史上少见的全才。政治家、军事家、学者、文人、哲学家、神秘经验者：一身能兼这许多人格，并且面面独到，传统的训练与八股的枷锁并不能消磨他的才学，这是何等可惊的人物！他是最后有贡献的理学家，也是明代唯一的伟人，他死的一五二八年可定为划时代的一年。那正是明朝开始衰败，也正是将来要推翻传统中国的魔星方才出现的时候。约在他死前十年，葡萄牙人来到中国的南岸。后来使第二周的中国土崩瓦裂的就是他们所代表的西洋人。

晚明盛清是政治文化完全凝结的时代。元、明之间仍有闽、粤人的活动，王阳明的奇才，足以自负。明末以下的三百年间并没有产生一个惊人的天才，也没有创造一件值得纪念的特殊事业，三个世纪的功夫都在混混沌沌的睡梦中过去。

明末的一百年间，海上的西洋人势力日大，北方前后有鞑靼、日本与满洲的三个民族兴起。这四种势力都有破灭日见衰颓的明朝的可能。西洋人的主要视线仍在新大陆、印度与南洋，未暇大规模地冲入中国，蒙古的鞑靼在四种势力中是最弱的，后来受了中国的牢笼，未成大患。日本若非丰臣秀吉在紧要关头死去，最少征服中

---

① 赵翼《廿二史札记》卷三四《海外诸番多内地人为通事》。

国北部是很可想见的事。最后成功的是满洲，整个的中国第二次又亡于异族。但满人与蒙古人不同，并不想摧残中国传统的文化，他们自己也不反对汉化。他们一概追随明代的规模，一切都平平庸庸。但有一件大事，可说是清朝对汉族的一个大贡献，就是西南边省的汉化运动。云南、贵州的边地，虽在汉代就被征服，但一直到明代仍未完全汉化，土司与苗族的势力仍然可观。清世宗用鄂尔泰的计划，行改土归流的政策，鼓励汉人大批移殖，劝苗人极力汉化，在可能的范围内取消或减少土司的势力，增加满汉流官的数目与权势。至此云、贵才可说与中国本部完全打成一片。这虽不像明代闽粤兴起的那样重要，但在沉寂的三百年间可说是唯一影响远大的事件了。

王阳明以后，理学没有新的进展。盛清时的智力都集中于训诂考据。这虽非没有价值的工作，但不能算为一种创造的运动；任何创造似乎已不是此期的人所能办到。

鸦片战争以下的时代，至今还未结束，前途的方向尚不可知。但由百年来的趋势，我们可称它为传统政治文化总崩溃的时代。中国民族与文化的衰征早已非常明显，满人经过二百年的统治之后，也已开始腐化。在政治社会方面，不见有丝毫复兴的希望；精神方面也无一点新的冲动。在这样一个半死的局面之下，青天霹雳，海上忽然来了一个大的强力。西洋有坚强生动的政治机构，有禀性侵略的经济组织，有积极发展的文化势力；无怪中国先是莫测高深，后又怒不可遏，最后一败涂地，直到最近对于西洋的真相才有一个比较正确的认识。最足代表传统文化的帝制与科举都已废除，都市已大致西洋化，乡间西化的程度也必要日益加深。中国文化的第二周显然已快到了结束的时候。但到底如何结束，结束的方式如何，何时结束，现在还很难说。在较远的将来，我们是否还有一个第三周的希望？谁敢大胆地肯定或否定？

三、中国史与世界史的比较

以上中国历史的分期不能说是绝对的妥当,但可算为一种以时代特征为标准的尝试分期法。专讲中国史,或者看不出这种分期有何特殊的用处,但我们若把中国史与其他民族的历史比较一下,就可发现以前所未觉得的道理。由人类史的立场看,中国历史的第一周并没有什么特别,因为其他民族的历史中都有类似的发展。任何文化区,大概起初总是分为许多部落或小国家,多少具有封建的意味。后来这些小国渐渐合并为少数的大国,演成活泼生动的国际局面。最后大国间互相吞并,一国独盛,整个的文化区并为一个大帝国。这种发展,在以往的时候可说是没有例外的。在比较研究各民族的历史时,整个文化区的统一是一个不能误会的起发点。统一前的情形往往过于混乱,因为史料缺乏,头绪常弄不清。并且有的民族关于统一前能有二千年或二千年以上的史料,例如埃及与巴比伦;有的民族就几乎全无可靠的史料,例如印度。但这是史料存亡的问题,不是史迹演化的问题。史料全亡,并不足证明时代的黑暗或不重要。关于统一前的史料,知道比较清楚的,大概是埃及,希腊、罗马与中国的三个例。由这三个文化区历史的比较,我们大致可说民族间发展的大步骤都有共同点可寻,并且所需时间的长短也差不多。希腊各小国的定居约在西前一二〇〇年,帝国的实现约在西前一〇〇年[1],前后约一千一百年的工夫。中国由盘庚到秦并六国也是一千一百年。埃及最早定居似在西前三〇〇〇至前二八〇〇年间,统一约在西前一六〇〇年,前后约一千二百至一千四百年的工夫,较前两例略长,但埃及的年代至今尚多不能确定。我们可

---

[1] 普通的书都以第一个皇帝出现的西前三一或前三〇年为罗马帝国开始的一年。实际在西前一〇〇年左右整个的地中海区已经统一,帝国已经成立。

说一个文化区由成立到统一，大致不能少于一千年，不能多于一千五百年。以此类推，其他民族的历史可以大体断定。例如关于印度帝国成立前的历史，除了北部被希腊人一度征服外，我们几乎一件具体的事都不知道。但印度帝国成立于西前三二一年，所以我们可推断雅利安人在印度北部定居，建设许多小国，大概是在西前一四〇〇年或略前。关于巴比伦的历史，地下的发现虽然不少，但头绪非常混乱，年代远不如埃及的清楚。但巴比伦帝国成立于西前二一〇〇至前二〇〇〇年前，所以我们可知巴比伦地域最初呈显定局是在西前三一〇〇年或略前。[①] 这种由详知的例推求不详的例的方法，是我们细密分期的第一个收获。

这个方法虽不能叫我们未来先知，但或可使我们对将来的大概趋势能比较认清。今日世界上最活动的文化当然是最初限于欧西、今日普及欧美并泛滥于全球的西洋文化。如果可能，我们很愿知道这个有关人类命运的文化的前途。如果西洋文化不是例外，它大概也终久要演到统一帝国的阶段。但这件事何时实现，比较难说，因为西洋文化当由何时算起，仍无定论。西洋文化的降生，在西罗马帝国消灭以后，大概无人否认。但到底当由何年或何世纪算起，就有疑问了。我们可改变方法，从第一时代的末期算起。一个文化区都以封建式的分裂局面为起发点。这种局面在中国结束于西前七七〇年左右，距秦并天下为五百五十年的工夫。在希腊，这种局面（普通称为"王制时代"）约在西前六五〇年左右结束，距罗马帝国的成立也为五百五十年。埃及方面因史料缺乏，可以不论，但中国与希腊的两例如此巧合，我们以它为标准或者不致大误。西洋封建与列国并立的两时代，普通以西元一五〇〇年左右为枢纽；以此推算，西洋大帝国的成立当在西元二〇五〇年左右，距今至少尚有一世纪

---

① 回教文化的问题过于复杂，争点太多，为免牵涉太远，本文对回教的历史一概从略。对此问题有兴趣的人可参考 Oswald Spengler 著 *Decline of the West* 与 Arnold J. Toynbee 著 *A Study of History*。

的工夫。西洋现在正发展到中国古代战国中期的阶段。今日少数列强的激烈竞争与雄霸世界,与多数弱小国家的完全失去自主的情形,显然是一个扩大的战国;未来的大局似乎除统一外,别无出路。

我们以上所讲的两点,都限于所谓文化的第一周。第二周尚未谈及,因为中国文化的第二周在人类史上的确是一个特殊的例外。没有其他的文化,我们能确切地说它曾有过第二周返老还童的生命。埃及由帝国成立到被波斯征服(西前五二五年)因而渐渐消灭,当中只有一千一百年的工夫。巴比伦由帝国成立到被波斯征服(西前五三九年)与消亡最多也不过有一千五百年左右的工夫。罗马帝国,若以西部计算,由成立到灭亡(一般定为西元四七六年)尚不到六百年。所谓东罗马帝国实际已非原来希腊罗马文化的正统继承者,我们即或承认东罗马的地位,罗马帝国由成立到灭亡(西元一四五三年)也不过一千五百五十年的工夫。中国由秦并六国到今日已经过二千一百五十余年,在年代方面不是任何其他文化所能及的。罗马帝国一度衰败就完全消灭,可以不论。其他任何能比较持久的文化在帝国成立以后也没有能与中国第二周相比的伟大事业。中国第二周的政治当然不像第一周那样健全,并且没有变化,只能保守第一周末期所建的规模。但二千年间大体能维持一个一统帝国的局面,保持文化的特性,并在文化方面能有新的进展与新的建设,这是人类史上绝无仅有的奇事。其他民族,不只在政治上不能维持如此之长,并且在文化方面也绝没有这种二度的生命。我们传统的习性很好夸大,但已往的夸大多不中肯;能创造第二周的文化才是真正值得我们自夸于天地间的大事。好坏是另一问题,第二周使我们不满意的地方当然很多,与我们自己的第一周相比也有逊色。但无论如何,这在人类史上是只有我们曾能作出的事,可以自负而无愧。

惟一好似可与中国相比的例就是印度。印度帝国的成立比中国还早一百年,至今印度文化仍然存在。但自阿育王的大帝国(西前三世纪）衰败之后，印度永未盛强。帝国成立约四百年后，在西元一○○年左右，印度已开始被外族征服，从此永远未得再像阿育王时代的伟大与统一，也永不能再逃出外族的羁绊。此后只有两个真正统一的时代，就是十六与十七世纪间的莫卧儿帝国与近来英国统治下的印度帝国，都是外族的势力。在社会方面，佛教衰败后所凝结成的四大阶级与无数的小阶级，造出一种有组织而分崩离析的怪局。即或没有外族进攻，印度内部互相之间的一笔糊涂账也总算不清。所以在政治方面印度不能有第二周。在宗教与哲学方面，印度近二千年间虽非毫无进展，但因印度人缺乏历史的观念，没有留下清楚可靠的史料，我们只有一个混沌的印象，不能看出像中国佛教与理学发展的明晰步骤。所以在文化方面，中国与印度也无从比较。第二周仍可说是我们所独有的事业。

　　这种独到的特点，可使我们自负，同时也叫我们自惧。其他民族的生命都不似中国这样长，创业的期间更较中国为短，这正如父母之年长叫我们"一则以喜，一则以惧"。据普通的说法，喜的是年迈的双亲仍然健在，惧的是脆弱的椿萱不知何时会忽然折断。我们能有他人所未曾有的第二周，已是"得天独厚"。我们是不是能创出尤其未闻的新纪录，去建设一个第三周的伟局？

（原载清华大学《社会科学》1936 年 2 卷 1 期）

中外的春秋时代

一

春秋时代,在任何高等文化的发展上,都可说是最美满的阶段。它的背景是封建,它的前途是战国。它仍保有封建时代的侠义与礼数,但已磨掉封建的混乱与不安;它已具有战国时代的齐整与秩序,但尚未染有战国的紧张与惨酷。人世间并没有完全合乎理想的生活方式与文化形态,但在人力可能达到的境界中,春秋时代可说是与此种理想最为相近的。

春秋背景的封建时代,是文化发展上的第一个大阶段。由制度方面言,封建时代有三种特征。第一,政治的主权是分化的。在整个的文化区域之上,有一个最高的政治元首,称王(如中国的殷周),或称皇帝(如欧西的所谓中古时代)。但这个元首并不能统治天下的土地与人民,虽然大家在理论上或者承认"溥天之下,莫非王土;率土之滨,莫非王臣"。他所直辖的,只有天下土地一小部分的王畿,并且在王畿之内,也有许多卿大夫的采邑维持半独立的状态。至于天下大部的土地,都分封给许多诸侯,诸侯实际各自为政,只在理论上附属于帝王。但诸侯在封疆之内也没有支配一切的权力,他只自留国土的一小部分,大部土地要封与许多卿大夫,分别治理。卿大夫在自己的采邑之上,也非绝对的主人,采邑的大部又要分散于一批家臣的手中。家臣又可有再小的家臣。以此类推，在理论上，封建贵族的等级可以多至无限，政治的主权也可一层一层地分化，以至无穷。实际的人生虽然不似数学的理论，但封建政治之与"近代国家"正正相反，是非常显明的事实。

封建时代的第二个特征，是社会阶级的法定地位。人类自有史以来，最少自新石器时代的晚期以来，阶级的分别是一个永恒的事实。但大半的时期，这种阶级的分别只是实际的，而不是法律所承认并且清清楚楚规定的。只有在封建时代，每个人在社会的地位、等级、业务、权利、责任，是由公认的法则所分派的。

封建时代的第三个特征是经济的，就是所有的土地都是采地，而非私产。自由买卖，最少在理论上不可能，实际上也是不多见的。所有的土地都是一层一层地向下分封，分封的土地就是采地。土地最后的用处，当然是食粮的生产。生产食粮是庶民农夫的责任，各级的贵族，由帝王以至极其微贱的小士族，都把他们直接支配的一部土地，分给农夫耕种。由这种农业经济的立场看，土地称为井田（中国）或佃庄（欧西）。此中也有"封"的意味，绝无自由买卖的办法，井田可说是一种授给农夫的"采"，不过在当时"封"或"采"一类的名词只应用于贵族间的关系上，对平民不肯援用此种高尚的文字而已。

总括一句：封建时代没有统一的国家，没有自由流动的社会，没有自然流通的经济。当时的政治与文化，都以贵族为中心。贵族渐渐由原始的状态建起一种豪侠的精神与义气的理想，一般的赳赳武夫渐渐为斯文礼仪的制度所克服，成了文武兼备的君子。但在这种发育滋长的过程中，政治社会的各方面是不免混乱的，小规模的战事甚为普遍，一般人的生活时常处在不安的状态中。

封建时代，普通约有五六百年。封建的晚期，当初本不太强的帝王渐渐全成傀儡，把原有的一点权力也大部丧失。各国内部的卿大夫以及各级的小贵族也趋于失败。夺上御下，占尽一切利益的，是中间的一级，就是诸侯（中国）或国王（欧西）。最后他们各把封疆之内完全统一，使全体的贵族都听他们指挥，同时他们自己却完全脱离了天下共主的羁绊。列国的局面成立了，这就是春秋时代。

二

主权分化的现象，到春秋时代已不存在。整个的天下虽未统一，但列国的内部却是主权集中的。社会中的士庶之分，在理论上仍然维持，在政治各部辅助国君的也以贵族居多。但实际平民升为贵族已非不可能，并且也不太难。在经济方面，井田的制度也未正式推翻，但自由买卖的风气已相当地流行。各国内部既已统一，小的纷乱当然减少到最低的限度；至此只有国际间的战争，而少见封建时代普遍流行的地方战乱。真正的外交，也创始于此时。贵族的侠义精神与礼节仪式发展到最高的程度。在不与国家的利益冲突的条件之下（有时即或小有冲突，也不要紧），他们对待国界之外的人也是尽量地有义有礼。国际的战争，大致仍很公开，以正面的冲突为主，奇谋诡计是例外的情形。先要定期请战，就是后世所谓"下战书"，就是欧西所谓宣战。"不宣而战"是战国时代的现象，春秋时代绝不如此无礼。晋楚战于城濮，楚帅成得臣向晋请战："请与君之士戏，君冯轼而观之，得臣与寓目焉。"这几句话，说得如何的委曲婉转！晋文公派人回答说："寡君闻命矣……敢烦大夫谓二三子，戒尔车乘，敬尔君事，诘朝请见。"答辞也可说与请战辞针锋相对。

战争开始之前，双方都先排列阵势，然后方才开战，正如足球戏的预先安排队形一样。有的人甚至宁可自己吃亏，也不攻击阵势未就的敌人。宋襄公与楚战于泓水，宋人已成列，楚人尚未渡水。有人劝襄公乘楚人半渡而突击敌军，宋君不肯。楚军渡水，阵势未成，又有人劝他利用机会，他仍拒绝。最后宋军战败，襄公自己也受了伤，并且后来因伤致死。这虽是一个极端的例，但却可代表春秋时代的侠义精神，与战国时代唯利是图的风气大异其趣。

春秋时代的战争，死伤并不甚多，战场之上也有许多的礼数。例如晋楚战于邲，晋人败逃，楚人随后追逐。晋军中一辆战车忽然停滞不动。后随的楚车并不利用机会去擒俘，反指教晋人如何修理军辆，以便前进。修好之后，楚人又追，终于让晋军逃掉！

虽在酣战之中，若见对方的国君，也当在环境许可的范围内恭行臣礼。晋楚战于鄢陵，晋将却至三见楚王，每见必下车，免首胄而急走以示敬。楚王于战事仍然进行之中，派人到晋军去慰劳，却至如此不厌再三地行礼。却至与楚使客气了半天，使臣才又回楚军。在同一的战役中，晋栾鍼看见楚令尹子重的旌旗，就派人过去送饮水，以示敬意。子重接饮之后，送晋使回军，然后又击鼓前进。两次所派到对方的都是"行人"，正式的外交使臣，行人的身命在任何情形下都是神圣不可侵犯的。

欧西的春秋时代，就是宗教改革与法国革命间的三个世纪，普通称为旧制度时代。欧西人对于利益比较看重，没有宋襄公一类的人，但封建时代的礼仪侠气也仍然维持。例如当时凡是两国交兵，除当然经过宣战的手续与列阵的仪式之外，阵成之后，两方的主帅往往要到前线会面，互示敬意，说许多的客套话，最后互请先行开火。过意不去的一方，只得先动手，然后对方才开始还击。到法国革命之后，就绝不再见此种不可想象的傻事了！

除较严重的战争场合外，一般士君子的日常生活也都以礼为规范。不只平等的交际如此，连国君之尊，对待臣下也要从礼。例如臣见君行礼，君也要还礼，不似后世专制皇帝的呆坐不动而受臣民的伏拜。大臣若犯重罪，当然有国法去追究。但在应对之间，若小有过失，或犯了其他不太严重的错误，国君往往只当未见未闻。路易第十四世，是欧西春秋时代的典型国君。他的最高欲望，就是作整个法国甚至整个欧洲最理想的君子。有一次一位大臣当面失态，使路易几至怒不可遏。但他仍压抑心中的怒火，走到窗前，把手中的杖掷之户外,回来说:"先生,我本想用杖打你的!"

英国伊利沙伯女王的名臣腓力·西德尼爵士是当时的典型君子。举止行动,言谈应对,对上对下,事君交友,一切无不中节。男子对他无不钦羡,女子见他无不欲死。他的声名不只传遍英国,甚至也广播欧陆。最后他在大陆的战场上身受重伤。临死之际,旁边有人递送一瓶饮水到他口边。他方勉强抬头就饮,忽见不远之处卧着一个垂死的敌人,于是就不肯饮水,将瓶推向敌人说:"他比我的需要还大。"一个人真正的风格气度,到危难临头时必要表现,弥留之顷尤其是丝毫假不得的。"人之将死,其言也善",是指罪孽深重临死忏悔者而言,那只是虚弱的表示,并非真情的流露。至人临死,并无特别"善"的需要,只是"真"而已。世俗之见,固然可看西德尼的举动为一件"善"事,但那是对他人格的莫大误解,他那行为是超善恶的,他绝无故意行"善"的心思。与他平日的各种举动一样,那只是他人格自发的"真",与弱者临危的"善"相差不可以道里计。后代时过境迁,对前代多不能同情地了解,春秋时代的理想人格是最易被后代视为虚伪造作的。当然任何时代都有伪君子,但相当大的一部分的春秋君子是真正的默化于当代的理想中。

三

我们举例比较,都限于中国与欧西,因为这两个文化可供比较之处特别地多,同时关于它们的春秋时代,史料也比较完备。此外唯一文献尚属可观的高等文化,就是古代的希腊罗马。希腊文化的春秋时代,是纪元前六五〇年左右到亚历山大崛起的三百年间。当时的历史重心仍在希腊半岛,雅典与斯巴达的争雄是历史的推动力,正如中国的晋楚争盟或欧西的英法争霸一样。当时的希腊也有种种春秋式的礼制,凡读希罗多德的历史的人都可知道。侠义的精神,尤其大国对大国,是很显著的。雅典与斯巴达时断时续地打了四十年的大战之后,雅典一败涂地,当时有人劝斯巴达把雅典彻底毁灭。但斯巴达坚决拒绝,认为这是一种亵渎神明的主张。柏拉图与亚里斯多德的哲学使命,都在斯巴达侠义的一念之下,日后得有发扬的机会。

上列的一切,所表现的都是一种稳定安详的状态。春秋时代的确是稳定安详的。封建时代,难免混乱;战国时代,过度紧张。春秋时代,这两种现象都能避免。国际之间,普通都以维持均势为最后的目标,没有人想要并吞天下。战争也都是维持均势的战争,歼灭战的观念是战国时代的产物。在此种比较安稳的精神之下,一切的生活就自然呈现一种悠闲的仪态,由谈话到战争,都可依礼进行。

但历史上的任何阶段,尤其是比较美满的阶段,都是不能持久的。春秋时代最多不过三百年。中国由吴越战争起,欧西由法国革命起,开始进入战国。贵族阶级被推翻,贵族所代表的制度与风气也大半消灭。在最初的一百年间,中国由吴越战争到商鞅变法,欧西由法国革命到第一次大战,还略微保留一点春秋时代的余味。但那只是大风暴前骗人的平静,多数的人仍沉湎于美梦未醒的境界时,惨酷的、无情的歼灭战,闪电战,不宣而战的战争,灭国有如摘瓜的战争,坑降卒四十万的战争,马其诺防军前部被虏的战争,就突然间出现于彷徨无措的人类之前了。

春秋遗风:

昔者赵简子使王良与嬖奚乘,终日而不获一禽。嬖奚反命曰:"天下之贱工也。"或以告王良,良曰:"请复之。"强而后可。一朝而获十禽,嬖奚反命曰:"天下之良工也。"简子曰:"我使掌与女乘。"谓王良,良不可,曰:"吾为之范我驰驱,终日不获一;为之诡遇,一朝而获十。《诗》云:不失其驰,舍矢如破。我不贯与小人乘,请辞。"

——孟子

战国精神：

抑王兴甲兵，危士臣，构怨于诸侯，然后快于心与？王曰：
"否。吾何快於是？将以求吾所大欲也。"曰："王之所大欲，可
得闻与？"王笑而不言。曰："为肥甘不足於口与？轻暖不足於
体与？抑为采色不足视於目与？声音不足听於耳与？便嬖不
足使令於前与？王之诸臣，皆足以供之，而王岂为是哉？"曰：
"否，吾不为是也。"曰："然则王之所大欲可知已。欲辟土地，朝
秦楚，莅中国而抚四夷也。"

——孟子

（原载《战国策》半月刊 1941 年 1 月第 15、16 期合刊）

春秋时代政治与社会

　　传统中国所谓帝王专制的政治制度与所谓士农工商的四民社会，实际成立于战国时代。不过当时的列国局面，使专制好似并不专制，使社会好似仍无定型，经过了秦与西汉二百年的大一统之局，战国时代已经成熟的一切才完全表面化，呈显一般所公认的传统中国文化的政治社会形态。在此之前，穿过春秋时代，有殷商西周五六百年的封建时代。封建时代有两个大的阶级。权利阶级称士或士族。士受封土或爵禄，称贵。所以贵人是士族阶级中积极参加政治的一部分。贵是政治的名词，士是社会的名词。若撇开政治地位不谈，由天子以至一般士子，大家都是士，甚至可说都是平等的。《仪礼·士冠礼》讲得最透彻："天子之元子，犹士也，天下无生而贵者也。"但只有士才可贵可贱，平民永是贱的。士都有贵的机会，最少可说都有贵的资格。与士族相对的平民阶级，称庶人、黎民或黎庶，分而言之，又称"农商工贾"。① 工与商贾占庶人中的一小部分，多数的庶人都是农夫。农夫都是佃奴，附属于田地，不能自由离开，须世代地为士族农耕，士族也不能随意地剥夺他们的农耕的权利。

　　介乎这个阶级严明的封建时代与阶级不明的传统中国之间的，有春秋时代。就政治社会制度的根本上言，春秋时代是中国文化发

---

① 《左传》宣公十二年夏，有"商农工贾"之词。《国语》卷一《周语上》："庶人工商，各守其业，以共其上。"所谓"庶人"就是农夫，"上"当然是士。

展上一个大的过渡时代。此时士族仍为政治社会的重心,政治仍操在士族之手。但士族至此已失去西周以上自立自主的地位,列国内部已经统一,现在士族是在国君的笼罩之下当政。士族阶级的发展,由礼制方面言,达到成熟的阶段,"君子"的观念发展完成,成为一种富有内容的理想。但同时士族阶级的衰微也由春秋时代开始。宗法制度是士族社会的基础,至此渐趋破坏。平民也渐兴起,平民有的起而为"士",士族也有的降为平民。工商业兴盛,平民中出了一些资本雄厚的商人,即或未能干政,在社会上已成了不可忽视的一种新兴势力。最晚到春秋末期,平民中已有人出来议政,而特权的士族不敢随意干涉或禁止。

一、世卿

世卿的制度,就是少数士族之家世世代代为大贵族并操国政的制度,在封建时代就已成立。例如王畿之内自周初就有周公召公,世传不绝;春秋初年齐国即有高氏,也是西周时传下的世卿之家。世卿之家的子弟得为高官,但并非必为高官或每个子弟都为高官。西周时代"世官"的制度恐怕非常流行,父为司徒,子子孙孙往往袭职。郑桓公为王室的司徒,子武公袭职,后来又升任卿士。武公子庄公为卿士。这个西周末东周初的例,大概可以代表西周时代一般的情形。① 春秋时代,国君统一列国,不愿士族享受"世官"的权利。齐桓公在葵丘之会的盟书中规定"士无世官",禁止官位的当然世袭;"官事无摄",不准大士族之家兼职揽权;"取士必得",就是封官必须"得"人,"得"的标准当然操在国君之手。② 前此士族,尤其世卿之家,可以把持全国的政治,现在国君大致统一全国,国君靠世卿与

---

① 郑伯世为王官,见《国语·郑语》;《左传》隐公三年。
② 葵丘之会,见《左传》僖公九年,盟词见《孟子》卷十二《告子下》。

一般士族帮助他维持国运，世卿与士族由国君得官得权。但现在官位的支配权操在国君之手，不再似封建时代官位的当然世袭或多数世袭。到春秋时代，只有世卿子弟才能为高官的制度，是西周时代世官制度的仅余的痕迹。

世卿的制度各国不同。晋国自献公屠杀公族后，世卿中没有近亲的公族，远族的姬姓也只有韩魏二氏，其他的世卿似乎都是异姓。但晋国地势多山，利于割据，所以世卿特别发达，势力也特别地大。鲁国最为保守，宗法制度盛行，所以世卿都是公族。在春秋时，出于桓公的三家，所谓三桓，地位特别重要，其中季孙氏尤强。其他的鲁国世卿也都是公族出身。楚国也重用公族与公子，但有罪必诛，权势不似鲁国三桓的强大。其他各国大概都不出以上三类，或为三者的斟酌损益之制。只秦国的情形无考。春秋时代秦与中原的关系，最少在文化上仍然不深，所以《国语》《左传》以中原为重心的作品对秦国的内情都少提到。[1]

春秋时代政治已甚繁复，官位甚多。一般的士族子弟只能占有政治上的次要地位与下层地位。较高的地位多由世卿之家的子弟包揽。执政的首相之位，尤非普通士族所能企望，春秋各国的首相都是由公子或世卿担任。

二、君子观念

"君子"为士族阶级男子的尊称，本是纯阶级的名词。但在封建时代恐怕就已有许多伦理的与理想的意义渐渐渗入其中。进到春秋，理想的君子观念发展到极点，有许多士族子弟也极力想要达到理想的标准。周代传下的六艺教育仍旧，但至此这只能说是士族子弟最起码的训练。六艺之外，此时又添了各种比较高深与专门的科

---

[1] 世卿制度的记载，散见《左传》《国语》二书。顾栋高《春秋大事表》中分析颇为精到。

目,最少一部士族子弟是要学习的。一种流行的科目是"春秋",就是本国的历史,是各国史官所修的官史。第二种新的科目称"世",就是天下各国的通史,也为士族子弟所习。两种历史,除供给史实的知识外,又有以过去的事实作为劝戒的作用。三,"诗"是古代与当时诗品的选集,选本甚多,最后才标准化为传到后世的三百篇。政治活动与外交折冲常须赋诗,所赋的都是古诗,所以诗教是政治教育的一种必修科目。四,"令"是国家的官法时令,《国语·周语》中提到夏令、先王之令、周之秩官,都属此类,性质近乎宪法与法律的研究。五,"语"是古人的名言嘉句,战国时代传到后世的《国语》仍有此种意味,等于一种实行的伦理学。六,"故志"或"前志"是私人的作品,是半历史半哲学的文字,所讲的是政治思想与政治哲学。《左传》《国语》中所屡次引到的史佚之志属于此类。七,"训典"是《尚书》类,乃天子诸侯或卿士的正式训词或记事的档案,或后人附会的此种作品,传到后世的《尚书》中有《尧典》,佚书有伊训与高宗之训,古代所传的三坟五典大概都属此类。①

以上这一切的科目,王侯的子弟或世卿的子弟都有专请的师傅在家教授。另外,学校的内容大概也渐充实,除六艺外,最少这些新科目中的一部分成为多数学校的教课,凡士族子弟想要成为理想的君子的,都可入学受教。

教育的目的是训练理想的君子。君子的人格,据当时的一种说法,应当合乎下列的十二条标准:

（一）忠——"明施舍以导之忠"。

（二）信——"明久长以导之信"。

（三）义——"明度量以导之义"。

（四）礼——"明等级以导之礼"。

（五）孝——"明恭俭以导之孝"。

---

① 《国语》卷十七《楚语上》"楚王使士亹傅太子箴"一节,讲到士族教育的高深科目。

（六）事——"明敬戒以导之事"。

（七）仁——"明慈爱以导之仁"。

（八）文——"明昭利以导之文"。

（九）武——"明除害以导之武"。

（十）罚——"明精意以导之罚"。

（十一）赏——"明正德以导之赏"。

（十二）临——"明齐肃以导之临"。[①]

君子的人格在理论上应当完善无缺，所以郤縠因"说礼乐而敦诗书"而得将中军，就是作晋国的首相。[②] 由《左传》《国语》中所记载的许多故事，我们可与上列十二条理想的标准对照，知道春秋时代君子人格具体表现的大概。例如，第一，君子当知识丰富，一事不知也是君子之耻。第二，"士可杀，不可辱"。士大夫有罪，多自杀，不待国君或国法的制裁。如果自认有罪，君虽不加责备，君子也往往自罚或自戮。君子受辱必报，但如受君上的诬枉，义不得报，就自杀以示抗议。第三，忠于君命，从一而终，也是君子行为的一个标准。己受君命，必须将使命完成，否则死于君命。此外对朋友，对他人，也要言而有信。第四，君子勇而不鲁，粗野的蛮勇是可鄙的；君子绝不畏死，但也不似野人的横冲直撞。第五，君子善于辞令，在国内，尤其在国外，须能应对如流，不辱君国。第六，君子绝不自矜，一个人尽可文武全才，但不骄傲，也不在不适宜的场合显示本领。第七，君子必须有礼。古诗中所谓"人而无礼，胡不遄死？"可代表理想君子的最高行为标准。其他即或皆合标准，如果没有礼法作为陪衬，一切皆属枉然。君子的一言一行、一举一动，必须处处合节，方是春秋时人所佩服的标准男子。

---

① 《国语》卷十七《楚语上》。

② 《左传》僖公二十七年。

三、士族之渐衰

历史上向来没有能够维持永久的权利阶级。撇开一切其他的问题不谈,生物学上的自然趋势就是无可飞渡的难关。权利阶级生活优裕,人口增加率必定高于社会平均的标准。最后多数的士族子弟必定也无土地,也无官位,实际与庶人无异。粥少僧多,争夺必烈,失败者往往降为庶人,甚至堕为奴隶。春秋时代此种例证甚多。据《左传》,襄公二十七年齐国的庆封灭崔氏,"尽俘其家",世卿之家的士女一旦都堕为奴婢。昭公三年,追述晋国的情形:"栾、郤、胥、原、狐、续、庆、伯,降在皂隶。"据《国语·晋语九》,晋国的范与中行二氏失败后,族人逃往齐国,降为平民。昭公三十三年,"三后之姓,于今为庶"。所谓夏商周三代的子孙到春秋时代也多已成为庶人。

到春秋时代,连未降级的士族子弟也多有贫贱不堪,非克苦求禄不可的。《左传》宣公二年,追述赵宣子田猎时遇到灵辄的故事,讲到灵辄在外求学三年,自己几乎饿死,同时也不知母亲是否仍然在堂。这种贫苦的士子,在当时恐怕并不是例外的。

在士族趋于衰微的春秋时代,士族所依赖的宗法制度与大家族制度也渐渐不能维持。大家族制度是士族阶级与封建社会的基础,主要的象征有二:一为婚礼与严明的嫡庶分别,一为三年丧与丧服制度。这些制度本身无大关系,但它们是大家族与封建社会的维系绳索,一经松解后,整个的封建机构与士族团体就随着倾倒了。齐桓公召聚葵丘之会,盟约中明载混乱嫡庶的禁条:"无易树子,无以妾为妻。"[1]前不久周惠王曾想废太子而立庶子,葵丘的约条虽直接对此而发,但春秋时代废嫡立庶或以妾为妻的事相当普遍。这也是士族阶级中纷争日多混乱日甚的一种表现。三年丧的制度,据《孟

[1]《孟子》卷十二《告子下》。

子》的记载，保守的鲁国就早已不行此礼。① 孟子虽未明言三年丧由何时废弃，但由春秋末年孔子的极力提倡，正可看出三年丧早已不为一般人所遵守。天下通行而毫无问题的事，是不需任何人提倡的。"三年丧"一词是只就守丧的极期而言，族中每死一人，少数人守丧三年，其他按血统远近，守丧九月、五月、三月不等。封建的基础在家族，庞大家族的基础在礼制，最足表示礼制精神的就是远近分明的三年丧制。三年丧的废弃，象征整个封建社会的趋于破裂。

四、平民之渐兴

士族之衰与平民之兴是一种变化的两方面。春秋时代，少数庶人升为士族；平民出身的工商阶级势力渐大，由侧面开始参政；士庶趋于不分之后，士庶的生活标准与生活方式也渐混淆。这三种发展，都象征庶民的开始得势。

管仲变法的齐国是最早允许平民的子弟进入士伍的。② 管仲规定，凡农家出身的优秀份子皆可为"士"。"士"在当时有两种含义：一是"兵"，一是"特权阶级"，两者是一而二二而一的。封建时代只有特权阶级能当兵，所以"士"字既可解为"特权阶级"，也可解为"兵"。正式进入国家军队的人，无论出身如何，当然就成为特权阶级。齐国以外的情形无考，但大概有同样的发展。然而在春秋末期之前，此种情形恐怕仍属例外，各国的士族仍多为殷周时代传下的旧族，世卿阶级没有例外的全为旧族。

工商业在封建晚期必已开始发达。平王东迁，西周之地的商人有的随迁，许多都随郑武公到东方建设新的郑国。③ 进到春秋，商业

---

① 《孟子》卷五《滕文公上》。
② 《国语·齐语》。
③ 《左传》昭公十六年，子产说："昔我先君桓公，与商人皆出自周，庸次比耦，以艾杀此地，斩之蓬蒿藜藋，而共处之，世有盟誓，以相信也。"

愈盛，最少中原一带，尤其郑国，有少数富商活动的范围已遍天下。僖公三十二年，秦师袭郑，适逢郑商弦高、奚施二人将往周畿经商，路遇秦师，遂矫郑君的命劳师。一面奚施回国告警，一面由弦高冒充使臣。能够摆出使臣的架子，随从的人必多，商业的规模相当地大。犒师时，辞令得体，举止自然，使秦人不能看出破绽，证明商人的知识程度甚高，对士族的礼制也甚熟习。此外，弦高、奚施的行为并可证明商人已有爱国的思想，对于国事的热心已不是士族所专有。①

《左传》成公三年，追述晋卿荀䓨在楚的故事。荀䓨在楚为战俘，一个郑国的商人暗中谋将荀䓨救回晋国，事未成熟而楚已将荀䓨释归。后来郑商到晋活动，荀䓨把他当恩人看待。但郑商不肯无功受禄，赶快离晋往齐。此事证明国际商人的活动并不限于两国之间，此商由郑而楚，由楚而晋，最后由晋而齐，已经走遍当时天下的大半。同时我们又可看出，商人也有士族的道义观念，并不专以利为事，无功不愿受赏。

商贾的地位并且受有国家的保障。昭公十六年，晋卿韩宣子聘郑，要强向一个郑商购买宝环，郑商不欲出卖，宣子请郑国的执政子产代为设法，子产不肯，并说明郑国的政府自从随平王东迁之后就与商人立有誓约，政府绝不向商人强制购买。

大商贾并不限于郑国，晋国首都所在的绛也有富商，"能金玉其车，文错其服，能行诸侯之贿"，可以富埒王侯。② 其他各国也必有同样的富商大贾。但这些人尽管阔绰，却"无寻尺之禄"，在政治上仍无地位，春秋时代的政治大体仍操在士族之手。

平民在法律上虽无政权，但于社会上的地位提高后，很自然地也要干政。孔子曾经愤慨地说，"天下有道，则庶人不议"，可见最晚

---

① 秦袭郑的故事，见《左传》僖公三十二年及《吕氏春秋》卷十六《先识览第四·悔过篇》。《吕氏春秋》的记载较详。
②《国语·晋语八》。

到春秋末期庶人议政的已经很多。① 但此种风气的开始，恐怕早在孔子之前。并且议政的当然不限于平民。据《左传》的记载，郑国的人常到乡校谈论国事，似乎是士庶都有。此段记载，在襄公三十一年，其时孔子方十岁，可见议政的现象来源甚远。据《左传》的语气，乡校议政并非方才发生的事，而是已有相当时期的历史的一种风气。

平民中一部富庶之后，封建时代士庶之间日常生活的贵贱之分必定难以维持。衣服文绣，每日肉食，是士族的特权。布衣素食，是平民的本分。但富商大贾在生活习惯上要摹仿士族，是很自然的事，国家虽想禁止，也难生效。子产主持郑国，规定"上下有服"，衣裳的制度要恢复旧日的上下之分。郑国的人当初对此极力反对，后来子产的政策虽然相当地成功，但这种成功恐怕也是暂时的。② 饮食为各人家中的私事，更难管理，所以子产根本未曾规定。

一部平民的生活豪侈，同时许多士族之家的生活反倒趋于寒酸。季文子历相二君，为鲁上卿，衣食节俭，"无衣帛之妾，无食粟之马"。有人劝他不必如此自苦，文子说："吾亦愿之。然吾观国人，其父兄之食粗而衣恶者犹多矣，吾是以不敢。"所谓"国人"，就是鲁国首都曲阜城中的人。首都中的人虽不见得都是士族，但士族必甚多。并且平民当然"食粗衣恶"，不足为奇，季文子所谓衣食甚苦的父兄必指鲁国士族中的贫苦长老而言。③

五、大革命的开始

春秋时代已不是纯粹的封建时代，但封建的士族阶级仍然存在。上面所举的各种社会变化，象征半封建的春秋制度到后来也不

① 《论语·季氏篇》。
② 《左传》襄公三十年。
③ 《国语·鲁语上》。

能维持。彻底的革命是春秋末战国初的事,上列的变化是大革命将要来临的征兆。

春秋时代工商阶级势力日大,到末期政治社会渐趋混乱,各派竞争时必不免有人援引工商为同党,工商阶级也自动地想乘机参政。此种经过,可惜记载简略,只关于周室的王子朝之乱有较易捉摸的痕迹。周景王(公元前五四四至前五二〇年)崩,太子猛立,为悼王,不久又崩,弟匄立,为敬王(公元前五一九至前四七六年)。王子朝争位作乱,同党的人除近族的子弟外,尚有旧日因故丧失职位的失意百工。王室本来养有许多工人,在法律上为佃奴,此种工人繁衍之后,有人不免失业,成了现成的捣乱份子。百工的势力甚大,人数必定很多,可能也有未失业的百工加入,所以王党也极力拉拢,与他们定盟,强求他们背叛子朝。不久百工又反复,仍与子朝同乱。公元前五一八年晋遣使到王城问明周乱的曲直,召聚民众大会,请公意表决。看当时的情形,所召的不只士族,平民百工也在内。民众大会拥护敬王,盟主的晋国于是也决定承认敬王。到公元前五一六年晋败王子朝,乱平。但王城中子朝的余党仍多,须靠诸侯派兵戍守,敬王方能安于其位。公元前五〇九年晋率诸侯重修规模较小或已残破的成周,请敬王迁都,诸侯的戍卒始得归国。①

子朝之乱,因记载不详,意义不甚清楚,但平民参加春秋末期的内乱,则是无可置疑的事。公元前四七〇年卫乱,也有匠人参加,许多工匠没有兵器,以斫木所用的刀当为兵器。一般平民,尤其是工商人,参加各国的内乱,在春秋末战国初大概是很普遍的事。可惜关于这个时期,前后一百年间,史料非常缺乏,不知多少惊天动地的故事千古湮没,不知多少轰轰烈烈的人物名氏无存。我们所知道的,只是最后的结果:到历史的局面又比较清楚的时候,以血统为标准的士族阶级已不存在,天下各国的人民在法律上已都是平等的国

---

① 敬王与王子朝争位之乱,见《左传》昭公二十二年至定公元年。

民,若再有高下的分别,那只是职业的不同与身份的差异了。在根本上,这已就是我们后日所熟知的士农工商的所谓四民社会。

政治与社会相辅而行;社会既变,政治必变。春秋时代,各国的国君虽然统一境内,大权虽已在握,但因一切的行政必须经由士族出身的官吏之手,政府的高位必须由世卿之家的子弟占有,士族与世卿对于君权有形无形间是一个很大的牵制力量,春秋时代的诸侯绝不是专制独裁的国君。士族推翻,四民的社会成立,全民平等之后,平等的含意或者很多,但在实际政治上的一个重大含意就是全民在国君前一律平等,平等地受国君的统治。战国时代各国的国君,是中国历史上最早的专制独裁的国君。秦始皇帝统一天下后的种种设施,并无新奇,在根本上是战国时代已经成熟的现成制度。

（原载清华大学《社会科学》1947 年 4 卷 1 期）

东周秦汉间重农抑商的理论与政策

殷商西周的封建时代,商业的情形无考。在封建时代,农业为社会的基础,当时的商业,范围一定甚狭,势力一定甚微,除西周晚期由封建将转到列国的时候,商业或已开始抬头外,在大部的商周时期商业是不成问题的。进入春秋,商业逐渐发达。到战国时代,商业才有独当一面的地位。秦汉大一统,商业虽盛,但国家的政策与社会的心理都已对商业不利。秦始皇统一天下,似乎就已开始推行重农抑商政策,自此在人心中造成商业为末业的观念。这种观念一直维持了二千年,近世与欧美接触日繁,轻商的传统才发生动摇。春秋战国秦汉间的商业理论与商业政策,是经济方针与社会心理上的一件大事,史料虽然不多,现有的史料已足使我们看出一种发展的道理。

一、春秋时代

春秋时代,封建制度方才崩溃,商业方才开始重要,当时无论在各国政府的行政设施上,或在一般人的意识中,对工商业与农业一视同仁,并无歧视的痕迹。当然农业仍为社会的经济基础,当时的一个人如果探讨或分析社会的情况,毫无疑问的是要承认农业的重要性远在工商业之上。但那只能说是事实问题,在国家的政策与时人的思想中,工商业似乎并未被认为是应当特别限制或压迫的一种活动。关于行政方面，可以卫文公与晋文公两个国君为例：

卫国遭受狄祸，国家临时灭亡。复国后，卫文公"务材，训农，通商，惠工，敬教，劝学，授方，任能"①。

晋国经过长期的混乱，公子重耳归国即位，就是历史上的晋文公，晋国开始安定富强。文公的设施为"轻关，易道，通商，宽农，懋穑，劝分，省用，足财"②。

以上两段记载，用意都在称赞两君政策的正确，两段中都把工商业与农业并列，看不出有丝毫的轻重之分。由当时人说话中所表现的时代意识，也可举二例：

有一次，周室的内史过说："庶人工商，各守其业，以共其上。"③又一次，晋国的世卿随会论及楚国时说："商农工贾，不败其业。"④第一段中的"庶人"，就是指农民而言。两段谈话中，都把农商视为当然地同等重要。然而农人与商人之间有一点分别，须要指明的，就是商人在政治上仍无地位，而农民中少数的优秀子弟则可假借入伍的机会，取得贵族阶级的地位。⑤然而此种办法所影响的，恐怕只是农家子弟中的极少数；就全局而论，农商之间所受的待遇仍可说是相同的。

二、战国时代

春秋末，战国初，商业开始大盛。特别可以注意的，就是经商的已不仅是平民；士族子弟，甚至曾为高官的人，也可成为最成功的大商贾。前此《左传》《国语》中，每次记载商人的故事，那些商人似乎都是庶民。晋卿荀罃在楚国所遇到的一位郑国商人，自称为"小

---

①《左传》闵公二年。
②《国语·晋语四》。
③《国语·周语上》。
④《左传》宣公十二年。
⑤见《社会科学》第四卷第一期拙著《春秋时代政治与社会》一文的第四段"平民之渐兴"。

人",显然的是平民。① 此商足迹遍天下,但书中没有提到他的名氏,出身卑贱的"小人",在当时的心目中并不感到他的名氏有记载的价值。在春秋末以前,只有两位商人的名氏传于后代,就是弦高与奚施。这是因为他们二人解救了郑国,直接影响了政治。② 这是一个特殊的例外,由这例外更可清楚地看出通例:凡是经商的,无论是大贾或小贩,都是无名的小人。

春秋战国之交,情形大变。孔门大弟子之一的子贡,在历史的记载中,是第一个士族子弟而经营货殖的人。子贡善于辞令,在孔门四科中列于"言语"之科,《左传》中屡次记载他的应对之辞。在孔子的眼目中他是颜回以下的第一人。③ 颜回短命,所以后来子贡可说是孔门的首席大弟子,这或者可以解释孔子死后子贡单独守丧六年的逾越礼制的表示。④ 子贡才气甚盛,不够含蓄,喜欢臧否人物,孔子有时警戒他不要锋芒过露。⑤ 如此一个才盛气露、热情爽快的人,对于过度恶劣的环境感到不耐,不肯消极地忍受,而要积极地克服。《论语·先进篇》孔子有对于颜回、子贡二人比较评论的一段话:"回也其庶乎,屡空。赐不受命,而货殖焉;亿则屡中。"这一段话,短短几句,把两人形容得极为透澈,真可谓知徒莫若师了。孔子一面称赞颜回的庶乎近道,虽然一贫如洗,仍然无动于中,一面又指出子贡的不肯乐天知命,安于贫困,而不惜去经商以求物质生活的优裕。但孔子不得不承认,他这位弟子是经商的能手,善于判断行情,"亿则屡中",所以很少亏折,每每赢致厚利。由这一段话可知孔子生时子贡已开始经营货殖。孔子死后,子贡的商业活动更为发

---

① 《左传》成公三年。
② 《左传》僖公三十二年;《吕氏春秋》卷十六《先识览第四·悔过篇》。
③ 《论语·公冶长篇》,孔子问子贡:"汝与回也孰愈?"是孔子认为他可与得意的门生颜回相比。
④ 《史记·孔子世家》。
⑤ 《论语·宪问篇》提到子贡"方人",就是批评人,孔子用讥词警戒他说:"赐也贤乎哉!夫我则不暇。"

达,最后他竟结驷连骑,聘享诸侯,所至列国之君无不分庭与之抗礼。① 可见在春秋战国之交,重财富之风已起,士族子弟已不视货殖为贱业,因货殖起家的人也已为人所尊重,甚至可与人君"分庭抗礼"。

与子贡同时而经商行为晚于子贡的一个人,就是范蠡。② 据谓范蠡在辅越成功后,告老退隐,化名经商,屡致巨富。范蠡弃官从商的故事是否完全可靠,已难确考,但所可注意的就是在春秋战国之交能有这样的一个故事。再早,此事为不可能的;再晚,此事也就不足为奇。只有在这个当口,此事才有历史的意义。

战国时代,富商大贾遍天下,流动资本成了一个不可漠视的力量。关于化名为陶朱公的范蠡,有他以金钱影响楚国的政府,使楚国发布大赦令,以便他自己的儿子出狱免死的故事。此事虽未成功,但非金钱不灵,而为奔走的人拙笨之过。③ 战国晚期,大贾吕不韦在赵国看到一位留作人质的秦国公子,不禁地喊"奇货可居",真是十足的商人口吻,语妙千古。他靠著金钱的势力,竟能使这位可怜的公子成为秦国的太子,他自己也借此封侯拜相。这是历史上有名的一笔一本万利的生意。④

也就在商业发达,富商大贾特别活跃的战国期间,重农抑商的理论在思想界出现,思想家开始称农业为"本",称工商为"末","舍本逐末"成了许多思想家所共同攻击的一种趋势,认为国家应该尽量提倡农业,扶持农民,压抑商业,管制商民。⑤ 这种重农抑商的说

---

① 《史记·货殖列传》。
② 范蠡晚年退隐,化名经商的故事,见《越绝书》及《史记·越王勾践世家》《货殖列传》。
③ 《史记·越王勾践世家》。
④ 《战国策·秦策》;《史记·吕不韦列传》。
⑤ 以农为本,以商为末的说法,见《荀子·富国篇》《君道篇》《天论篇》《成相篇》;《韩非子·诡使篇》《八说篇》《五蠹篇》;《吕氏春秋·上农篇》。《吕氏春秋》竟也提倡重农抑商的说法,未免奇怪。但《吕氏春秋》并非吕不韦个人所撰,乃是他一群门客的集体写作,他自己对全书究竟了解到如何的程度,颇成问题。并且他既已位极人臣,也不妨摹拟斯文,不惜忘本!

法，最早倡于何人，颇难断定；战国时代各国是否已开始实行重农抑商的政策，也不得知。普通所谓商鞅变法时秦国就已提倡本业管制末作，颇有可疑，司马迁在写商鞅传时，大概是根据《商君书》中的理论而认为商鞅已开始实行此种政策。《商君书》乃后日的法家以商鞅为题目而发挥自己的思想的书，例如其中有名的"农战"一篇，所讲的道理就是《韩非子》中的所谓"耕战"。就人言，商韩二人相隔百年；就书言，商君书较《韩非子》恐怕早不了许多。《商君书》究为何人所撰，今日已无从稽考；为慎重计，我们仅能说，这是战国后半期，在商鞅死后恐怕已经数十年，由一个或几个志同道合的人所写的历史与理论参合的一本书。此时国际的战乱日多，战争的规模日大，农事有时不免荒废，而投机取巧性的商业行为成了战乱环境之下的一种既时髦且易致暴富的途径，成了增加社会的不安与推进财富分配的不均的一种恶势力。所以此时新兴的一派思想家，就是所谓法家，极力地攻击商人，推崇农民，"本末"的名词大概就由他们这一批人所创。在战国时代，我们不敢说一定没有任何一国曾经实行抑制商业的政策，但由战国将近结束时的《韩非子》一书仍极力批评当时各国不知重农抑商的一点看来，似乎这一套理论始终是理论，没有任何一国能够认真地把抽象的理论化为具体的政策。韩非痛切陈辞，说：

> 夫明王治国之政，使其商工游食之民少而名卑，以寡趣本务而外末作。今世近习之请行，则官爵可买；官爵可买，则商工不卑矣。奸财货贾得用于市，则商人不少矣。聚敛倍农，而致尊过耕战之士，则耿介之士寡，而高价之民多矣。①

当时手中持有流动资本的"高价之民"甚多，他们有时甚至可以金钱买得官爵。把这种情形与陶朱公行贿影响国政的事合观，可知资本

---

① 《韩非子·五蠹篇》。

的作祟在战国时代确已成为一个引起有心人注意的问题。我们不可过度强调此点，资本的势力绝未达到近代欧美的程度，但其发展已使有些人感到不安，则不可否认。法家反对工商业的说法就是在此种情形下应运而生的。荀子虽属儒家，但接近法家，所以也倡导此说。

三、秦汉时代

汉代，自汉高帝起，就有管制商人的记载。汉朝草创时的一切，几乎都是抄袭秦朝，这件事也必有所本。可惜秦朝的史料传于后代的太少，我们寻不到关于此点的具体叙述，惟一的痕迹就是始皇二十八年（统一天下后二年）的琅邪台刻石，其中有如下的几句：

> 皇帝之功，勤劳本事；上农除末，黔首是富。①

上引第二句中的"本事"就是第三句中的"农"，第三句中的"末"当然就是商业。秦始皇如何"除末"，不得而知，但汉代的"除末"政策，尚可知其大概如下：

（一）服饰的限制——高帝禁商人衣锦绣，操兵器，乘车骑马。②

（二）商人不得为官，文帝曾有此禁令。③

（三）商人不得名田——商人及家属皆不得有田产，违者没入田货。④

（四）市籍——商贾须正式取得市籍，方得经商。⑤市籍的功用有三：便于管理，便于调遣，作为征税的根据。

（五）管理与限制——商人多兼营金融业，称子钱家，也有人专

---

① 《史记·秦始皇本纪》。

② 《汉书·高祖纪》八年。

③ 文帝禁商人为官，见《汉书·贡禹传》。《景帝纪》后元二年也提到此令。

④ 《汉书·食货志》。

⑤ 《汉书·何武传》。

营金融。国家似乎以二成为利息的定制。① 但息重有达一倍的,政府恐怕是防不胜防。② 列侯营子钱,取高利,时常被发现,因而受处分。③

(六)商贾的调遣——汉代名为征兵,但很早征兵就不能维持,时常有强迫调遣的事发生。按制,有七科谪:

> (1) 吏有罪;
>
> (2) 亡命;
>
> (3) 赘婿;
>
> (4) 贾人;
>
> (5) 故有市籍;
>
> (6) 父母有市籍;
>
> (7) 大父母有市籍。④

按法,在随时可以调遣从军或守边的七种人中,商贾居其四:现有市籍,旧有市籍,上一代有市籍,上两代有市籍,都是被调的资格。汉一统后,人渐视当兵为畏途,国家把这个苦差事特别加在商人身上。

(七)征税的繁重——汉代政府管的事多,所征的税也远较后世为繁重,在这繁重的税制中商人纳税尤多:

> (1) 市籍租——市籍租是每年缴纳的营业税,税额不详,似乎甚重,例如临淄的市租,一年千金。⑤
>
> (2) 算赋加倍——汉代成年人的人丁税称算赋,每人每年一百二十钱,在谷最贱时可到五个钱一石的情形下,这在当时是一般人民最重的一种担负。有市籍的人要加倍缴纳算赋。⑥

---

① 《汉书·货殖列传》:"岁万息二千。"
② 《汉书·食货志》中引晁错语。
③ 《汉书·王子侯表》。
④ 《汉书·武帝纪》太初四年注。
⑤ 《汉书·高五王传》。
⑥ 《汉书·惠帝纪》六年,应劭注引汉律。

（3）缗钱——是汉武帝新添的商业税。① 一般商人二千钱纳一算，就是一百二十钱，小本营生的"诸作"四千钱纳一算。

（4）算车船——也是武帝的增税。② 人有车船，每年一算，商贾有车船，二算，正如算赋的加倍。商人本不许乘车，但此禁后渐废弛，最后法令承认事实，只不过向商人征收较重的车税而已。

法令虽如上定，但自战国以下日趋活跃的商业并不是专靠法令就可压抑的。晁错曾向文帝上书，说：

> 商贾大者积贮倍息，小者坐列贩卖，操其奇赢，日游都市，乘上之急，所卖必倍。故其男不耕耘，女不蚕织，衣必文采，食必粱肉，亡农夫之苦，有仟伯之得。因其富厚，交通王侯；力过吏势，以利相倾；千里游敖，冠盖相望；乘坚策肥，履丝曳缟。此商人所以兼并农人，农人所以流亡者也。今法律贱商人，商人已富贵矣；尊农夫，农夫已贫贱矣。③

商业的本质，惟利是图；只要有利，任何阻碍都可克服，国家正式的法令也很少能够真正限制商业的活动。上面晁错的话，诚然是慨乎言之，但思想家的反对与法令的拘限都不能牵制商业的发展。晁错后将近三百年，王符的观察大体仍是如此：

> 今举俗舍农桑，趋商贾：牛马车舆，填塞道路；游手为巧，充盈都邑。治本者少，浮食者众。④

汉代无论政府，或读书人的言论，都一致地压抑商业与商人。原因仍与战国时代相同，此外或者还有大一统时代所独有的原因。商人即或不影响政治，不暗中有时操纵政治，专其囤积居奇一项就是一

---

① 《汉书·武帝纪》及《食货志》。
② 《汉书·食货志》。
③ 《汉书·食货志》。
④ 王符《潜夫论·浮侈篇》。全篇所描写的，都是商业、投机与社会的奢侈习惯。

个大的扰乱力量。汉朝初立,因方经过长期战乱的破坏,社会物资匮乏,商人居奇,米到每石万钱,马到每匹黄金百斤。[1] 这是汉朝开国时的情形,所给予新政权的印像当然恶劣,高帝限制商人生活享受的几条法令或者与此不无关系。

此外可能还有一个很重要的原因,就是大一统的皇帝力求社会安定的心理。农业社会凿井而饮,耕田而食,根本不问政治,更谈不到积极去影响政治。此种社会是凝固稳定的。反之,商业社会本质上是流动的,易变的,不仅可以无形中影响政治,有时甚或要有意地操纵政治。这在专制大一统的皇帝看来,当然是要不得的,拥护皇帝制度的士大夫也认为这是要不得的,所以两汉四百年间文人一致地咒诅商业,政府一致地压抑商业。武帝虽曾短期间用一些经商出身的人为官,但那只是他在财政需要浩繁时利用一批商人的经验与才能,并不代表政策的转变。[2]

汉代的政策,最后可说是成功的。汉代商业始终发达,重农抑商的政策,既不能解除一般农民的痛苦,也不能压倒商业的活动,政策的成功是心理的,不是实际的。重农轻商,自此成了深入人心的一种看法。一个自尊自重的士大夫之家宁可与一个"清白"的小农之家联婚,而不肯与富商大贾论婚。钱仍有通神的力量,富商大贾有时可以勾结官府;但一个富埒王侯的商人仍是衷心地以得接近斯文为荣,一个穷措大的士子也感到接近商人为耻。以子贡范蠡资格的人而经商,在汉以下为不可想象。"世业耕读"或"耕读之家"是荣誉的称谓,但绝无人以经商炫耀于人。由两汉到清朝,两千年间,此种心理没有再变,形成此种心理的就是汉代重农抑商的理论与政策。

（原载清华大学《社会科学》1948 年 5 卷 1 期）

---

[1]《史记·平准书》。
[2]《汉书·食货志》

古代中国的外交

古往今来所有的高等文化，于封建制度过去之后，大一统的帝国出现之前，都有五六百年的列国并立时代。各国对内统一，对外争衡，在此种的国际局面下就自然地产生了外交，真正的外交也只限于这个文化阶段。由纪元前六五〇年左右到前一〇〇年左右罗马帝国成立，是希腊罗马文化的列国时代。关于当时的外交，史料虽然不多，但仍值得今日研究外交史与外交术的人去参考。印度的封建时代，普通称为吠陀时代，于纪元前八五〇年左右结束，由此到纪元前三二一年孔雀王朝的统一帝国成立，是印度的列国时代，只可惜这一大段的政治史与外交史已几乎全部失传。欧西由十六世纪初宗教改革时起，进入列国，这个阶段至今尚未结束，它的外交史与外交术仍是目前活的问题，外交业者与外交学者当然对它特别注意。中国古代的春秋战国，前后五百五十年，也是同样的一个列国阶段，外交术甚为发达，外交史的材料传于后世的也不少于希腊罗马。外交史，说来话长，但春秋战国的外交术，虽至今日也不显得陈腐，颇有一谈的价值。

一、春秋时代

外交各以本国的利益为出发点，而国与国间情形复杂，不似个人的关系可以比较地开诚布公，所以任何时任何地的外交都不免有欺诈的成分。但一般讲来，春秋时代的外交，尚相当地坦白，欺诈的事例并不太多。外交注重辞令。外交的辞令，由好的方面言，是一种说话得体的艺术：不轻不重，不多不少，不倨不卑，而把自己的意愿能够彻底地表达，方为理想的外交辞令。由坏的方面言，外交辞令也可说是一种撒谎的艺术：以非为是，以是为非，而能持之有故，言之成理，把对方完全蒙蔽，或使对方明知为欺诈而不能反驳，方为外交扯谎的上乘。

春秋时代最出名的一篇颠倒是非的外交辞令，大概要算成公十三年（纪元前五七八年）晋使吕相绝秦的那篇绝交书。书中先责七十年前秦穆公败晋惠公于韩原的事。韩原之败，实乃由晋自招；惠公原许割地与秦，中途变卦，才引起战事。二，吕相又言晋文公报秦穆公扶立之德，曾使东方诸侯朝秦。这是绝无其事的谎言。三，又言僖公三十年郑侵秦，晋文公曾率诸侯与秦围郑。实则晋因郑暗中与楚勾结，才去伐郑，与秦全不相干。四，责秦于此项战役中，暗里与郑请和。此点是事实。五，言诸侯都怒秦单独请和，将伐秦，而由晋文公制止。绝无其事。六，责秦穆公于晋文公死后，袭郑灭滑。是事实。七，谓晋襄公因郑、滑之事，不得已而攻秦于殽。这虽是事实，却全为自解之辞。八，责秦于此后联楚攻晋。是事实。九，责秦康公要强立晋公子雍为晋侯，"欲阙翦我公室，倾覆我社稷，帅我蟊贼以来荡扫我边疆"。这真是欲加之罪，何患无词；实际是晋国自动请秦把公子雍送回晋国即位，后来晋国又忽然反悔，将护送公子雍的秦军当为边寇，乘其不备而加以袭击！十，责秦此后屡次侵伐晋边。但这都是晋所自取。十一，责秦桓公攻晋。十二，责秦背河西之盟。十三，责秦联狄和楚，以便攻晋。最后三点，都是事实。总观这一篇外交通牒，虽非全无根据，但大体却是颠倒是非，歪曲事实之言。这可说是古今中外一切外交辞令的通例，在春秋时代这不过是一个显例而已。

除口头应对或文书来往的辞令外，春秋时还有一种特殊的辞令，就是赋诗。此时古诗集的种类大概很多，传到后世的《诗》三百篇只是其中的一种。赋诗也是一种艺术，非经严格的训练与练习不能胜任。对方赋诗，自己必须答赋，答赋必须恰当，否则必招人讥笑，有辱国家。赋诗时或赋全篇，或任择一二章，皆可随机应变。赋诗由乐工负责，外交人员不过发令指示而已。乐工一面奏乐，一面歌唱，乐歌并作。太复杂的交涉，或难用赋诗的方式去进行，但除普通的外交酬酢当然赋诗外，赋诗有时也可发生重大的具体作用。例如文公十三年（纪元前六一四年）郑伯背晋降楚后，又欲归服于晋，适逢鲁文公由晋回鲁，郑伯在半路与鲁侯相会，请他代为向晋说情，两方的应答全以赋诗为媒介。郑大夫子家赋《小雅·鸿雁篇》，义取侯伯哀恤鳏寡，有远行之劳，暗示郑国孤弱，需要鲁国哀恤，代为远行，往晋国去关说。鲁季文子答赋《小雅·四月篇》，义取行役逾时，思归祭祀；这当然是表示拒绝，不愿为郑国的事再往晋一行。郑子家又赋《庸风·载驰篇》之第四章，义取小国有急，想求大国救助。鲁季文子又答赋《小雅·采薇篇》之第四章，取其"岂敢定居，一月三捷"之句，鲁国过意不去，只得答应为郑奔走，不敢安居。郑伯见请求成功，于是就向鲁侯下拜，表示谢意。鲁侯赶忙答拜还礼。这俨然是作戏，却也是富有内容的一段变相的外交辞令。

两国绝交，当然是施展辞令的大好机会。在一般无关重要的外交场合中，辞令的润饰也很重要。但若逢到真正严重的交涉时，普通是先私下作一番非正式谈商的功夫，并且大多是由次要的人物出面。待大体商定之后，主角才出台作戏，在正式的会议中表演一套冠冕堂皇的辞令而已。襄公二十七年（纪元前五四六年）的向戌弭兵之会，是此种办法的最好例证。弭兵会议的两个主角是晋中军将赵武与楚令尹子木。会场在宋的首都商丘，宋左师向戌是当然的主人。赵武虽先到会，子木却停留于陈国，不肯与赵武太早地会面，以免两大相逢，或将因磨擦过甚而演成僵局。向戌于是就成了中间的传话人，先到陈会见子木，子木非正式地向向戌提议："请晋楚之从，交相见也。"就是说,晋的附属小国也要朝见楚王,楚的附属小国也要朝见晋侯,作为晋楚两国不再用兵争取中原小国的条件。向戌回宋,报告赵武。赵武对此并不反对,但另外提出齐秦两国的问题,提议算齐为晋的属国,算秦为楚的属国,秦也要朝晋,齐也要朝楚。赵武这是故意给楚国出一个难题目去作。因为齐国四十年前为晋大败,齐侯曾亲自朝晋,算齐为晋的属国,还勉强可以说通。但晋秦是世仇,秦绝不肯低声下气地去朝晋。并且秦楚两国虽然一向国交亲密,秦并不附属于楚,楚也绝不能命令秦去朝晋。向戌又往陈国转达赵武的意见,子木不能决,遣人回国向王请示。楚王倒很干脆,决定说:"释齐秦,他国请相见也。"向戌又回宋,赵武也就不再故意为难,接受了楚王的决意。一切既定之后,赵武与楚国已经到宋的次要人物子晳先非正式地定盟,以免正式会议时再有条文的争讼。至此,子木始到宋赴会。

正式会议本当顺利,不意却又发生了意外的问题。晋楚争先,两国都要主盟。前此的国际会议,或由晋召聚,或由楚召聚,两大国向未在国际盟会中逢面,晋召会,当然晋主盟;楚召会,当然楚主盟。主盟,作主席,有两种权利。第一,先书盟:会议中所定的正式盟约用牺牲的血写在竹简上,约中要列与会各国的国名,主席的国名当然写在第一位。第二,主席先歃血:盟约写定之后,主席先读一遍,然后以盘中的牺血涂在口边,表示请鬼神为盟约的证人,这就是所谓歃血为盟,意义与今日的签字一样。盟主之后,列国顺序歃血。现在晋楚同时在场,主席的问题大感困难。晋国的代表说:"晋固为诸侯盟主,未有先晋者也。"楚人说:"子言晋楚匹也。若晋常先,是楚弱也。且晋楚狎主诸侯之盟也久矣,岂专在晋?"两方各执一词,皆能言之成理,一群小国都不敢发表意见,根本也不知应当如何调解。最后还是晋国的叔向提出一个妥协的办法,就是在写盟约时先晋后楚,歃血为盟时先楚后晋,两方都接受了这个提议,弭兵之会才算是顺利地结束。

　　大国与小国的关系,难以是完全平等的。盟约称为载书,当时有许多的载书可说是不平等的条约。但春秋时代国际间还未发展到蛮不讲理的阶段,小国若有智胆兼备的外交家,在坛坫之上往往可以与大国抗衡。例如襄公九年(纪元前五六四年)晋与诸侯盟郑于戏,晋卿士弱为载书,写道:"自今日既盟之后,郑国而不唯晋命是听而或有异志者,有如此盟!"郑国的代表子驷认为如此的条文侮人太甚,于是趋前在载书上加写了一条:"天祸郑国,使介居二大国之间,大国不加德音,而乱以要之,使其神鬼不获歆其禋祀,其民人不获享其土利,夫妇辛苦垫隘,无所底告。自今日既盟之后,郑国而不唯有礼与强,可以庇民者是从,而敢有异志者,亦如之!"晋方的荀偃大怒,说:"改载书!"要把郑国后加的条文删去。郑方的子展说:"昭大神,要言焉,若可改也,大国亦可叛也!"这句话说得非常厉害,晋国辞穷,无法可想,只有听任载书保留前后矛盾的两种条文。这大概是古今中外所未再有的一种奇特条约!①

　　总观春秋外交的各种情形,欺诈的作用虽不能免,但大体还是有规则、讲道理、重礼节的国际交往周旋的一种方式。一进战国,情形大变。国际的局面骤然紧张,外交也就随着根本变质了。

二、战国时代

　　战国初期的百年间,由吴越战争到商鞅变法,是一个大革命的时期。革命的详细经过,今日已不可考,但革命的结果我们看得很清楚。各国都变成国君一人专制独裁的国家,扩充领土变成列强的最高国策。各国都成了帝国主义的国家,都想吞并邻国,最后统一天下。战争之外,外交,无所不用其极的外交,也是达到此种目的的一种手段。春秋时代比较坦白的外交已不再见,纵横诈伪变成外交

_____

① 以上各节,俱见《左传》。

术的显著特征。春秋外交艺术之花的赋诗,无形消灭,可说是外交术彻底革命的象征。赋诗何时停止,难以稽考。《左传》中最后一次的赋诗,在昭公二十五年(纪元前五一七年),正当孔子三十五岁左右的时候。但这不足为此后不再赋诗之证,最多只能表明赋诗之事的日渐稀少。孔子说:"诵诗三百,授之以政,不达,使于四方,不能专对;虽多,亦奚以为?"①所谓"使于四方,不能专对",就是指出使外国时赋诗而言,可见当孔子时赋诗仍相当地普遍,孔子教授弟子学诗的一个重要目的,也就是希望他们将来从政时,若出使四方,能够专对。赋诗的传统,大概就在战国初期百年大乱的期间消灭。赋诗之事,象征春秋时代稳定安详悠闲自在的文化精神与国际空气。此种精神与空气,进到战国后已不复存在,无人再有闲情逸致去雍容赋诗。

《战国策》与《史记》所记载的纵横外交,乍看之下,好似是变幻万端,难以揣测。但若归纳研究,就可见在随机应变的运用之上,实有几条原则,一切的诈伪都逃不出它们的围范:

(1)利而忘义——绝对的信义,只能见于私人间的关系上,国际间当然不可能。但战国时代国际间信义扫地的程度,则远非春秋的士君子所能想象。例如韩齐二国曾订军事同盟,约定患难相助。后来秦伐韩,韩派使臣往齐求援,齐王想要出兵解救时,齐臣田臣思说:"王之谋过矣。不如听之。子哙与子之国,百姓不戴,诸侯弗与。秦伐韩,楚赵必救之。是天以燕赐我也。"齐王称善,于是应许韩的使臣立刻出兵,而实际按兵不动。楚赵为要维持均势,果然自动出兵救韩,齐国却乘着大家忙乱不堪的时机攻占燕国,把燕国临时灭掉。② 又有一次,齐秦二国强甲天下,秦约齐同时称帝,齐为东帝,秦为西帝。齐国想称帝,又怕天下各国不服,空招无趣,于是决定应许

①《论语·子路篇》。
②《战国策》卷九《齐策二》。

与秦同时称帝,而先观望不称,待秦国称帝之后,如果没有不利的反响,齐国再正式自加尊号,也不为迟;秦称帝,若国际的舆论不佳,齐就始终不动,免得与秦同被恶名。后来秦国果然上当,称帝不久就又羞答答地取消了尊号。这在战国时代算是秦国外交上一个小小的失败。①

齐攻宋,宋派使向楚求救,楚王满口答应,痛快非常。宋使回国途中,而带愁容,他的从人问他为何使命成功而不欢喜。使臣说:"宋小而齐大,夫救于小宋而恶于大齐,此王之所忧也,而荆王说甚,必以坚我。我坚而齐弊,荆之利也。"楚国果然失信,听宋为齐所败而不搭救。②

(2)贿赂内奸——买通敌对国家中意志薄弱、头脑不清或思想复杂的分子,无事时可以泄露情报,有事时可以捣乱响应,这是国际钩心斗角局面下的一种费力少而效用大的阴谋手法。贿买内奸,以人类大弱点的贪欲为起发点,秦对此点看得最清楚,秦相应侯有一次对秦王说:"秦于天下之士,非有怨也,相聚而攻秦者,以己欲富贵耳。王见大王之狗,卧者卧,起者起,行者行,止者止,毋相与斗者。投之一骨,轻起相牙者,何则?有争意也。"③这未免太小看了天下之士,不计私利而一心抗秦的人物,各国都有。但接受秦贿而出卖国家的人,的确也不算少。秦王政即位不久,出万金,令大阴谋家顿弱到各国去行贿,六国自将相以下都有被收买的人。④ 秦国吞并天下,兵力之外,这是很重要的一个助力。秦国贿赂策略收效最大的地方,就是齐国。齐相后胜暗中受了秦国的金玉,故意松弛齐国的武备,以致最后齐国在六国中成了唯一不抵抗而灭亡的国家。⑤

(3)流言反间——散布谣言蜚语,挑拨离间,拆散敌方领袖间的

---

① 《战国策》卷十一《齐策四》。
② 《战国策》卷三十二《宋卫策》。
③ 《战国策》卷五《秦策三》。
④ 《战国策》卷六《秦策四》。
⑤ 《战国策》卷十三《齐策六》。

团结合作,也是一种失败也无大碍,成功可收奇效的外交攻势。燕将乐毅攻齐,下七十余城,除莒与即墨二地外,齐国全部沦陷,齐王亦死,真可谓国破家亡。田单守即墨,乐毅围攻甚急,适逢燕王死,新王为太子时即与乐毅失和,田单乘隙使人至燕散布流言:"齐王已死,城之不拔者二耳。乐毅畏诛而不敢归,以伐齐为名,实欲连兵南面而王齐。齐人未附,故且缓攻即墨,以待其事。齐人所惧,唯恐他将之来,即墨残矣。"新王果然中计,夺了乐毅的兵权。代将的人庸碌无能,不久就把乐毅征服的齐地全部丧失。①

长平之战,赵将廉颇采取高垒坚守以老敌师的策略。秦军屡次挑战,廉颇自计实力太弱,应战必然失败,所以始终不动。赵王以及国内一般浅见者流,多认为廉颇过度示弱,讥怨之声四起。秦使人往赵反间说:"秦之所恶,独畏马服子赵括将耳。廉颇易与,且降矣。"赵括是善于纸上谈兵的军事家,名望甚高,而无真正的本领。但在舆论失常之下,赵王竟不顾一切,撤换了廉颇,使赵括代将。赵括贸然进攻,大败,赵军四十万人投降,全部为秦将白起所坑杀。②这个反间计,比田单所施用的还要厉害,田单的目的不过是去掉一个劲敌,秦人此次不只去掉一个莫可奈何的廉颇,并且还请来一位幼稚可怜的赵括,以便由秦彻底地解决。历史的教训,很少有人接受。三十年后,秦已灭韩,出兵围赵,赵将李牧、司马尚二人善用兵。秦军屡次失利,遂又用反间计,贿赂赵王的宠臣,使他乘间向赵王进谗,说李牧、司马尚与秦暗中有所勾结。这是贿买内奸与流言离间双管齐下的进攻,赵王居然听信了谗言,杀李牧,废司马尚。不久赵军大败,赵国亦亡。③

战国末期,六国中唯一有胆有识的抗秦人物就是魏公子信陵君,天下知名,号召力甚大,组织六国的联军,屡次败秦。秦王出万

---

① 《史记》卷八十二《田单列传》。
② 《史记》卷七十三《白起列传》。
③ 《战国策》卷二十一《赵策四》。

金,在魏遍布流言:"诸侯徒闻魏公子,不闻魏王,公子亦欲因此时定南面而王。诸侯畏公子之威,方欲共立之。"此外,秦的使臣又屡次向信陵君致贺,并问登位的日期。魏王当初虽然半信半疑,最后竟被说动,夺了公子的军权,魏以及六国的悲运从此也就注定了。①

小国间的鸡虫得失,有时也用反间。昌他由西周逃到东周,把西周的秘密全盘托出,东周大喜,西周大怒。西周于是派人与昌他送书,并附金三十斤,说:"告昌他:事可成,勉成之;不可成,亟亡来。事久且泄,自令身死。"西周同时又使人告东周:"今夕有奸人当入者矣。"东周的守兵当然捉得西周的送书人,东周君立刻杀掉昌他!②

(4)虚伪利诱——为达到自己的目的,以重利引诱他人,待目的达到之后,再设法把当初送人的利益收回,甚或实际的利益始终并未放手,待把握已定之后,再翻脸不认旧账,这也是国际纵横捭阖的一种秘诀。战国时代最有名的利诱例证,就是张仪骗楚怀王的故事。齐楚同盟,秦颇感受威胁,遂派张仪往楚游说,只要楚与齐绝,秦即无条件地割商于之地六百里与楚。楚怀王大喜,与齐绝交,并派人随张仪回秦受地。张仪回国,假醉坠车,称病不出。待秦已确知齐楚绝交之后,张仪才病愈上朝,告楚使说:"子何不受地?从某至某,广袤六里。"使臣说:"臣闻六百里,不闻六里。"张仪吃惊回答说:"仪固以小人,安得六百里?"楚使回国,怀王大怒,伐秦,为秦所败,国防要地的汉中也为秦夺去。③ 后来秦攻韩,怕楚干涉,派冯章使楚,应许于战后将汉中割还楚国,楚国又二次听信了秦的甘言。战后,楚向秦索地,冯章自请出亡,秦于是把一切责任都推到冯章身上,说他未得秦王同意而擅自应许楚国割地的条件。④ 又有一次,秦赵合攻魏国,魏国也以割地的厚利去诱骗赵国,赵国也利令智昏,退

①《史记》卷七十七《信陵君列传》。
②《战国策》卷一《东周策》。
③《战国策》卷四《秦策二》;《史记》卷四十《楚世家》。
④《战国策》卷四《秦策二》。

出战团,魏国的急围遂得解除。事过之后,魏国也把责任推到使臣身上,不肯割地。①

利诱的把戏,有时可以玩得非常复杂。楚怀王的太子横在齐为质。怀王死,太子要回国即位。齐以楚割东方领土的所谓下东国五百里之地相要挟,否则不放太子。太子只得答应割地。回国即位,为楚襄王。齐要取地,襄王向群臣求计。子良说:"王不可不与也。王身出玉声,许强万乘之齐而不与,则不信。后不可以约结诸侯。请与而复攻之。与之信,攻之武。臣故曰与之。"昭常说:"不可与也。万乘者,以地大为万乘。今去东地五百里,是去战国之半也。有万乘之号,而无千乘之用也,不可。臣故曰勿与。常请守之。"景鲤说:"不可与也。虽然,楚不能独守,臣请西索救于秦。"襄王最后问慎子,慎子说,可兼用三子之计。王不悦,认为慎子是在开玩笑。慎子解释说:"臣请效其说,而王且见其诚然也。王发上柱国子良车五十乘,而北献地五百里于齐。发子良之明日,遣昭常为大司马,令往守东地。遣昭常之明日,遣景鲤车五十乘,西索救于秦。"楚王真就采用了这条连环妙计,子良献地之后,昭常又去坚守不退,不久秦为维持均势又出兵救楚。齐国空欢喜一场,一无所得。②

这种空头支票的诱人诡谋,有时也会弄假成真,非忍痛割地不可。楚魏战,魏许秦割上洛地,请秦不要助楚。魏果然战胜。秦向魏索地,被魏拒绝。秦于是作出与楚接近的姿态。魏怕秦楚联合攻己,赶快把上洛之地割与秦国。③

（5）威逼诱降——敌人战败而尚未失去抵抗力,或可战而意志未决时,用甜言蜜语去松懈他的决心,使他相信早日投降可以免除更大的痛苦,这种利用人类侥幸心理的策略,往往也可以收获宏效。秦败楚,楚怀王使太子为质于齐以求援。秦昭王致书楚王,说愿与

---

① 《战国策》卷二十四《魏策三》。
② 《战国策》卷十五《楚策二》。
③ 《战国策》卷六《秦策四》。

楚王在秦楚交界处的武关相见,面谈两国间的误会,以便言归于好。楚怀王犹豫不决,去,怕被欺,不去,怕招致秦国更烈的进攻。最后,怀王冒险往武关去赴会,结果被秦扣留。秦要怀王割地,否则不准回国。怀王不肯一错再错,坚决拒绝割地,终至死在秦国。楚太子横虽由齐回国,即位为襄王,但秦乘楚内部人心惶惶之际,猛烈进攻,大败楚国。[①]

五国相继破灭亡之后,只有齐尚独立于东方。秦威胁利诱兼施,劝齐不要作无谓的抵抗,以免生灵涂炭,只要齐王入朝,就可封与五百里之地,但齐国必须降秦。齐王建的精神已被秦克服,左右亦多胆怯或曾被秦贿买,极力劝王建西去降秦,王建入秦,齐毫无抵抗而亡国。王建被秦拘禁,饿死。[②] 在战国时代秦国全部的外交史上,灭齐是收尾的一幕,也是最便宜的一幕:一纸招降书而灭掉一个有名的大国,全天下从此就都一统于秦。

（6）骑墙外交——以上所讲的,几乎都是大国间互相侵袭的纵横诈术。小国在此种局面下,难以有完全自主的外交,只有兼事四邻的大国,利用大国间的矛盾,使自己成为国际均势之下的一个虽小而必需的成分,小心翼翼,各方讨好,或可勉强维持独立。这可称为骑墙外交。滕文公向孟子所说:"滕,小国也,间于齐楚,事齐乎,事楚乎?"又:"滕,小国也,竭力以事大国,则不得免焉,如之何则可?"正道出各小国莫可奈何的悲哀。[③] 魏伐赵,勉强宋出兵随征。宋国进退两难,暗中派人到赵去诉说苦衷,请赵准宋军开入赵境,专围一城,以便对魏交代,同时赵亦可不至受宋的大害。魏国居然被蒙蔽,以为宋真正在大卖力气助战。赵国也甚心感宋国,认为宋只是虚张声势,并非真正仇赵。宋国两面讨好,最后"兵退难解,德施

---

① 《史记》卷四十《楚世家》。
② 《战国策》卷十三《齐策六》。
③ 《孟子·梁惠王下》。

于梁,而无怨于赵"①。当时宋、卫、鲁、中山、西周、东周诸小国,都时常被大国要挟,在可能时也总是采取此种骑墙的策略,以谋自保。

三、后言

战国的外交,手段要辣,居心要狠,才有成功的希望。身处战国,而行春秋的外交,小则丧权,大则亡国。战国的结局,在各民族中,都是全文化区的统一:印度、中国、希腊罗马无不如此。今日的欧美恐也终难逃脱历史的命运。最辣最狠的国家,往往也是最后成功的国家。战国时曾有人对秦下过很深刻的评断:"秦之欲并天下而王之也,不与古同。事之虽如子之事父,犹将亡之也。行虽如伯夷,犹将亡之也。行虽如桀纣,犹将亡之也。虽善事之无益也,不可以为存,适足以自令亟亡也。然则山东非能从亲,合而相坚如一者,必皆亡矣!"②六国中的明眼人,都知秦的野心漫无止境,非独吞天下不可。但六国始终不能一心一德地合力抗秦,最后听秦个个击破,统一宇内。世事推移,好似有非人力所能挽回的趋势。只看细节,历史绝不重演。但若从远处大处着眼,历史所能供给的教训似乎又非常之多。印度的史料过度缺乏,可以不论。但罗马的统一地中海世界与秦的统一中国,在政策的运用与步骤的进展上,往往如出一辙。今日的欧美,表面的态势无论如何地独特,骨子里是否又在开始重演战国的悲剧,这当然只有后来的人才能断定。但我们今日的人,若由此点观察,对世界的大局与趋势或者能有深入一层的了解。

(原载清华大学《社会科学》1941 年 3 卷 1 期)

---

① 《战国策》卷三十二《宋卫策》。
② 《战国策》卷二十八《韩策三》。

古今华北的气候与农事

一、古书中所见的古代气候与农事

《吕氏春秋·十二纪》的首篇,是战国晚期的一本农书,专记当时的中国,主要就是今日的华北,一年十二月的气候与农事。《礼记·月令篇》,全部照抄《吕氏》。当然也可能,《吕氏》与《礼记》都是由同一根源的古农书而来。这后一种可能,是很大的,因为此篇农书所记的情形,看来并非战国秦汉间气候与农事的实况,而为春秋以上的情形,编者不过是依古书照抄而已。关于此点,容待下面再讲。我们现在先把书中重要的气候与农事的纪载,逐月录述如下:

(1)孟春正月。

(2)仲春二月。

(3)季春三月——为麦祈实。

是月也,命司空曰:"时雨将降,下水上腾,循行国邑,周视原野,修利堤防,道达沟渎,开通道路,毋有障塞。"

(4)孟夏四月——农乃登麦。

(5)仲夏五月——农乃登黍。

(6)季夏六月——水潦盛昌……大雨时行。

(7)孟秋七月——农乃登谷。

命百官始收敛,完堤防,谨壅塞,以备水潦。

（8）仲秋八月——乃劝种麦，毋或失时。

（9）季秋九月——霜始降；

是月也，天子乃以犬尝稻。

（10）孟冬十月——水始冰，地始冻。①

此后的两个月，与本文所要谈的问题无关，从略。

上面所列的月份，当然都是夏历，夏历似乎自古就是民间最通行的历法。但夏历每两三年闰月一次，月份与季节实际永远不能完全配合。所以所谓某月如何如何乃是理想的，而非实际的。实际前后可有少则几天，多则半月二十天的差别。但因历来纪月，大多以夏历为准，本文仍用夏历。文中每提五月，我们可想及阳历六月；每提六月，可想及阳历七月，观念与事实就可大致相符。

二、古书资料的解释

现在我们可顺序，把上面所引各节，与今日华北的情形比较研究，并尽可能搜集古代气候农事的实际纪录，看看是否与《十二纪》及《月令篇》吻合。

正、二两月，无可讨论，我们可从三月份谈起。

（3）季春三月，为麦祈实。这一句话很可注意。一般的谷实，由出穗到收获，时间并不太长，三月既为麦祷告穗实丰满，那是麦即将熟的一个预示。

三月另外所引一节，似乎讲到古代春雨颇丰，甚至常有春雨"障塞"淹田的危险，所以必须"道达沟渎，开通道路"。所谓沟渎，在古代都是田亩之间由人工挖掘的通水之渠，因此紧联上句的"堤防"，所指并非江河的堤防，而是沟渎的堤防。文中明言"周视原野，修利

---

① 《吕氏春秋·十二纪》与《礼记·月令篇》文字略有差异，这里所录为《礼记·月令篇》的写法。——编者注

"堤防"，显然是指田野中的堤防而言。关于此点，《考工记》"匠人"条所述甚详：

> 匠人为沟洫。
>
> 耜广五寸，二耜为耦。一耦之伐，广尺深尺，谓之畎。田首倍之：广二尺，深二尺，谓之遂。
>
> 九夫为井，井间广四尺，深四尺，谓之沟。
>
> 方十里为成，成间广八尺，深八尺，谓之洫。
>
> 方百里为同，同间广二寻，深二仞，谓之浍，专达于川，各载其名。凡天下之地势，两山之间必有川焉，大川之上必有涂焉。

与这一段相辅而行的，有《周礼·地官》"遂人"条的一段：

> 夫间有遂，遂上有径。
>
> 十夫有沟，沟上有畛。
>
> 百夫有洫，洫上有涂。
>
> 千夫有浍，浍上有道。
>
> 万夫有川，川上有路。

这两段文字的意义很清楚，无需多加解释。古代田野中，满是沟渠与堤防，同时堤防也就是人行的道路。村里之外，一望无际，都是纵横交错的堤防与沟洫，一方面为田间的界线与行道，一方面为雨水过剩时的宣泄系统。沟渠系统间，大概有闸，平时水闸关闭，以备灌溉。如雨水过多，就可放闸，使余水由遂而沟，由沟而洫，由洫而浍，最后流入自然的大川。

这两段记载与所谓井田制度有关，而井田制度是近些年来许多人根本怀疑的。如果说当时天下各国各地的土地都如此方方正正地划分，当然不可能，但周代在理论上与法制上有一套比较整齐规则的土地划分方法，则无可置疑。我们可以不管孟子以来越说越糊涂的圣王之下如何美满的那一套，我们不要把井田看为一个土地制度的问题，而主要地要看为一个土地利用的技术问题，如果牵涉到土地制度，那也仅是偶然的。井田在历史上自有它重要的技术性的地位。我们所要讨论的也是此种技术问题，迄无定论的土地制度问题，从略。我们从各方面的佐证，以及古代传下的成语与口头禅，都可看出井田为实有其事。现在先讲古籍中可靠的或比较可靠的记载。

《诗经·周颂·噫嘻篇》："率时农夫，播厥百谷，骏发尔私，终三十里，亦服尔耕，十千维耦。"

《周颂·载芟篇》："千耦其耘，徂隰徂畛。"

这都是西周的诗。第一篇描写一万人（十千）在三十里的范围之内，分为五千对（耦）而耕田。第二篇描写二千人合同锄草，一下锄到田间（隰），一下又锄到田边的人行小道（畛）。古代确有如此大规模的农作场面，在规模如此之大的计划性的农事操作下，像上面《考工记》与《周礼》所讲的整齐土地划分，是可实行而无困难的，甚至可以说是很自然的事。

特别提到沟洫的，古籍中也有几条。

《尚书·益稷篇》："禹曰……予决九川，距四海；浚畎浍，距川。"

《论语·泰伯篇》："子曰……卑宫室而尽力乎沟洫。禹，吾无间然矣！"

《孟子·离娄下篇》："七八月之间雨集，沟浍皆盈。"

《左传》襄公十年（公元前五六三年）冬："子驷为田洫，司氏，堵氏，侯氏，子师氏皆丧田焉。"

上面《论语》中孔子称赞禹的话与《尚书》中禹所自讲的话，是同一个故事，都是到春秋晚期大概早已流行的关于禹勤苦治水的故事。《尚书》中特别讲明禹把畎浍的水引入川中，把川中的水最后又导之入海。这虽只是一个故事，但故事中的这种说法是必有事实根据的，事实根据就是古代实际的沟洫制度。孟子的话，证明古代确有沟浍，专为容纳夏季多余的雨水。（孟子所用的月份是周历，所谓七八月就是夏历的五六月。周历、夏历的问题，下面当再说明。）至于《左传》中的记载,根本是一件具体的史实。子驷依势扩大自己的田洫,把另外四家的田都圈在自己的沟洫系统之内,这证明沟洫是古代田地系统不可分的一部分。

现在再谈古代关于堤防或路涂的资料。

《礼记·郊特牲篇》,记载古代农事结束时的一种隆重祭祀与庆祝,称为大蜡或八蜡,就是感谢八种与农事有关的神明,其中第六种为坊,就是田间的堤防,第七种为水庸,就是田间的沟渠。

此外,与堤防或道涂有关的,有几种自古传下的成语或名词,颇堪玩味。按《周礼》"遂人"条所讲,道涂分为五级:径,畛,涂,道,路。这并非虚构,而为古代实际的名称与概念。自古至今,只有"道"与"路"可以"大"字形容,其他三种不能言大,因为在古代井田沟洫盛行时,行道系统中的大道为"道"与"路"二种。"大路"一词,自古流通,《诗经·郑风》有"遵大路"一篇。"大道"一词不似"大路"通行,《诗经》中有"周道"(见《小雅·小弁篇》《大东篇》),其意为大道。但抽象化之后,"大道"成为习用的名词,《礼记·礼运篇》中的名句为"大道之行也,天下为公"。今日俗语中"大路"与"大道"意义相同,可以互用。至于"径"字,若加形容词,只能说"小",古今皆然。因为径小,给人的印象不佳,孔子的门徒甚至认"行不由径"为美德(见《论语·雍也篇》)。"畛"与"涂",处在中间,不大不小,所以向来不用"大小"两字作为形容词。(径、畛、涂、道、路五词都是专名,五者合称的类名,普通用五者正中的"涂"字,称为五涂。上引《考工记》"大川之上,必有涂焉"的"涂"字就是类名代专名的用法:若用专名,当说"必有路焉"。)

又有很古的一句成语——"道听而涂说",就传到今天的古代文献而言,此语是孔子最早说的(见《论语·阳货篇》)。今日一般都解释为"在路上听了,又在路上传说出去",甚为平淡。注疏中已采此种解释:"若听之于道路,则于道路传而说之。"乏味之至,因为这是丧失了古语原来精神的解释。古代实际的意义是"在大路听了,转弯到小路就给说出去了",描画得活现生动而有力!

因为古代有如上所论一套复杂的沟洫系统,所以除非是江河决口,农田是有旱无潦的。无雨或缺雨,可致旱灾。但雨多,并不致发生水潦之灾,因为雨水有所宣泄。也正因如此,古代农民的宗教中有旱神而无潦神。旱神称魃,是古代农民所最怕的一位女神,《诗经·大雅·云汉篇》,全篇都是因"旱魃为虐"而引起的呼吁。雨神称"雨师"(见《周礼·春官》"大宗伯"条),专司下雨,农民普通是希望他下雨,并不怕他下雨太多。雨师是雨神,而非潦神,在整个神谱中也不见有潦神。这证明古代如有水灾,普通都是河决所致,那要由河神负责;雨水本身极难成灾,所以少而又少的雨水之灾没有专神司理。雨潦没有专神,却有专名,今日华北农村中对于雨水引起的淹没情形,称为"立潦"。雨水由天而下,与地合成立体形,因有此名。这种复杂观念的专名,正证明立潦一向为非常特别的事;因为极其少见,所以若一遇到,就给人印象甚深,因而给它起了一个专名。《春秋》二百四十二年中,记载因旱祈雨的二十一次,而大水仅有九次,其中可能有的为河决,而非立潦。

(4)孟夏四月,农乃登麦。这在今天似乎是不能想象的事。今日麦熟,一定要到五月,普通是五月中旬,最晚的可到五月下旬。但在古代则麦熟确在四月。殷商西周,无可稽考。《左传》中有两次提到麦熟,都为四月。一为隐公三年(公元前七二〇年),《左传》文曰:"四月,郑祭足帅师取温之麦。"这显然是在麦将熟时去抢先割取。另一次为成公十年(公元前五八一年),记载晋景公在四月要尝新麦,把新麦制熟之后,未及食而死。(关于晋景公事,《左传》原文为"六月丙午,晋侯欲麦"。按《春秋》一书全用周历,周历六月为夏历四月。《左传》记月份时,绝大部分也用周历,隐公三年那一次用夏历,在《左传》为变格,大概是著者采用史料时未加改变,以致体例不能划一。)

由这两个具体的例证,我们可说至迟到公元前七二〇—前五八〇年间,华北一带,麦熟仍在四月。再过一两个世纪,进入战国时代后,麦熟的时间如何,史无明文。但这的确是一个重要的问题,容待下面再讲。

(5)仲夏五月,农乃登黍。这一条较上面四月麦熟的一条尤为惊人。因为麦熟,古今相差不过一个月。至于登黍,今日普通都在八月,最早也不能早过七月底。可惜关于此点,《左传》或其他古籍中,没有一个实例,可作讨论的根据。

(6)季夏六月,水潦盛昌,大雨时行。似乎古代在六月时,雨水甚大,不似后代华北成语中的所谓"十年九旱"或"三年两旱"的情形。这一点也待下面讨论。

(7)孟秋七月,农乃登谷。似乎黍最早熟,其他的秋禾,七月开始成熟。这比今天要早一个月,今天华北秋收的开始是在八月而不在七月。

七月又提到"完堤防,以备水潦",似乎古代一直到七月时,雨水仍然很多。这也与后日的华北不同,后日的华北,以六月为雨量集中之月,到七月雨已有限,少有水潦的危险。河决又当别论。

(8)仲秋八月,乃劝种麦,毋或失时。古代到八月时,大部的谷物已经登场,农民已开始有闲,可以及早种麦。今天道理仍然相同,但农民往往因收获的工作尚未忙完,到八月底才得暇种麦,甚至有迟至九月初麦才下种的。为使麦生长足时,最好是在八月中旬下种,古代似乎可以作到此点。后世秋熟较晚,所以宿麦下种也随之延期。也因为如此,所以转年麦熟也延后了一个月,由古代的四月变成今天的五月。宿麦的生成与获量,主要的不在第二年,而在第一年,第一年秋季生长的时间长,对麦实特别有利,第二年何时成熟,在田间生长的时间略长略短,关系反倒不大。所以专就此点而论,古代宿麦的收获量恐怕要高于后世的。

(9)季秋九月,霜始降。今日仍然如此。二十四节气中的霜降,今日为"九月中",就是九月下半月的节气。至今每年下霜,仍在此时,由古至今似乎并无变化。

又,九月尝新稻,稻初熟。这也与今日同。把后来由外传入的谷物如玉米之类(晚熟的变种)除外,稻在华北至今仍是最晚熟的谷①。九月霜降,此后任何谷物就都不能再生长了。由霜降与稻熟两事看来,生长季节的最后关口,古今完全相同,以大天时而论,古今基本的气候未变。但在大的未变之内,似乎有小的伸缩,而这种小的伸缩对于生产与人生却可发生莫大的影响。这就都属于"事在人为"的范围了,下面当再讨论。

(10)孟冬十月,水始冰,地始冻。这也与九月所纪两事一样,古今相同。今日的华北,"水始冰,地始冻",普通是在十月上旬中旬之间。

三、较为温湿的古代华北

由上面所论,材料虽嫌不多,但已可看出,古代的农事季节比较

---

① 中国原有的稻为晚熟种,九月方才登场。到宋朝大中祥符四年(公元一○一一年)中国才经福建传来占城稻,是一种比较能够抗旱的早熟稻(见《宋史·食货志上》一)。以今日河北省境而论,小站稻为早熟种,八月上旬登场,京西稻或海淀稻为晚熟种,由八月末尾开始,直到九月上旬的末尾,才全部收割竣事。但有一点,我们须要注意。今日稻的变种极多,恐怕远非古人所能想象,无人敢说中国今日的晚稻就是先秦的普通稻种。我们惟一所要说明的,就是古代中国只有晚稻,九月成熟,而今日华北的晚稻,成熟仍在九月。今日与稻同时成熟的尚有玉米,那是明朝晚期欧洲人由新大陆传入中国的。玉米是印第安人对于农业最大的贡献,也有早熟晚熟的变种。早熟种八月上旬收割,与早稻同时;晚熟种八月底、九月初收割,与晚稻同时。明末有三个人在他们的作品中著录玉米:(1)李时珍《本草纲目》曰:"玉蜀黍,种出西土,种者亦罕。"可见明末玉米虽已传来,而种植仍少,尚无今日成为华北许多地方主要民食的情形。(2)王世懋《学圃杂疏》,提到此谷,称为"西番麦"。(3)田艺蘅(人名)《留青日札》曰:"御麦出于西番,旧名番麦,以其曾经进御,故名御麦。"由田氏的记载中,我们或者可以断定,今日通行的"玉米"或"玉蜀黍"一类名词中的"玉"字只不过是"御"的简化字,因为此谷无论就形、色,或任何其他特征言,都与玉联系不上。此谷在中国各地名称不一,除上面已提到的外,尚有玉高粱、戎菽、玉麦、玉蜀秫、包谷、红须麦、珍珠米等异名。然而最特别的是江淮之间有些地方的"六谷子"之称,证明此谷非同小可,是中国旧有的所谓"五谷"之外的最重要的谷类。

后世略早，气候似乎微有不同。三千年前，殷商时代，殷的王畿就是今日的平原省。当时这一带林木较多，由甲骨文中可以看到，王公时常出去猎象。根据《吕氏春秋·古乐篇》的记载，殷人并且训练象队去作战，后来周公东征，才把象驱逐到江南：

> 成王立，殷民反，王命周公践伐之。商人服象，为虐于东夷，周公遂以师逐之，至于江南。

以上一段，与《孟子·滕文公下篇》所记载的是同一件事：

> 周公相武王，诛纣伐奄……灭国者五十，驱虎豹犀象而远之，天下大悦。

今日的中国，不只北方无象，连江南以至于西南也不见象。三千年来自然变化之大可以想见。《汉书·地理志下篇》，谓粤地（今浙东、福建、两广之地）"处近海，多犀象"，但对江南则未提起，证明在周公驱象的一千年后，粤地仍然有象，但在江南象已绝迹了。有象的自然条件，一需较多的林木，二需较大的雨量，三需较暖的气候。今日的华北，绝不可能自然有象，今日在北方的动物园养象，尚须特别慎重，否则象的寿命随时可以告终。三千年前，华北虽非森林地带，但齐鲁之地林木极丰，其他各地最少山上与山麓都有林木。在自然的林木未被人力毁灭之前，比较地风调雨顺，并且雨量大致是充足的，没有后日华北的经常干旱现象。但因为雨水普通集中于五、六、七三个月，尤其是六月，如果听其自然，就时常要有立潦的危险。所以从很早以来，可能是自殷商以来，就有一种非常复杂的堤防沟洫制度，使雨水不致成灾，附带的并可供需要时的灌溉。

以上的情形，殷商没有问题，西周时大致仍勉强维持旧观。春秋时代，恐怕问题渐渐发生，自然的林木到春秋晚期大概已被人砍伐殆尽，风调雨顺的美景成了例外；风雨不时，气候生变，《左传》中所记公元前五八一年的麦熟，虽不能说是最后一次的四月麦熟，但此后恐怕没有能把早至四月的麦秋维持很久。进入战国之后，由孟子在《告子上篇》对于牛山所发的叹息,可见连当初林木较多的齐鲁之地也已是遍地童山,其他各邦可想而知。人力对于自然的摧残,实在可怕。近乎亚热带的昆明,今日有"前山炭,后山炭"的说法。昆明的燃料为木炭,五十年前所烧的还是前山炭,就是面对昆明的山坡上林木所制的炭。今日前山大部已成童山,只有烧后山炭了。但如不及早设法,再过五十年,可能连后山也无炭可烧了!近乎亚热带的云南尚且如此,在温带的地方,如果只知伐林而不知造林,其后果的严重——请看今日的华北,特别请看今日的西北!

我们都知道,到战国初期,有所谓"变法"的运动,大家熟知的是商鞅在秦国"废井田,开阡陌"。实际各国无不如此,很多地方改革还在秦国之前。最早发动变法的为李悝。李悝相魏文侯,变魏国法,魏因而成为战国初期最强的国家。不久之后,楚悼王用吴起变法。吴起原与李悝同事魏文侯,对于魏国变法事可能也有贡献。吴起后来由魏转仕于楚,变法的政策恐怕仍是李悝在魏国所作的那一套。商鞅原来也在魏国候差,候差不成,方到秦国,他对李悝的那些办法一定很熟习,到秦国后也就如法炮制。[1]

商鞅变法,一向都说是"废井田,开阡陌"。这简短的六个字,意义极为重要。两句话所讲的是一件事的两面,"废井田"是就耕田本身而言,"开阡陌"是就耕田的疆界而言。阡陌就是古来传下的田间堤防,也是人行径路。《史记·索隐》在《秦本纪》"开阡陌"句下引《风俗通》:"南北曰阡,东西曰陌。河东以东西为阡,南北为陌"。可见到汉代,残存田间的径路仍用古代"阡陌"的旧名,而河东一地对此两字的用法与其他地方恰巧相反。所谓"开阡陌",就是把堤防铲

---

[1] 关于李悝为变法之祖一点,《晋书·刑法志》曰:"是时[曹魏]承用秦汉旧律,其文起自魏文侯师李悝。悝撰次诸国法,著法经……商鞅受之以相秦。"关于商鞅,见《史记·秦本纪》及《商君传》。关于吴起,见《史记·吴起传》。李悝在历史上处在一个关键的地位,可惜司马迁史识浅陋,没有能够根据汉时仍存的丰富资料特别为他立传。李悝的著作或别人论他的作品(见《汉书·艺文志》),后世全部失传,只有《汉书·食货志》保存了一段很简单的有关他"尽地力之教"的文字。

平,也就等于说是"填沟洫",用堤防的土把沟洫填满。当然不能把阡陌全部废掉,大部与交通无关的"径"都被取消,只留下交通所必需的"道""路",一部分的"畛""涂",与极少数的"径"。同时,在水道方面,自然的大川不必说,洫浍大概还保留了一部分,至于特别多的遂沟,恐怕全部或绝大部分都填平了。此种变法之后,多少世代以来比较方正的纵横交错的田野景象,就一去而不复返了。就土地面积论,耕地增加了不少,过去沟洫所占的地方大部已可耕植。所谓李悝"尽地力之教",所包含的或者方面甚广,但其中的一面恐怕就是这种利用一切土地面积的一点。

这个改革,可能尚有其他社会经济的背景,但这不在我们现在所要讨论的问题范围之内。我们所要注意的,就是在自然方面使此事成为可能的,正是孟子所指出的童山现象。到战国初期,自然林木摧残的程度,已使雨水极不可靠,大部的年岁是雨量不足,沟洫已成虚设,无水可泄,把它填起,也无引起立潦之灾的危险,并且可以增加耕地的面积。在气候与农事方面,战国初期是一个大关键。从此雨量减少,旱灾加多,春夏之间的气候失调,天气一般的过度干燥,谷物的生长逐渐延缓。麦本为四月熟,熟期趋于延后,再加以前一年播种后延的倾向,使麦的晚熟,成为不可避免,最后成了五月熟的谷物。黍本为五月熟,后竟延缓两个多月。开始大熟,原在七月,后来延到八月。种麦原在八月,后来渐渐改到八月底九月初。这一系列的变化,追根究底,都是由人力对自然的盲目摧残所引起。大的自然环境并无变化,农事大关口的霜降,古今一样。但人谋的不臧,使开始农忙的二月与农闲开始的九月之间的各种农民活动与谷物生长发生了剧变,一般地讲,这些变化都是对农事不利的。从战国初年到最近,二千二三百年的功夫,就自然方面讲,华北大致的情形未变,如有变化,只是林木的摧残日愈严重,旱象也日愈成为"正常"。例如关中之地,直到唐朝仍称沃土,但自中唐以下逐渐枯干,演成后日西北的近乎半沙漠的状态。今日的西北，山上不只无树，少数的山上连草也不能生。因为树已烧光之后，只有烧草。草也不济，冬天就到山上挖掘土中的草根，作为燃料。至此山坡的浮土全无保障，转年雨降，把浮土冲刷净光，剩下的岂仅是童山，简直是百分之百的石山，除青苔外，任何植物也不再生长。

我们上面推论，自战国初期起，气候与农事的季节开始改变。但战国末年的《吕氏春秋》与战国秦汉间的《礼记》仍说麦熟在四月，黍熟在五月，似乎与推论不合。笔者认为《吕氏》与《礼记》所传，都是照抄古代农书上的文字，并非当时实情。文中谈到一套一套的天子如何如何的繁复仪式，都是春秋以上赋有大巫身份的天子所作的事，到战国时代早已成了过去。战国秦汉间的人，一般地只讲理论与古典，对于眼前的事反不太注意。可惜关于战国秦汉六百年，找不到与农事季节有关的具体记载；最早的此类资料，到晋朝才又见到。《晋书·五行志下篇》有下面两段文字：

> 咸宁五年（公元二七九年）五月丁亥，巨鹿、魏郡雨雹，伤禾麦……六月庚戌，汲郡、广平、陈留、荥阳雨雹。景辰［丙辰］又雨雹，陨霜，伤秋麦千三百余顷。

> 太康元年（公元二八〇年）五月，东平，平阳，上党，雁门，济南雨雹，伤禾麦。

以上一连两年，都讲五月雨雹伤麦，其中一年五六两月都提到麦受雹灾，证明至迟到三世纪晚期，麦熟已不在四月，而已延至五月，甚至可以晚至六月。但我们可以断定这并非三世纪晚期才有的现象，由各方面的材料综合看来，六百年前恐怕已开始生变，至迟到战国中晚期时（公元前三〇〇年左右），农事的季节恐怕已与今日无大分别，甚至可能在李悝的时候（公元前四〇〇年左右）变化已很彻底，已与今日大体相同。

四、今日的情况与前景

上文所论，都是过去人谋不臧的情形，今后我们当然不会再像过去的一切听其自然。上论的凄惨景象全出人为，既出人为，人力也就很易补救。近来我们已在计划在中国的北边种植防沙林带，在内地也计划大规模植林，两种计划实现后，华北应当不难恢复三千年前的温湿环境。我们纵然不能希望再在此地猎象，其他的三千年前景物可能都再出现，华北的外观很可能要接近于今日的江南。撇开并行发展的科学技术不谈，只此一点，就必将大量增加华北各地的农业生产。

今日我们的造林计划尚未大规模实施，然而最近几年已发现气候与季节在开始转变，关于这个转变，最值得注意的有下面两点：

（一）冬春之际已无黄风沙。抗战之前，每年冬春之际，一定有一两次惊人的风沙，黄尘弥天，对面不见人，白昼即须点灯。风过之后，屋里屋外都是一片黄世界。但由一九四六年冬到一九五〇年春，四度冬春，没有发生过一次此类的大风沙。这恐怕绝非偶然。此种令人可喜的变化，何年开始，可惜难考。抗战与胜利的九年之间，找不到与此有关的观察资料，无从判断。所以我们只能说是一九四六年以下开始无大风沙。

（二）二月兰开花时期发生变化。华北有一种十字花科的野草，俗名二月兰，学名旧称 Moricanda sonchifolia，新称 Orychophragmus violaceus。我们所要注意的是它的俗名。就俗名论，此花一向名实不甚符合。名为二月兰，但过去开花总要到三月，即清明之后。笔者注意此事，将近四十年，只要是身在华北，每到春季必观察此花没有例外的花期一定是在清明之后。私下曾有一个假定，就是此花从前开放是在二月，后来不知何故花期改晚，但习惯上仍称二月兰。然而这也只是假定而已，无法证明。一九四六年复

员北返后,转年就发现此花开放有提早的趋势,一九五〇年特别惹
人注意,在清明前已零零散散地开花,清明一过遍地怒放。这是前
所未有的花事,并且一定又是事出有因的。

以上两点,我们可以总括如下:(一)华北风沙减少,那就是说北
边与西北边沙漠地带的沙粒刮到华北的已经大量减少;(二)花开提
早,也就等于说,春暖略为提早,植物的生长季节略为向前加长。

这以上两事,我们要如何解释呢? 除一部分或为自然界临时的
或偶发的现象外,另一部分可能与苏联中亚细亚几个加盟共和国中
的大规模植林、养草与垦田,以及在苏联协助之下蒙古人民共和国
的彻底建设与开发不无关系。中国北方与西北方两面的飞沙来源
都在大量减少之中,这可能是我们这几年不见大风扬沙的基本原
因。同时,近邻改造自然所引起的变化,也一定影响到我们的国土,
生长季节的加长,间接的或者就由此而来。近几年雨量的趋于增
加,主要的虽决定于太平洋的气流,但间接的可能也与中亚、北亚改
造自然的事业有关。这当然不是说,近几年的多雨要成为正常现
象,将来一定不会有旱灾,而是说今后比过去两千年可能要较为风
调雨顺。

以上的推论如可成立,将来我们不仅可以恢复古代的景象,并
且可以超迈前古。就中国自己讲,我们用科学方法大事建设与改造
自然之后,整个环境应当远优于殷周之际听其自然的局面。再有一
点,我们西北与北边边疆以外的大环境,一万年来,自世界发展较快
的地带由旧石器文化过渡到新石器文化以来,虽也有过变化,但自
中国有比较可靠历史的殷商一代以来,大体没有改变,就是一般人
印象中的沙漠状态。现在这个大环境已被苏联从根本上加以改造,
并且仍在继续改造之中,所以我们将来无论就内部讲或就外边讲,
所处的都将是一个全新的世界,今日一想到华北就在脑中浮起的干
旱平野印象,大部将要成为历史上的陈迹。

恐怕许多人不容易想像华北成为山清水秀之乡,还有一个不甚

自觉的原因,就是因为这是"北"方。例如一提到北京的部位,人们大概就联想到莫斯科、华沙、柏林、巴黎、伦敦,而不知这些城市都远在我们之北。我们如果顺着直线把北京向西推移,可把它推到地中海上,在地中海上选定地点停住之后,向外一望,就可发现连罗马还在北京之北,与北京并列而稍微偏南的是雅典与里斯本。当然,大陆的华北与海国的希腊、意大利或葡萄牙,不能相提并论,但过去华北的干荒景象的确是人为的成分多,自然的成分少,我们只要好自为之,将来的新华北要超过我们今天所能想像的程度。

五、重建沟洫问题

美好的远景,没有问题。但这里有一个目前就须注意到的小问题,就是最近两年有些个别区域所遭到的淫雨之灾。最近两年离奇的大雨,一定不会长久继续,但上面的推论如果正确,今后华北要比较地风调雨顺,雨量也要比较地增加。若果如此,雨水宣泄就成了一个急迫的问题。立潦是非常可怕的,从某一方面讲,较河决的冲没尤为严重。河决影响的范围,有一定的限度。大雨成灾,可以波及河决的洪水向来不能达到的地方。并且立潦的性质,恐怕也时常被人忽略。河决后的水潦与大雨后的立潦,性质根本不同。河决之潦乃深水淹没之潦,水深一尺以及数尺,一切禾稼完全淹死。这是绝对的,除非事先防河不决,否则一决之后,就已无计可施。但河决的问题,不属本文讨论的范围,可暂不谈。至于大雨淹田,浅则一二寸,除沼泽之地外,最深亦不过数寸,平地雨水盈尺,在华北为不可见的事。三数寸的水,实际不出几天就都渗入土中,禾稼本可不受损害,其损害不来自雨水,而来自雨后的阳光。积水一二寸之后,天气放晴,亢阳大照一日,水已半沸,把禾稼蒸萎,收获当然减成。如果水深数寸,一时不能渗完。三五天、五六天的日晒,把禾稼几乎蒸熟,结果只有焦黄死去。反之,假定积水后,雨停而天阴,让雨水慢慢地渗净,则禾稼可以不受损害,或只受极轻微的损害。此理讲明后,沟洫的功用不言而喻了。如开沟洫,田间只要积水,立刻放入沟中,立潦发生的可能就将减少到最低的限度。古代雨量较大,就是靠沟洫避免立潦的时常发生。战国以下,林木的砍伐使雨量减少,沟洫填平,也少有立潦的危险。现在看来,雨量可能又要较过去两千年略为增加,类似古代沟洫的办法必须采用,方能避免立潦之灾。①

新的沟洫制度如要建立,为免发生大的困难与错误,可先作小规模的尝试。第一,可先由目下已有的少数国营农场作起。另外,可选择少数地势与政治条件都适合的农村,来作试验。在这两种情形下,学习经验,发现问题,如果证明确有必要,再推行全国,或最少是推行华北。

最少就华北而论,沟洫主要的功用是宣泄,而非灌溉。华北总是比较干燥的地带,如真天旱,沟中的一点积水恐怕很快地就要蒸发净尽,很少能供灌溉之需。在没有可以实行的更好的办法之前,真要灌溉,恐怕仍靠打井;只有普遍地打井,才能使华北永脱干旱之苦。

惟一可能的重要反对意见,就是把一部分良田开为沟洫,未免太不经济,太不合"尽地力之教"的道理。此点诚然。但沟洫仍可供生产之用,并非完全荒废。例如种藕,既省精力,又可增加菜食的供应。如善自计划,沟中甚至可以养鱼,使终年素食的农民食谱得到调剂。但如果要保障沟洫的生产,就更需要打井,天旱时不只需要井水灌田,并且也要灌沟。所以凡是挖掘沟洫的地方,同时也要挖井。

---

① 近两年的多雨,使我们在北京近郊可以具体地明了沟洫的功用。北京近郊公路的两旁,多有明沟,乃为防止公路夏季积水而设。最近两年,夏季沟满,公路交通仍然无阻。但附带受益的还有沟旁的农田,田中的余水也都流入沟中,所以路旁的田没有受灾。然而不出一二里之外的田,只要较为低洼,就或多或少地遭到立潦。

另外还有一个可能的问题要考虑的,就是沟洫纵横,将来难免要阻碍农业经济集体化时机器的自由运用。这的确是一个应当照顾到的问题。但此中困难并不太大,将来如果发现阻碍,可将内圈的较小沟洫填起,让机器有回旋的余地,把外圈的沟略为加宽或加深,仍可适合泄水的需要。填沟的工程远比挖沟简单,在今日无需顾虑到此。目前的问题,是如何为平坦的田,尤其是低洼的田,解除立潦的威胁。

此种沟洫制度如能实行,除解决立潦问题外,尚可能另有一个良好的影响,就是给农民一个在日常生产活动中学习合作的机会,为将来集体农场的建设铺平道路。农民一向是惯于个体经济的,须靠合作来挖掘与维持利用的沟洫系统或者是将来能够体会集体经济的一个助力。假定每一个自然村,甚至每一个行政村,作为一个沟洫系统的单位,这恐怕是在形象上、意识上与具体工作上训练合作的一个相当有效的办法。

至于华中、华南,无论是平地的水田或山地的梯田,一向依赖灌溉,农民之间多少都有过合作的经验,不过合作的程度不高,规模不大,不够系统化。将来土改完成后,如能鼓励他们,使灌溉更加系统化,合作的范围更加扩大,也可成为集体生产的一种准备学习。

（原载清华大学《社会科学》1950 年 6 卷 2 期,作于 1950 年 8 月 31 日）

历法的起源和先秦的历法

　　历法是结合农业生产而起的一种系统知识。渔猎采集时期的远古人类，正如近代仍无农业或农业仍太幼稚的少数落后部族一样，没有与我们的历法相等的一套知识。他们的生活条件尚不要求他们有系统地观察天象，他们只注意地象如风向、雨来、某种花开、某种鸟来之类就够了。这些就足以帮助他们安排渔猎采集的活动或简单的农作活动。但近代有些落后的部族，已知道注意几个特殊星宿的出没，作为他们农事季节的标准。这是由于他们从经验中发现地象的规律性往往不甚准确，而天象的规律性是固定不移的（最少在他们的经验中是固定不移的）。渔猎生活的伸缩性较大，农作生活却是有严格的节奏性要求的；由长期的摸索、苦与乐、失败与成功的体验中，从事农艺的初民发现了天象是指导他们生产活动的最可靠的标准，地象只能作为辅助的标准。至此，历法就萌芽了。

　　人类最初集中精力观察的天象是月亮，其次观察的是星辰，最后观察的是太阳；一般地讲，世界各地历法发展的步骤都是如此。

　　初民不知有年。他们只有模模糊糊的季节循环的感觉，而没有固定时限的年的概念。他们只有"月"的认识，即月球盈亏一周所需时限的认识。他们所要知道的，主要是由播种到收获，月轮旋转几周。同时，这又与技术和科学都不成熟的初民社会的巫术和宗教相结合，在某几个月的某种月象之下（如盈亏、晦明之类）要进行一定的祭祷：一般地，春耕时有祭，下种时有祭，秋收时有祭。

　　最初阶段的历法仍甚粗糙，尚未照顾到完整的一周年，一次的季节循环往往只有八个月或十个月，即与农事有直接关系的八个月到十个月，与农事无关的两个月到四个月就无人过问了。至于多少天为一年——那个概念太复杂，并不是初有历法的人类所能掌握的。一般地都是由与某种天象或其他自然现象相配合的新月或满月之祭开始，由此下计到八个或十个月就停止了；等到下次某种天象出现，再开始一度的季节循环。例如拉丁人（包括罗马人）当初的历法就是如此，他们只有今日公历中三月到十二月的十个月，一、二两月是到历法进一步发展时才加上去的。

　　观月之后不久，人类又开始观星。彻底的、有较高科学意义的观月必须与观星配合。天空的星球，有的特别明亮，很容易惹人注意。行星中的金星，光度特强，自然成为观测的对象。此星清晨在东天，初昏在西天，就是《诗经·小雅·大东篇》所谓"东有启明，西有长庚"，在东在西有两个不同的名称，后来又称为太白星。在恒星中，天狼星（Sirius）为由地球上所见光辉最强的星，是古埃及人的一个特别观测对象。五车星（Capella）的光度稍次于天狼，是巴比伦人观测较多的一个恒星（实际为双星）。特明的星团也被人集中观测，昴宿（Pleiades）就属此类。各地都是先就一两个星精心观测，但观测面总是逐渐扩大，最后凡肉眼所能见到的星球，或多或少地都成为观测的对象。以中国而论，不只金星，以上所讲的恒星和星宿在很早的古代就已为我们的祖先所注意，上列的中文星名都是古代就有的名称。

　　观星法都是观测某星与太阳出没的关系，以日出前或日落后某星的方位来测定季节。古人有的注意晨星，有的注意昏星，只是习惯而已。巴比伦、埃及观测晨星较多，中国观测昏星较多；但实际只是偏轻偏重的不同，各地都是晨昏兼顾的，所以中国才有"东有启明，西有长庚"的诗句。这种观测，后来虽成为专职，但在古代始终是几乎每个人都自动从事的一种当然活动。初民与今日生长在都市的人不同，他们经常密切地与大自然接触，他们缺乏灯火；即或有灯火，也是既简陋而又贵重的，既不合用，又不敢多用。他们黄昏后所过的不是灯烛辉煌的生活，而是在昏暗中摸索的生活。再者，他们的夜生活一般是半露天的生活，农村的人尤其如此。夏秋之间，他们许多人根本睡在田间；即或睡在室内，简单的营建方式也叫他们每一外望就立刻见到海阔天空的星天世界。由长期的经验中，他们知道了某些星位与他们生产劳动的节奏联系，于是对于星天感到亲切，每个人对一些有关的星都能指名称呼。我们今日都市的人须由书本中学习的一些天文知识，在古代几乎是尽人皆知的常识。

观象的最后一步为观日。太阳出没的方位经常移动，这对于"日出而作，日入而息"的初民是很容易察觉到的一种现象，而这种移动之直接牵涉到昼夜长短的比例和寒来暑往的节奏也不难于察觉，太阳的旋转显然包含着许多问题。日光太烈，肉眼不能正视。但日光之下的人影以及一切物体的射影是人类一直注意到的，于是经此联想，就创出观日影的办法。最初的办法，无论古代各国或近代落后部族，都是一致的，都是在平地建立直木，一方面测量一日之间日影的长短变化，一方面比较逐日之间日影的变异，特别注意日正南时日影的长度。经过一定时期的测量后，北温带的人发现太阳极北时，木影最短，这就是夏至；太阳极南时，木影最长，这就是冬至。另外发现有两天木影长短适中，这就是春分和秋分。二至二分的发现，是历法史上的关键性发展，至此才算是掌握了季节循环的基本规律。这在世界各地都是原始社会已过和阶级社会已经成立之后的事。

这种简单的测日器，中国古代称为"土圭"或"圭表"，希腊古代称为（Gnomon），拉丁文和近代欧洲文字都承袭了这个希腊字。

在没有讲阶级社会出现后的历法发展之前，还有一个问题应该交代，就是一年的日数问题。我们上面已经说过，初民没有年的概念，自然也就不会有一年的日数的概念。日数的认识是相当晚出的事。首先,初民根本不能计数,尤其不能计大数。我们视为当然的几十、几百、几千、几万以及更大的数目,在初民是不可想像的,在他们的经验中根本遇不到与实际生活有关的这样大的数目。直到近代,仍有个别特别落后的部族,只知有一、二,超过两个就是"多"。每人的双手虽有十指,但由一计到十仍不是轻而易举的事。最初的历法,季节一度循环能有十个月,在当时已经很不简单。再进一步,人们开始计算每月的日数,知道一月有二十九日或三十日。在没有文字以前,这就是历法中计数的极峰了。有文字有国家后,才有了更大的数字。

人类最初的历法都是纯阴历,甚至可说只有月而无年。但到国家成立时,上古早期的各古国都已有了一年十二月的历法,每月二十九或三十天,全年三五四天。但很快就发现这个历法与自然季节的循环不能相互配合。此时人们已开始用圭表观测日影,在观测中发现了二至二分,并发现了二至二分的一度循环为三六五天,比十二月的天数多出十一天。至此遂开始置闰,每过几年,普通是两三年,加一个闰月,使月份与季节始终可以大致符合。但这只能是大致的,而不能是精确的,因为年月日根本不可能精确地配合。试看下面所列年月日的实际长度,这个道理就一目了然了:

　　月绕地球一周(一个月):29.53059 天,即 29 天 12 时 44 分 3 秒。纯阴历十二个月:354.36708 天。
　　地绕太阳一周(回归年):365.242216 天,即 365 天 5 时 48 分 46 秒。

我们看上面阴历一个月的天数和阳历一回归年的天数都包含极复杂的小数,互相不能除尽,所以以月球为准的"月"与回归年之间是永远无法齐齐整整地协调的,古今一切历法的根本困难都由此而出。我们今日凭着精确的观测和科学的推算,只是尽可能地把困难缩小,并不能把困难消除。没有我们今日科学条件的古人,困难当然要大多了。

究竟如何置闰，最为理想，是古人长期不能解决的问题。我们现在只看历法发展最早的三个古国的情况，即巴比伦、埃及、中国。巴比伦长期随意置闰，见季节有问题即加一月，根本没有科学的制度。未统一前，各邦在置闰上各自为政，情形混乱至极，统一后开始统一置闰，但仍是没有定制。固定而基本上正确的置闰法是到公元前三八〇年左右才发现的，就是十九年七闰法。在此方面巴比伦尚落后于后起的希腊，半个世纪以前，即公元前四三二年，雅典天文学家梅唐（Meton）已经发现同一置闰法。中国古代称此十九年置闰的周期为"章"，西方天文学史上称它为"梅唐章"。

埃及与巴比伦一样，也是以阴历的月配合阳历的年，加置闰月，造成阴阳合历。埃及一直到公元前一世纪被罗马征服时，仍无固定的置闰法，远落后于巴比伦。但埃及因为条件特殊，古代就有了阳历，长期二历并行。尼罗河河水的涨落关系着全国的生命，埃及人很早就发现约三百六十天水来一次，后来又进一步精确化，改为三百六十五天。以此为据，不管月转，把全年分为齐齐整整的十二个月，每月三十天，其余五天放在年尾，不计入月内。这个阳历（当然不准确，每年少了约四分之一天）是政治历，国家的公事都以此历为准；宗教活动和农事则始终依照阴阳合历。在这个阴阳合历的使用上，埃及到罗马帝国时代才发现了二十五年九闰的周期原理。西方这两个古国的"章"制，可以以公式表列如下：

巴比伦：$(19 \times 12) + 7 = 235$ 月（十九回归年的阴历月数）

埃及：$(25 \times 12) + 9 = 309$ 月（二十五回归年的阴历月数）

巴比伦：$235 \times 29.53059 = 6939.68865$ 天

$19 \times 365.242216 = 6939.602104$ 天

埃及：$309 \times 29.53059 = 9124.5231$ 天

$25 \times 365.242216 = 9131.0554$ 天

我们可以看到，巴比伦的"章"法基本精确，埃及的"章"法中仍包含相当大的错误；但是连在巴比伦的"章"法中，二百三十五个阴历月与十九个回归年的天数之间仍有小的差别，不能天衣无缝地协调。

中国由于考古资料缺乏，盘庚迁殷（公元前一三〇〇年）以前的历法史无考，但自有材料可考之后，中国历法的发展是比西方两个古国都要快的。殷已开始置闰，最初也是没有定制，有时甚至再闰，一年十四个月；间或三闰，一年十五个月。再闰或三闰的办法，进入春秋就不再见，并且由《春秋经》及《左传》的闰月纪录中，可知进入公元前六世纪后中国已有了十九年七闰的"章"法。究竟何人何年最后解决了这个问题，已难稽考。但中国在世界上是最早解决了这个古历发展史上最棘手的问题的。

在春秋时代历法高度发展的基础上，历法对于农事节奏的指导性当然更加提高了。此后三百年的历法史，我们知道得不多。到战国末年，公元前三世纪后期，在秦相吕不韦的主持下，由各派各家合撰的《吕氏春秋》中，一部为"十二纪"，各纪的篇首为"月令"，总结到当时为止的中国全部历法知识及结合历法的农事经验。汉代儒家的经师把这十二篇首抄合为一，成为《礼记》中的《月令篇》。一年十二月，由孟春正月到季冬十二月，每月都列举太阳的位次，晨昏的星中（清晨何星在南方之中，黄昏何星在南方之中），植物和动物的生长动态，恰当的农事活动。如此紧凑完备而又富于指导意义的"农事劳动月历"，在当时的世界是没有第二份的。经过大一统的汉代许多历法专家进一步钻研天文和进一步总结农民经验之后，这个月历就成为此后二千年黄河流域基本上精确合用的农事历法。

（原载《历史教学》1956 年第 8 期）

下 编

西洋古史论

上古中晚期亚欧大草原的游牧世界与土著世界(公元前一〇〇〇—公元五七〇)

在本年一月高等教育部委托复旦大学在上海召开的世界上古史教学大纲讨论会中,曾谈到大纲中是否需要亚欧草原游牧部族与土著世界关系一章的问题,主张要此一章的理由有二:

(一)世界史应当是全世界的历史,由于史料的关系,我们不得不侧重土著国家的历史,但游牧世界大约在公元前一〇〇〇年以后,最少在个别地方,已开始超越了原始社会的阶段,已开始有了初步的阶级分化,已开始有了国家的雏形。既然如此,我们在名为"世界史"的课程中,就不当把它漏掉。

(二)上古史的一个重大问题,就是难以捉摸各国各区之间相互联系的问题,由于当时生产力的低下和交通工具及交通方法的简陋,恐怕在很大程度上又由于史料的缺略,最少从表面上看,各国各地似乎主要地是在各自发展,不仅没有近代交往频繁、世界基本上一元化的现象,连中古时代那种比较密切的相互联系也不容易发现许多。但即或是在上古时代,世界的发展在很高的程度上仍然是脉络相通的。关于这个问题,我们已另文论及,此处不赘,见《南开大学学报》(人文版)一九五六年一期《对世界上古史改分区教学法为分段教学法的体会》。除根本原则问题外,我们又有把整个旧大陆的所有重要部分联系为一体的一个现成媒介,就是游牧部族,尤其是公元前一〇〇〇年以下开始特别活跃的游牧部族。土著国家的居民一般地是固定不动的，相互之间的征伐也往往局限于世界的一隅。只有游牧部族是自由自在地东西驰骋，同一个部族可以在先后不远的两段时期与中国和欧洲都发生直接关系，东西的交通路线也在很大程度上经过这个游牧世界。所以我们如果以游牧世界为主而观察全世界，会发现永远站在土著立场所不能见到的许多历史景象和历史关系，这对于全面掌握历史是有帮助的。因而，以此为内容的一章，应当列入上古史的教学大纲中，最好是编为最后的一章，在某些方面使它有概括全局的性质。

会中经过讨论，承认这样的一章是需要的，但由于资料缺乏，认为目前就把这一章列入，会造成实际教学中的困难，最后会中决定把与此章有关的内容定为"参考资料"，并建议在此方面曾作尝试的教研组把已经掌握的资料撰成论文，提供大家参考。南开大学在过去三年中曾就此问题作过初步的试探，会中委托南开先行撰写。我们接受了这个任务。我们的经验仍然极不成熟，没有把握的地方很多，下面勉强写出，无论在思想性方面，在整个的结构和取材方面，或在任何细节细目方面，都诚恳地希望能够得到大家的帮助和指教。

一、性质与目的

本章以游牧世界及游牧土著之间的关系为主题。前此的学习都是以土著世界为主，对于游牧部族最多是附带论及。现在我们要换一个方向，要试图站在游牧部族的立场来看土著世界以及整个世界。这个问题是有它一定的复杂性的。土著居民都在固定的国家疆界之内生活活动，一国一地的历史有它比较分明的轮廓。国界当然不是长久不变的，居民当然不是永世不移的，但土著世界的变动面和固定面之间可说是有比较容易捉摸的辩证统一性可寻的。游牧世界的历史则不然。它当然也是有规律性的，但它的规律性最少在表现的形式上是与土著世界不同的。要全面地了解游牧部族的历史，我们就必须随时东西穿插，由中国经中央亚细亚、印度、波斯而达西亚及东欧的这一个广大的原野，这是大大小小的游牧部族出没无定、相互激荡、由极东到泰西往往形成牵一发而动全身的一个整体世界。不仅各游牧部族内部的关系如此，它们与土著世界的关系也往往是如应斯响地东西呼应，往往在东西相隔万里以上的两端先后同时形成土著国家的严重威胁。这恐怕不是偶然的巧合，其中必有根本的原因在；只是因为游牧部族没有文字的记载，我们仅能由土著各国的内部情况解释这个问题，而无法通过掌握双方的情况而全面地了解这个问题罢了。

我们今天实际只是通过游牧土著的关系而认识游牧部族的历史，游牧部族本身的历史我们是所知甚少的。这种关系史的意义极为重要，它帮助我们体会远在上古时代世界各国各地之间的密切联系。

本章特别着重上古时代中期以下的一段历史。公元前一〇〇〇年以前的游牧土著关系，我们所知更少，可在土著国家有关的各章中附带论及，无需另辟专章。但自公元前一〇〇〇年左右起，游牧世界内部开始发生比较根本的社会变化，阶级对立和国家机器开始出现，自此不再是较小的游牧部落与土著国家发生接触或冲突，而是具备国家雏形的较大部族联盟在漫长的疆界上与土著国家对立斗争。这个局面，一张一弛，前后延续了一千年以上，到公元四、五世纪间而土著世界的堤防全部被突破，由中国到西欧形成了一个世界性的游牧部族大迁徙，在这个大迁徙的过程中也就在全世界范围内结束了世界史的上古阶段。

二、游牧地带在世界史上的地位

由蒙古到乌克兰的草原地带，其中包括干燥的平原、高原和一些错综复杂的山岳丘陵，但大体上是一望无际的深草原野，就是上古时代的游牧世界；以今日的政治地理而论，其主要部分都在中国和苏联两国的国境之内，另外又包括蒙古人民共和国的全境、阿富汗的大部和伊朗的一部。

这一个大的世界，没有固定的和清楚的名称；如有名称，一般地也是土著国家为它起的。中国自汉代起，称它为西域。西域一词有广狭的两种含义：狭义的西域是由河西走廊到葱岭以东之地，大致等于今日的新疆，广义的西域意义不定，随着中国政治势力、文化影响、对外贸易关系的时伸时缩，一切中国以西的地方都是西域。①

印度对游牧世界，似乎没有定名。希腊罗马称它为塞其提亚（Scythia），称其人为塞其提人（Scythae），"塞其提"可能是当地人的自称，希腊人不过是模仿当地的发音而把它希腊化而已。中国也知道这个名词，特称葱岭以西的许多部族为塞种或塞人。希腊的所谓塞其提亚也有广狭二义：狭义所指，限于喀尔帕提山（Carpates）至顿河（Tanis）之间的草原，广义的塞其提亚东延无定，正如中国的西域一词的广义范围西延无定一样。②

以上是地名。关于族名，中国历代所接触的游牧部族甚多，各有专名；希腊当初虽然泛称一切游牧部族为塞其提人，但到晚期，特别到罗马兴起之后，也是不同的部族各有专名。这都待下面交代。

游牧部族在历史上的重要性，主要地可说是在于它们入侵土著世界后而引起的世界历史变化。史学研究的对象，以土著地带为

---

① 《史记》中有《大宛列传》而无《西域列传》，《大宛列传》中提到西北诸国时称为"西国"或"西北国"。宣帝时，初置都护，任都护的为郑吉，宣帝嘉勉郑吉的诏书说："都护西域骑都尉郑吉，拊循外蛮，宣明威信……"（《汉书》卷七〇《郑吉传》）这是西域之名初次见于官书，据《汉书》卷九十六上《西域传上》，此为神爵三年（公元前五十九年）的事；正式或非正式的西域之名可能尚早于此。待考。

② 塞其提亚的名称，见于希腊最早的成套史著，即希罗多德（Herodotos，公元前四八四—前四二五年）的《波斯大战史》（Historiae）。在中国文献中，《汉书》卷九十六《西域传》屡次提到塞人。"罽宾国"条："昔匈奴破大月氏，大月氏西君大夏，而塞王南君罽宾。塞种分散，往往为数国，自疏勒以西北休循捐毒之属，皆故塞种也。""乌孙国"条："乌孙国……本塞地也。大月氏西破走塞王，塞王南越县度，大月氏居其地。后乌孙昆莫〔王〕击破大月氏，大月氏徙西臣大夏，而乌孙昆莫居之，故乌孙民有塞种大月氏种云。"

主,自新石器时代晚期以下,土著地带是人类历史发展的中心,历史的主要发展和文化的主要贡献均在此地带。此一地带的发展虽然也不平衡,但最前进的社会都在此出现。最早进入阶级社会的,是土著世界的一些地方,而游牧世界此后仍然长期地处于氏族社会的阶段。

公元前三〇〇〇年左右,可作为土著游牧两大世界最后分化对立的时限。中国、印度、两河流域、埃及四大河流地区,至此都已进入以农业为主的氏族社会晚期或阶级社会初期的阶段,而同时亚欧大草原的自然景象也确切出现,个别孤岛式的地方虽然仍可保留一点农业,但基本上农业生产已成为不可能,旧有的畜牧也不能维持,唯一的出路就是改为逐水草而居的生活方式。游牧世界出现了。

随着游牧世界的出现而来的,就是游牧土著的对立和斗争,游牧部族是经常要侵掠土著国家的。游牧世界生活较苦,部落之间惯于互相侵掠,对于在它们看来是特别富庶的土著国家进行掠夺,那更是当然的事情了。除了经常的边境纷扰外,在上古时代游牧对土著的侵伐曾经出现过三次高潮:第一次在公元前二〇〇〇年左右以下的几个世纪,第二次在公元前一五〇〇年以下的几个世纪,第三次在公元三〇〇年以下的几个世纪。前两次是否曾影响到中国,待考,但由印度到欧洲都曾引起了翻天覆地的变化。这两次部族移徙,可与由印度到欧洲各土著国家的历史合讲。第三次的移动,并且上溯到公元前一〇〇〇年左右阶级开始分化时期以下的游牧部族发展史及其与土著地带的关系史,是本章所要说明的主题。

游牧地带,就自然条件言,是自成一个世界的,南北都有屏障:往北不是难以穿过的原始森林,就是令人难以为生的苔原,往南则是延绵不断的山脉。过了南界的大山,就是富于诱惑力的土著世界。由东而西,沿着山脉有一些隘口可以通过,也是历史上游牧部族侵入土著国家的必经之路。在中国的北边,经过阴山,通过雁门,可以进入晋北;在西北,通过玉门、阳关,可以进入黄河上中游以及一部蒙古平原的地方。经过今日阿富汗境内的兴都库什的各山口，可以进入伊朗高原和印度河流域。经过高加索山，可以进入亚美尼亚高原以及更南更西的地方。最后，经过多瑙河下游的河谷，可以进入巴尔干半岛，由巴尔干又可以很容易地转入小亚细亚。在上古时代，以至到了中古时代，这都是游牧部族不止一次地向土著世界涌进的通路。

使游牧部族能够经常在边境向土著世界侵掠的，主要的是它们牵挂较少的来去自如的生活方式，他们可以主动地选择比较弱的据点进行袭击，所以也就可以以少胜多，小股的人甚至可以一掠而逃，使土著国家较大但是也较集中的队伍处在措手不及的被动状态之下。除了这种生活方式的基本情况外，马的使用更加增强了游牧部族的袭击能力。

草原世界的文化，由一个重要方面言，即由交通动力方面言，可称为"马的文化"。马为游牧世界驯服的畜种。马的使用，可能在游牧生活方式出现之前已经开始，但马的潜在力量的彻底发挥，则是公元前三〇〇〇年后游牧部族的贡献，土著世界的各国当初似乎都未驯马，土著国家的用马都是先后由游牧部族学来的。[①]

野马本是人类渔猎采集生活阶段的一个猎取对象，后来到了驯畜时，驯马在最初也只是为吃马肉，不久又发现马乳可食。马既已驯服之后，就又成了一个重要的劳动力，可以驮物载重。有车后，马又挽车。但在上古时代，马仍是特别贵重的畜类，土著地带一般的

---

① 作为生物学的一个研究对象，马种、马属以至马科的发展史是知道得特别清楚的；但作为人类使用的一种驯畜，马的历史至今仍有许多的缺页，本篇只就已经确定的重要部分，加以论列。关于驯马史的各种问题，可参考以下各书：Dürst, J. U. , "Animal Remains from the Excavations in Anau, and the Horse of Anau in its Relation to the Races of Domestic Horses," *Carnegie Institution Publication* 73, pp. 339—442. (Washington, 1908); Antonius, O. , *Stammesgeschichte der Haustiere* (Fischer, Jena. 1922); Hilzheimer, M. , *Natürliche Rassengeschichte der Haussäugetiere* (De Gruyter, Berlin. 1926); Thévenin, R. , *L'Origine des animaux domestiques* (Presses Universitaires de France, Paris. 1947).

车辆,用牛或用驴拉的较多,只有在中国用马拉车是比较普遍的。至于在游牧世界,用马挽车是当然的事。游牧部族居住营幕,移动时一般是把整个的营幕驾在车上,成为"行屋"。

游牧部族又用马拉一种轻便的车辆,上阵打仗,就是中国所谓"戎车"。这似乎是大草原西部各族于公元前二〇〇〇年左右发明的,此时它们开始入侵西亚各土著国家,战车一时成了他们所向无敌的一种武器,许多大大小小的土著国家都被征服。中国同时或稍晚也有了战车,似乎是自制的,并非学自游牧部族。中国在上古时代大概是独自发明战车的唯一土著国家。①

最后,游牧部族开始骑马,并且骑在马上作战,就是中国所谓"骑射"。这也是西方游牧部族,特别是塞人的一种发明。骑射大约是公元前一〇〇〇年左右出现的一种新的作战技术。在此以前,一般地无人骑马,骑驴的也不多见。至于牛,由于躯体构造的关系,根本难以乘骑。到公元前一〇〇〇年,塞人初次解决了乘骑的一切技术问题,除作战外,马从此成了游牧世界有革命性的一个交通工具。在近代科学交通工具发明以前,马是人类最快的交通工具。善骑的人骑着良马飞跑,在短距离内是可以与火车竞赛的。生产力低下、地广人稀的游牧世界,生活中一个严重的问题就是交通问题,人们经常地相互隔绝;虽然可以相互侵扰,但若要大规模地组织联系,那就极为困难了。交通问题的解决,是在广阔范围内组织联系的一个先决问题。自从骑马之后,游牧的人们可以在一望无际的草原上自由驰骋。至此,游牧部族才有可能建立具备国家雏形的较大部落联盟,最少在西方塞人的地方此时开始见到阶级的分化和早期国家的建立。游牧世界建立国家,是比土著世界最先进的地方要晚两千年

---

① 《诗经·大雅·大明篇》歌颂周灭殷的牧野之战,有"牧野洋洋,檀车煌煌"之句。"檀车"就是作战的戎车。此时及此后与中国斗争的匈奴并无战车,中国的战车最少不是从东方的游牧部族学来的;至于究竟是完全出于自创,或间接地与西方游牧部族有关,根据现有的资料尚不能断定。

以上的。

已是土著世界经常威胁的游牧部族，至此成了土著各国防不胜防的大患。现在他们骑在马上，来去如飞，土著军队的被动地位更为加深了。

以下我们先讲西方的游牧部族，就是与希腊人接触较多的塞人或塞其提人。

三、塞人与希腊

塞人的语言属于何一体系，不详；他们内部的语言是否统一，甚至是否属于一系，也待考。我们只知道由中央亚细亚到黑海北岸，称为塞人的部族甚多，各部相继得势。与希腊人最早接触的一种称为其美里人（Cimmerii），至公元前七世纪又称为塞其提人，到公元前三世纪开始盛强的部族又称为萨马提人（Sarmatae）。三种人都泛称塞其提人或塞人。[1]

由希腊人的记载中，我们可以知道塞人生活的轮廓。他们的物质生活主要靠牲畜，马牛羊是他们主要的财富。由于树木缺乏，畜粪就是他们的燃料。衣服为皮制或呢制，营帐也是如此，原料都来自牲畜。

他们的军事生活也以牲畜，特别以马为主要物质条件。他们吃马肉，饮马乳，但马的关键地位是它的军事工具资格：先拉战车，后备乘骑。塞人作战的武器，以弓箭为主：车战阶段已是如此，骑战阶段更是如此，飞马急驰时而准确发箭，成了塞人以及其他游牧部族的一种特殊技能。另外，他们有短刀、长矛、斧钺，供作交战之用。

---

[1] 关于西方塞人的历史，古希腊文献中记载最详细的为希罗多德的《波斯大战史》卷四，第1—142章（此书近代欧洲的重要文字都有译本）。关于近代作品，早期的可参考 Gibbon, E., *The Decline and Fall of the Roman Empire*，第26章（此书版本甚多）；较近的书有 Minns, E. H., *Scythians and Greeks* (Cambridge, 1913)。

　　塞人的服装与他们的军事生活密切相关,特别是到有了骑射之后,服装的制造原理完全是为了适应马上作战的要求。绔、长靴、马褂、尖帽或风帽构成塞人的全套戎装。头饰或是高而尖的小帽,或是紧护头部而披于背后的风帽,两者都不兜风,没有阻力,利于马上奔驰。马褂护卫上身,保持温暖,同时又不阻挠两腿的动作。长靴为两脚及胫部御寒,同时又挡住了内胫与马腹的摩擦。绔为骑射战术所必需;一般的骑马可无需有绔,经常骑在马上急驰的生活则要求穿绔。

　　人类服装的历史,看似复杂,原理实际甚为简单。较宽的一条腰带,是有了编织技术之后遍世各地的普遍服装及基本服装,冬季在寒冷的地区或者再披上一件兽皮。这种最原始的衣服,进一步发展,或者成为整体的长袍,或者成为上下两分的衫裙,就是中国古代所谓“上衣下裳”。服装不分男女,基本上是一致的。在热带和温带,服装长期停留在这个阶段上。在较寒之区,就亚欧大陆而言就是温带的北部及接近或进入寒带的地方,两腿后来加上胫衣,左右各一。胫衣,中国原称为绔,就是后日所谓套裤。再后,套裤加腰,连为一体,成为开裆裤。较北的土著地带,下衣的发展到此为止,再进一步的发展就是亚欧草原游牧部族的事了。大约在公元前一〇〇〇年左右,塞人在骑射的同时又制成了合裆裤,就是中国古代所谓裤或穷裤。这当初虽是一种军事性质的发明,塞人当然很快就发现穷裤的高度御寒功用。穷裤和骑射不久就传遍了整个的游牧世界。[1]

　　以上是塞人物质生活各方面的情况。在政治方面,我们只知道与希腊人接触的塞人的政治中心在后日俄罗斯南部的地方,即黑海

---

[1] 关于塞人以及全世各族的服装史参考:Racinet, A. C. A., *Le Cosutume historique* (Paris, 1877—1886)。此书的著者 Racinet(1825—1893)为服装设计专家兼服装史专家,理论和实践是密切结合的。全书六巨册,彩图五百种,在七十年后的今日仍为此方面的权威作品。

北岸的乌克兰一带。公元前八世纪他们已开始与希腊通商。他们是纯游牧部族,但同时他们又征服了当地一些经营农业的土著部族,并向他们征贡。塞人活动的范围向西达到匈牙利高原,向南虎视希腊,马其顿人经常在边境上与他们斗争,特拉其(Thrace)东部是双方主要的争夺对象。

在社会性质上,塞人已进入氏族社会末期,阶级分化已经开始,部落联盟的管理机构已开始转化为国家机器,对于土著部族的征服和征贡更加强了这种发展的趋势。但与土著国家的希腊各城邦比较起来,他们仍是落后的,所以与希腊的商业关系是一种不对等的贸易。他们由希腊输入纺织品和其他奢侈品;他们自己只有皮料和呢料,所以贵族特别欢迎希腊的纺织成品。作为向希腊交换的,以麦为主,这都是被征服的土著部族所纳的贡粮。他们自己所养的牛马,也输往希腊。塞人世界经常见到希腊商人的足迹,远达里海以东也有发现。

较东的塞人,我们知道得很少。有一批塞人曾穿过高加索山脉,进入小亚细亚东北部,在公元前三〇〇年左右建立了滂陀国(Pontus)。他们改游牧为土著,但主要地不是从事农耕,而是从事畜牧,以养马为生。

在里海以南也有一些塞人,与波斯人接触,成为波斯的一个边疆问题。在波斯历史和印度历史上,塞人称为塞卡(Saca),与希腊文的塞其提是同一个名词。

再东的一批塞人,部族的名称为大夏(Daha),于公元前三世纪中期占领了中央亚细亚药杀水(Jaxartes)及乌浒水(Oxus)流域的地方,建立国家,就是中国史籍中的大夏国。此地原为最东的希腊化地区。公元前二世纪是大夏的最盛时期。但到该世纪的后期,原处在当时中国西北的边外、被匈奴驱逐而辗转西迁的大月氏人最后到了这个地方,征服了大夏。这就是不久之后张骞所到的大夏。这个大月氏的大夏后来发展到印度河流域,公元一世纪中期建立了印度历史上的贵霜王朝。

在公元前三世纪,以南俄为中心的塞人国家内部发生了政变,同种的萨马提人攻败了塞人,建立了新的政权。失败的塞人,一部南逃到克里米亚半岛。此后数百年此区的历史不明,经过日耳曼人一度占领后,到上古末期和中古初期它成了斯拉夫世界的一部,塞人和萨马提人都成了斯拉夫人,特别是东斯拉夫人的组成部分。

四、中国上古史上的游牧部族

在上古时代与中国接触最多的游牧部族就是匈奴。正如塞人的种族和语言体系问题,今日仍难解决,匈奴人的种族和语系我们也仍不能判明。在生活方式上,他们基本与塞人一致,只在有些方面较塞人发展得稍为迟缓。

自中国有文字记载以来,匈奴就在北方和西北方与中国接壤,由殷商到两晋,前后一千五百年以上,双方的斗争始终未断。殷代称匈奴为鬼,称其地为鬼方,殷高宗武丁(公元前一二五〇年左右)曾与鬼方大战三年。周当初在西北,称匈奴为昆夷、混夷、串夷、犬夷、畎夷,有时也用殷名称为鬼方或鬼戎;殷周之际,周人在西北也经常地与匈奴作战。周太王(公元前一一二五年左右)大概一时曾为匈奴所败,王季继续作战,到文王时周人才开始占上风。[①]

西周时代(公元前一〇二七一前七七一年)中国称匈奴为猃狁、犬戎、西戎。穆王曾败匈奴(公元前九〇〇年左右)。厉王时(公元

[①] 殷高宗伐鬼方的事,见《周易》既济卦九三爻词:"高宗伐鬼方,三年克之。"未济卦九四爻词:"震用伐鬼方,三年有赏于大国。"(现存《周易》一书中最早的文字就是卦爻词部分,都是根据殷代和殷周之际的重要卜辞编写而成的,保存了一些当时的史料。)殷周之际周三王与匈奴的关系:关于周太王,《诗经·大雅·绵》:"混夷駾矣。"(《说文》"呬"下引作"犬夷呬矣",本今文家齐鲁韩三家诗。)关于王季,《竹书纪年》说他曾"伐西落鬼戎"。关于文王的记载,不止一处。《大雅·皇矣》:"串夷载路。"《大雅·荡》:"覃及鬼方。"《孟子·梁惠王》:"文王事昆夷。"《史记·齐世家》:"文王伐犬夷。"《史记·匈奴传》:"周西伯昌伐畎夷氏。"

前八五○年左右）匈奴入侵，一部诸侯及卿大夫乘机把王驱逐。宣王（公元前八二七—前七八二年）曾与匈奴发生过剧战。幽王时（公元前七八一—前七七一年）匈奴卷入了中国内部的斗争，最后与一部诸侯战败并杀死了幽王，结束了西周时代。①

以上的这些名词，如鬼、昆、混、犬、畎、串、猃狁，实际都是同一名词的音转，只是汉字的写法不同而已。西戎的西字，当然是就方位而言，不牵涉到音转问题。这些同一名词的各种音转，就是战国以下的匈奴。

春秋时代（公元前七七一—前四七三年），在中国匈奴的关系上，秦晋成了首当其冲的国家。秦仍用旧名，称匈奴为戎或西戎，秦文公败匈奴，收复了西周末年被匈奴侵占的岐西之地（公元前七五三年）。秦穆公（公元前六五九—前六二一年）降服了西北的许多匈奴部落，这就是历史上所谓秦穆公"霸西戎"。②

晋国在习惯上开始采用匈奴各部族的专名而分别称呼，如鲜虞、狄、无终，等等。春秋时代三百年间，晋国屡屡与遍布在今山西省北部的匈奴作战，其中一次战役的经过，特别帮助我们了解殷商到春秋八个世纪间中国匈奴关系的一个关键问题，我们此处可具体交代一下。公元前五四一年，晋与匈奴在大卤（今山西中部，包括太原在内）作战，战场狭隘，匈奴只有步兵，而晋军以戎车为主，在狭隘的战场上施展不开，晋军的主帅于是临时变通，叫所有的人都下车，编为步兵，结果大败匈奴。③

在战国以前，无论是在当时中国的边外或畿内与匈奴作战，中国的记载中没有一次提到匈奴以戎车或乘骑作战，而由春秋晚期的大卤之战中，我们知道匈奴只有步兵。这是匈奴与草原西部游牧部

---

① 西周时代，穆王伐犬戎，见《国语·周语》；厉王、幽王与西戎或犬戎的关系，见《史记·周本纪》及《匈奴列传》。宣王伐匈奴的事迹，除《史记》外，又见当时作品的《小雅》各篇：《采薇篇》（猃狁），《出车篇》（猃狁、西戎），《六月篇》（猃狁）。
② 见《左传》及《史记·秦本纪》。
③ 见昭公元年《春秋》及《左传》。

族大不同的一点,西部的人在一千多年以前已经车战,并且把车战法传入西方的土著国家。而在东方,至迟到殷周之际,中国已有车战法,而与中国接触的游牧部族反倒长期仍只步下作战。此中的原因仍待研究,但它的影响却是极端重要的。由殷到战国初期,将近一千年的时间,中国基本上处在铜器时代,生产力不高,对于适于农耕的边远地区无力开发,所以雁门以南,玉门和阳关以东的大块土地并未成为中原国家的田园,而是匈奴部族的牧地。只能作为牧地的干旱之区不能改成田园,田园之区却是可以作为牧地的。此时匈奴深入田园之区的内地,中国可说是处在劣势的。但反过来讲,中国善于车战,在一般的战场上中国的军队总是处于优势的。所以匈奴尽管深入田园之地,却不能形成生死攸关的威胁,大部的时期主动仍然操在中国手里。假定匈奴也有车战法,特别假定在公元前一〇〇〇年后匈奴也开始骑射,历史的局面就会大有不同了。下面讲到战国时代,我们更可明了此理。

进入战国,中国开始用匈奴或胡的名称,两词也只是不同的音转。匈奴问题的严重化,是进入战国以后的事。匈奴没有经过一个车战的阶段,在春秋战国之交,或战国初期,匈奴开始骑射。关于此事的年份和经过,我们完全不知道,一定是公元前五〇〇到前四〇〇年之间的事,大概是由西方游牧部族学来的,匈奴骑射,中国的边疆从此就多事了。中国现在不仅在地势上处于劣势,在军事技术上也处于劣势了。过去匈奴徒步,行动迟缓,尚可防御。现在胡骑倏来倏往,行动如飞,边防几乎可说已成了不可能的事。唯一的出路,就是中国在军事上也匈奴化。

中国胡服骑射,何时开始,何地开始,已难稽考,所谓赵武灵王胡服骑射,其中必有误会。赵王改制,据传为公元前三〇七年事,但《战国策》前此已屡次提到各国的骑兵。中国的胡服骑射,当在公元前四〇〇年左右,最初必是北方近胡的国家倡导的,后来遍各国。

骑射必须胡服，胡服就是匈奴学自西方部族一整套马上作战的装束。①

所谓赵武灵王胡服骑射，大概是公元前三〇七年赵国大规模扩充骑兵的误传。此后不久，赵就以强大的骑兵进攻匈奴，占有了今日晋北及一部更北的土地。②

但中国终究是土著国家，虽有骑兵，在漫长的疆界上对于胡骑仍有穷于应付之感。平坦之地不必说，即或是山地，也仍有路可通，胡骑仍可入袭。北边的秦赵燕三国于是又采取了第二种措施，就是修筑长城。步步驻军为不可能，只有步步设防，长城就是延绵不断的防御工事，在一定的距离间设立防哨。马不能逾墙而过，胡骑近墙时，哨兵总可见到，有足够的时间调集相当的兵力抵御或反攻。

胡服骑射对中国内部的战术也发生了反作用，列国间的战争也成了闪电式的，不再像过去那种比较慢条斯理的战争。国与国的交界处也必须设防。春秋时代，列国间的疆界上，除少数重要据点外，根本空虚，国境线也不十分清楚。现在不同了，内地各国的国境线上也都筑起了长城。③

公元前二二一年，秦并六国，中国初次出现了真正大一统的局面。秦始皇计划彻底解决边疆的问题，公元前二一五年命蒙恬伐匈奴，占取河套，就是当时所谓河南之地。次年，增筑长城，就是把过去秦赵燕三国防胡的长城连而为一，并相应地增修，把河套也圈入长城之内。这就是所谓万里长城。同时，秦始皇又销毁了战国时代内地各国间的长城。

秦代中国对匈奴尚能采取主动，但秦末和楚汉之际情况大变，

---

① 军队中胡服骑射之后，胡服逐渐成为一般的服装，到汉代，女子也开始穿穷绔。《汉书》卷九十七上《外戚上》"孝昭上官皇后"条："光欲皇后擅宠有子。帝时体不安，左右及医皆阿意，言宜禁内，虽宫人使令皆为穷绔，多其带。后宫莫有进者。"
② 赵武灵王胡服骑射，见《战国策》卷十九《赵策二》；赵王破胡拓土，见《史记》卷四三《赵世家》，卷一一〇《匈奴列传》。
③ 顾炎武《日知录》卷三十一"长城"条，对战国时代有关长城的资料，辑录甚详。

中国的大一统之局出现后不久，匈奴也初次实现了内部的统一。匈奴的单于冒顿（约公元前二〇九—前一七四年在位）西并大月氏，占西域，压迫月氏人西迁；东灭东胡；北吞漠北；南向夺回河南之地，由辽东到河西建立了与中国并行的一个游牧大帝国。公元前二〇〇年，方才又把中国统一的汉高帝攻匈奴，失败，在平城（今大同）被困七日。此后六七十年间，中国无力解决边疆问题，虽经常与匈奴和亲，边境之上始终得不到安宁。

经过七十年的休养生息，到汉武帝时中国才有反攻的能力，十年之间（公元前一二九—前一一九年）屡败匈奴，又占取了河套（公元前一二七年），夺匈奴右地，即原大月氏之地，并进而经略西域（公元前一二一年），最后又断匈奴左臂，即原东胡之地（公元前一一九年）。至此中国方有在安靖的环境下发展生产的可能。①

匈奴的问题至此可算解决，公元前五十三年单于正式降汉。王莽时（公元九至二十三年）匈奴又与中国对立。但不久匈奴内乱，分为南北，公元五十年南匈奴又降汉，自此就经常驻防在今日晋北及呼和浩特一带。此后中国又经略西域，并会同南匈奴合攻北匈奴，公元八十九至九十一年间北匈奴彻底失败，逐渐西迁，从此就不再见于中国的史乘了。②

此后二百多年间，经过汉末、三国、魏和晋初，南匈奴大致驻防原地，大概是度一种半游牧半土著的生活。三世纪末，中国由于阶级矛盾尖锐化，全国动荡，统治阶级内部形成了八王之乱。公元三〇四年南匈奴乘机南下，引起了中国历史上所谓五胡乱华。③

北匈奴西移经过的详情，无考。他们部族复杂，分合无定，沿路

---

① 秦及西汉时代中国与匈奴的关系，见《史记·秦始皇本纪》及《史记》《汉书》的《匈奴传》和有关的帝纪及列传。
② 东汉时的中国匈奴关系，见《后汉书·南匈奴传》及有关的帝纪列传。
③ 五胡乱华，见《晋书》有关各帝纪及载记各篇。

时常作或长或短的停留。有些部族到达中央亚细亚后，长期未再移动，后来与印度和波斯发生了严重的冲突。继续西进的一支，四世纪晚期，即中国方面南匈奴南下中原之后的七十年，到了黑海北岸和西北岸，就是当初塞人以及萨马提人政治中心所在的地方。此时此地已为哥特族（Gothi）的日耳曼人所占。三七五年匈奴战败并吞了偏东的东哥特，进而威胁隔多瑙河与罗马帝国为邻的西哥特。

西哥特及罗马帝国都对匈奴深怀恐惧，经过磋商，三七六年罗马容许西哥特人渡河，入居帝国境内，说是双方合同抵御匈奴。但罗马官吏贪污腐败，对西哥特人欺压奴役，结果到三七八年引起西哥特人的起兵反抗，在君士坦丁堡附近的哈吉安诺堡（Hadrianopolis）大败帝国的军队，皇帝也阵亡，帝国的弱点整个地暴露。此时沿着多瑙河和莱茵河的帝国国境线上，满是不同部族的日耳曼人，他们看到有隙可乘，于是蜂拥而入，引起了与五胡乱华相似的日耳曼人大闹罗马。

五、科尔提人、日耳曼人、匈奴人与罗马帝国

科尔提人（Celtae）大概属于公元前一五〇〇年以下向外迁徙的游牧部族的一种，他们进入欧洲，逐渐西移，到公元前九〇〇年左右已到了高卢（Gallia），即今日法兰西、瑞士、比利时三国的国境。他们向南越过高山，一方面进入意大利，占有了半岛的北部，一方面进入西班牙，蔓延到西境各地。公元前五世纪，又逾海入占不列颠南部，并由此发展到北部的苏格兰山地和又隔海水的爱尔兰。在罗马强大以前，科尔提人已成为西欧大部土地的主人，进入意大利北部的科尔提人并曾长期与罗马斗争，但到公元前一世纪初期他们已基本上被罗马人打败了。公元前一世纪中期，高卢和西班牙都并入罗马的疆土，公元一世纪罗马又征服了不列颠的大部，至此科尔提人

的世界只剩下苏格兰和爱尔兰了。①

　　移入西欧之后,科尔提人已成为农业土著的部族,但生产和文化仍然比较落后,没有能够超越国家雏形的部落联盟阶段,所以当他们为罗马所并后,很快地就接受了罗马的生活方式;那也就是说,在文化上,在语言上,他们不再是科尔提人,而已成了与罗马人同化的拉丁人了。

　　紧随科尔提人之后而向欧洲移动的就是日耳曼人(Germani),到公元前一〇〇〇年稍前,他们已到了斯堪的那维亚半岛南部及易北(Albis)、奥得(Viadrus)两河之间,易北河以西此时仍为科尔提人聚居之地。此后一千多年之间,日耳曼人不断向外发展,最后形成西、东、北三支。西支就是自公元前一〇〇〇年左右开始渡过易北河与科尔提人争土的一支,此支特称为条顿人(Teutones)。他们的势力后来达到莱茵河,到公元前一〇〇年已占领了后日德意志的南部,并已开始与罗马人争夺高卢。西日耳曼人当初为畜牧及农业兼营的部族,但进入公元一世纪,也就是罗马帝国成立后,他们已完全为农业部族,政治组织仍为部落联盟的形式。

　　东日耳曼人于公元前六〇〇—前三〇〇年间越过波罗的海,沿着维斯瓦河逆流而上,发展到喀尔帕提山地一带,成了后日的伯根第人(Burgundi)、哥特人(Gothi)、汪达里人(Vandali)、朗巴第人(Langobardi)和一些其他名称的部落联盟,其中的哥特人在公元二一四年前不久移植到黑海北岸和西北岸,取代了当地萨马提人的地位。这就是一百六十年后首当其冲地为匈奴所败的那一种日耳曼人。东日耳曼人的社会情况大致与西日耳曼人相同。

　　最后,北日耳曼人未向大陆移动,他们除仍居斯堪的那维亚半

---

① 恺撒(Julius Caesar)为罗马征服高卢后所写的《高卢战争史》(Belli Gallici)是现存有关科尔提人最详细的史料。此书欧洲各国学者校订的版本甚多,重要的欧洲文字也都有译本。关于科尔提人早期的历史,只有考古学的资料,散见于多种考古学杂志和考古报告中。

岛南部,即后日丹麦地方的以外,又向北填满了整个半岛及冰岛,形成了历史上的丹麦人、瑞典人、挪威人、冰岛人。这一支日耳曼人特别落后,到中古初期之末才开始建立国家。①

罗马帝国成立后,创业皇帝奥古斯督(Augustus)计划征服日耳曼人,正如在帝国成立的前夕曾经征服了科尔提人一样。但他这个计划失败了,公元九年在今日德国西北角的地方日耳曼人给予入侵的罗马大军一个歼灭性的打击,自此罗马就放弃了并吞日耳曼世界的计划,在与日耳曼人交界的地方,甚至后来在不列颠岛与科尔提人交界的地方,也如中国北疆一样地修建起长城(Limes)。而与中国大不相同的一点,就是中国后来有能力越过长城,使边防更为稳定,而罗马基本上未能踏过长城线,始终处在防守和挨打的境地。恰巧再经过在东方失败而移到西方的匈奴一冲,罗马帝国的边防一时就整个土崩瓦解了。

公元三七八年,西哥特人战败罗马皇帝亲自率领的军队之后,由于人民起义,由于日耳曼人侵扰,由于统治阶级内部的争夺,罗马帝国又混乱了十几年,至三九四年才由皇帝提沃窦舍一世(Theodosius Ⅰ)把帝国再度统一。次年他自己就死掉,临死前指派两个儿子在东西两部分别即位为皇帝。此次的分立,事实证明为最后一次和永久性的分裂,帝国东部自此较为稳定地建立起封建局面,帝国西部则不久全为日耳曼人所占,通过了几百年的氏族社会转入阶级社会的过渡时期,封建社会才开始成立。

第一种在帝国内部建国的日耳曼人就是西哥特人。他们三七八年在东方败杀罗马皇帝后不久,就转向西方,最后于四一〇年八月在亚拉利克(Alaricus)的领导下攻陷了罗马城。罗马城的攻陷,除了日耳曼对罗马斗争的一面外,尚有奴隶起义的一面:城不是直

---

① 关于进入罗马帝国以前日耳曼人的社会情况,公元一、二世纪间塔其屠(Tacitus)所著《日耳曼纪》(Germania)为最重要的文献。此书也是版本和译本甚多。早期日耳曼人的历史,也只有考古学的资料。

接攻破的,而是由于城内的奴隶打开城门而被冲入的。在罗马城抢劫一阵并在意大利继续游掠后,四一二年西哥特人进入高卢,并越山与早几年到达的汪达里人争夺西班牙(四一五—四一九年)。最后他们在西班牙和高卢的西南部建立了自己的国家,四一九年罗马皇帝正式承认它为帝国国境之内的一个附属国家。这是第一个如此合法化的日耳曼王国。

汪达里人于四〇〇年后渡过莱茵河,侵入高卢,转西班牙。不久又被西哥特人所逐,逾海而入北非,立国(四二九—四三一年),到四三五年也得到罗马皇帝的正式承认。四三九年,他们攻取了迦太基,定为都城。他们以北非的港口为基地,在西地中海从事海盗的生活,四五五年越海攻劫罗马城。他们此次对罗马城的搜劫,特别对建筑文物的破坏,远较四十五年前的西哥特人为粗暴彻底,帝国的古都从此就开始呈显中古初期的残破景象了。①

伯根第人也于四〇〇年后侵入高卢,在东南部的罗丹诺河(Rhodanus),即今隆河流域立国。

东哥特人,最后在帝国境内立国的一种东日耳曼人,所占领的是意大利半岛。进入四世纪后,罗马城实际已不再是帝国的首都:凡只有一个皇帝时,他总是在东方;如有两个皇帝,西帝开始坐镇米丢兰侬(Mediolanum),即今日的米兰,这个阿尔卑斯山脚下的城镇是较罗马更适于作为指挥西部边防的神经中枢的。进入五世纪,自四〇二年起,西帝的大本营又迁往临海的拉分那(Ravenna)。所以当四一〇年罗马城被日耳曼人攻下时,皇帝本人根本不在城内,整个的军事政治机构实际都在拉分那,五世纪的一些皇帝都是傀儡,实权操在武人手中,并且都是投降罗马的日耳曼武人。皇帝由他们自由废立,意大利实质上也等于一个日耳曼王国。四七六年日尔曼

---

① 各种日耳曼人实际都因无知而破坏文物,但汪达里人大概是由于此次对罗马的破坏,在后世特别背了恶名,各种欧洲文字中都有了"汪达里作风"一词,意即对于文物的野蛮破坏。此词在法文为Vandalisme,其他欧洲文字写法相同,只字尾稍异。

军人奥窦瓦卡(日耳曼拼音:Odovacar;拉丁音转为 Odoacer)废掉最后的一个幼帝罗穆卢·小奥古斯督卢斯(Romulus Augustulus),干脆决定不再立有名无实的皇帝。他通过元老院请求东帝承认他为罗马主(Patricius),实际上就是意大利王。现在等于又添了一个帝国正式承认的国境之内的附属国。这就是十九世纪资产阶级历史学者在思想上是形式主义地、在事实上是错误地夸大为罗马帝国灭亡或西罗马帝国灭亡的那件纯粹幻想的"惊天动地"大事。实质上无论在当时或对后世,它的意义和影响都是微不足道的。①

奥窦瓦卡所建立的小朝廷只维持了十三年,四八九年原被匈奴人征服吞并而现在又恢复独立的东哥特人攻入意大利,到四九三年占领了整个的半岛,此后半个多世纪之间意大利就形成了东哥特王国,它的国王对帝国仍沿袭罗马主的称号。

以上这四个国家都是东日耳曼人建立的,另外,西日耳曼人也在罗马帝国境内开辟地盘,创设了两个王国。

盎格娄、萨克森、犹提(Angli,Saxones,Jutae)三种原处在今日德国北中部的西日耳曼人,于五、六世纪间占领了不列颠岛的大部。到四〇〇年左右,多瑙河和莱茵河上的帝国门户大开,到处都是日耳曼人打开的缺口,帝国开始有穷于应付之感,对于边远而隔海的不列颠无力照管,决定自动撤守。前后三十五年间(四〇七—四四二年),罗马驻军和拉丁移民都陆续撤回大陆。至此,不列颠岛上已经没有强大的有组织的政治力量,政治上形成真空状态,四四一年,罗马人撤净的前一年,萨克森人开始渡海移入不列颠岛。此后一百五十年间,直到六世纪末,三种生活语言相近的西日耳曼人一批一批地移植岛上,一方面夺占原来科尔提居民的土地,一方面相互争夺,混战状态长期地笼罩岛上,没有统一的王国出现。

到五世纪末,西方只剩下高卢北部在名义上仍然直属于罗马帝

---

① 这个问题,此处不能深论,将来拟专文探讨。

国(当然是属于拜占廷的皇帝,西方此时已无皇帝),但这块地方也不能维持很久。四八六年原在莱茵河下游的法兰克人(Franci)西侵,一鼓而占此地,并且很快地把势力扩充到高卢的大部。①

总结以上,到五〇〇年时,罗马帝国西部的全部领土已经被六种日耳曼部族所夺占:在非洲的为汪达里人,在西欧大陆的为西哥特、东哥特、伯根第、法兰克人,在不列颠岛上混战的为三个相近的部族。拉丁语部分的帝国土地已经全部陷落了。但希腊语部分的东方则基本上仍然完整,正如五胡乱华后的中国淮水流域以南仍然完整一样。

六、游牧部族的结局

公元三〇〇至五〇〇年的两个世纪间,由太平洋岸到大西洋岸亚欧大陆的所有土著帝国都遭受到游牧部族或半游牧部族的严重破坏,远东的中国和泰西的罗马并且丧失了大量的土地。暂时地看,由表面现象上看,游牧部族的威力是锐不可当的。但游牧部族有它基本的弱点,决定它在与土著国家的斗争中最后往往要沦入劣势。

游牧部族的根本弱点就是人口太少、生产力太低,整个的经济基础过度脆弱。以游牧或畜牧为主或仅有初步农艺的部族由于生产低下,与土著国家相较,人口根本不成比例。它们唯一的优点是牵挂较少、流动性较大,所以当土著地带由于内部矛盾尖锐化而各种力量互相牵制、互相抵消,以致不能团结对外时,甚至一部力量联合外力而对内斗争时,游牧部族才可比较容易地乘虚而入,征服人口众多,经济比较雄厚的土著大国,否则它们就只能扰边,而不能深

① 关于日耳曼人入侵罗马的史料,多而凌乱,不予列举。在后世历史学者的叙述中,Gibbon 的书(见前)仍是详尽、生动而基本可靠的(见该书第30—39章)。

入内地。

一般地讲,游牧部族只有在把较弱的土著地区征服后,才有可能另创新局。生产尚低、人口不密的古代国家如被征服,人口可以大部被屠戮、被奴役、被驱逐流亡,经济政治文化中心的城市可以全部被破坏,成为丘墟,原有的政治机构以及社会机构可以全被毁灭。在这种情况下,征服者可以另起炉灶,再经氏族社会而进入一种新型的国家阶段。如公元前二〇〇〇年以下历届征服两河流域的各部族,如公元前二〇〇〇至前一〇〇〇年征服古印度北部的雅利安人,如公元前一四〇〇年以下征服爱琴世界的希腊人,都属于此类:原来当地的人口基础、经济基础、政治基础,以及包括语言在内的全部生活方式都被彻底粉碎,等于一种巨大的天灾把一个地方削平,原地的残余人口和残余物质条件只能作为新局创造中的原始资料,创造的动力全部地,最少是大部地来自比较落后而社会机体完整的征服者部族。这在上古前半期,即生产力一般低下的铜器时代,是曾经不止一次发生过的使历史临时倒流的现象。

反之,对于经济基础富厚,人口稠密的土著国家,游牧部族是只能摇撼而不能根拔的。他们可乘虚入侵,但最后或是被驱逐,或是被消灭,而最普通的则是被同化。在上古前半期的世界中,经济最为富裕,人口最为繁盛的国家大概是埃及,尼罗河的特殊条件使埃及在当时富甲天下,所以公元前一七〇〇年前后入侵的喜克索人(Hyksos)可以统治埃及一百多年,但最后仍被驱逐,埃及仍然完整如故。这在上古前半期是一种例外的情况。到上古后半期,进入铁器时代之后,情形大变,个别的土著地带虽仍有被游牧部族彻底毁灭的可能,但一般地讲,特别是较大的国家,已根本没有这种危险了。上古晚期中国和罗马两大帝国都曾大量丧土,但征服者最后都没有能逃脱被逐、被歼或被同化的命运。

先看一看匈奴。公元三七五年到达黑海北岸,征服并吞并了东哥特人的匈奴继续西进,占据了匈牙利高原,并以此为中心而在东欧和中欧建立了一个与罗马帝国的北疆并行的帝国。到亚提拉（Attila）在位时（约四三三年—四五二年）匈奴帝国大强，败取后日的南俄（四三五年），攻君士坦丁堡（四四五年），罗马皇帝被迫纳贡。西转，攻入高卢（四五〇—四五一年），不仅威胁罗马帝国，并且也威胁了已经进入帝国的日耳曼人。帝国与日耳曼人临时结为联盟，于四五一年六月在高卢东中部的卡塔罗尼之野（Campi Catalauni）打了一次大战，匈奴失利，但并未失败。[①]　次年，亚提拉的大军侵入意大利。再次年，亚提拉死，匈奴帝国瓦解。至此，被迫编入匈奴队伍将近八十年的东哥特人才又恢复了独立，又过了三十多年才征服意大利，建立了东哥特王国。[②]

　　四五三年后，西方匈奴的政治中心移到南俄，不久分裂消散。从此以匈奴为名的游牧部族就不再见于欧洲历史。

　　由中国边外西迁而最后停留在中央亚细亚的一股匈奴，于四五五年左右冲入印度，不久破灭了印度北部的笈多帝国。大约在四八四年，匈奴又大败波斯，并夺取了一部领土。但到五〇〇年以后，匈奴人失败了，他们先被逐出印度，不久又被逐出波斯。波斯仍不放松，又联合突厥人，驱逐占有乌浒水流域的匈奴人（五六三—五六七年）。此后数百年间，虽间或仍有小股的匈奴人在此一带活动，但对

---

① 此战的战场在今日法国的马恩河上的沙浪（Chalons-Sur-Marne）附近，所以近代的书上有时称它为沙浪之战。自十九世纪起，欧洲各国的历史学者多把此一战役歪曲夸大：一、夸大罗马日耳曼联军的胜利，实际次年匈奴大军侵意大利，如入无人之境，前一年的胜利是很有限的；二、歪曲它为"挽救欧洲文明"的大战，是荒唐至极的，这是十九世纪反动的种族优秀论反射到一千四百年前的一种表现，是把所谓"欧洲"和"亚洲"作一种绝对的、机械的、形而上学的划分的说法的表现，好似罗马和日耳曼就自古至今永恒地代表"欧洲"，而"欧洲"就等于"文明"，而匈奴就当然地代表亚洲，而亚洲就等于"野蛮"。这在立场上是反动的，在思想方法上是错误的，是资本主义国家控制了全世界之后统治思想和种族狂妄在学术上的反映。五世纪时的日耳曼人与匈奴人是同样野蛮的，罗马人虽比较先进，但已处在社会发展的下坡路上，谈不到什么积极的保卫文明。只有当为游牧土著长期斗争中的一个细目看，才是正确的。对于资产阶级学者这一类的歪论，我们要多加警惕，不要叫它流入我们的写作或讲授中。

② 亚提拉事迹，见 Gibbon，第 34、35 章。

波斯和印度已不再是严重的问题了。①

在西方和中亚的匈奴尚未形成强大势力以前,中国方面的南匈奴已经入主中原,至三二九年匈奴与羯人合流,统一黄河流域,称为赵国。此种局面只维持了二十年,三五〇年以冉闵为首的中国势力由内部攻袭胡羯,胡羯人大部被杀,一部逃散,从此以匈奴为名的有组织的力量就不再见于中国的历史。②

由中国到罗马,强大一时的匈奴,不是被歼灭,就是被驱散,在历史上并未留下显著的痕迹。

匈奴人以外,侵入土著地带的游牧或半游牧部族,在中国方面有氐、羌、鲜卑,在罗马方面有各种日耳曼人。在五世纪间,罗马帝国全部的西方领土已都被各族日耳曼人分别割据为王国。帝国政府(现在只有君士坦丁堡的一个政府)对此当然是不会甘心的,只要有可能,它必企图收复西土,正如东晋和后继的南朝屡次地北伐中原一样。天下大一统的政治理论,在远东和泰西两大帝国中都已深入人心,不仅表现为统治阶级的政治欲望,也表现为一般人民的政治感觉,晋宋的北伐和拜占廷的西伐可说都是历史的必然。过去许多历史学家富有事后的卓见,说他们根本没有长久成功的希望。这种事后的聪明,实际并不说明任何问题,历史的发展如果是按照百分之百稳妥的估计而进行,也就不成其为历史了。我们只能说,假定南朝没有北伐,假定拜占廷没有西伐,那反倒是不可思议的,反倒成为必须解释的奇特现象了。至于说北伐和西伐都有扩大剥削面的因素在内,那也是不言而喻的。过去的统治阶级,只有要有机会,无不企图扩大剥削面,所以此一方面的概括之论也不能说明什么问

---

① 关于匈奴侵印度及印度驱逐匈奴的斗争,见 Majumdar, R. C. , Raychaudhuri, H. C. , Datta, K. , *An Advanced History of India* , (Macmillan, London. 1953), pp. 150—156。关于匈奴侵波斯及波斯匈奴的斗争,见 Sykes, P. , *A History of Persia* , I. (Macmillan, London. Third edition, 1930),第 38—40 章。与波斯、印度斗争的这一支匈奴,我们中国也知道,称它为嚈哒,《魏书》中有传。
② 冉闵杀胡羯事,见《晋书》卷一〇七《载记》第七《石季龙传下》。

题,我们必须具体地了解每一次的特殊情况。

　　我们上面不厌其烦地反复申说,是因为新旧的历史书中都充满了对于拜占廷西伐的不着边际之论(关于南朝北伐,过去和今天似乎还都未有怪论发生),唯一无人提出的就是西伐的必然性,而这正是此一问题的主要方面。制定并且推行西伐政策的皇帝为茹斯廷年诺(Justinianus,五二七—五六五年),在他的推动下,帝国又收复了汪达里人占领的北非洲(五三三—五三四年)和东哥特人占领的意大利(五三五—五五三年),并从西哥特人手中夺回西班牙的东南角和西班牙东岸外的岛屿。高卢的全部和西班牙的大部,帝国无力收复。我们由茹斯廷年诺一生事迹来看,他是一个有通盘筹划的人。当时波斯盛强,罗马与波斯交界处的边防是相当严重的,西伐可能包含着以西方的人力物力支持东境边防的一种想法。但他即或有此想法,那也是附带的,主要地是他认为西土必须收复,而现在在能力上有此可能,所以当然一试。①

　　所收复的西土,没有能够长久保持。北非洲保持最久。五六五

① 西欧各国的历史学家一直否定拜占廷收复西土的企图,一方面讥笑它根本没有成功之望,一方面又说这是阻碍西欧自由发展的一种"反动"措施。讥笑的部分根本无聊而庸俗,可以不论;所谓"反动"云云,那又是西欧种族优秀论和文化优秀论的变相表现,此说背后的思想是一口咬定日耳曼人征服下的西欧前途无量,任何改变这一局面的企图部是违反历史发展大势的"反动"行为。这是毫无根据的假定。我们当然无法判断,如果拜占廷真能长久恢复罗马帝国的统一,此后欧洲历史的局面究竟如何,我们既不能绝对地肯定,也不能绝对地否定。我们只能说,大一统五百年以上、经济文化基本上已成一体的一个大帝国,是必会有一种力量出来企图恢复外族侵占的土地的。这如果是"反动",历史上"反动"的事就未免太多了!
　　新的历史书中,已不再见上面的说法,但与此说表面不同而实质相同的一种说法,近年颇为流行:说茹斯廷年诺是要恢复奴隶主帝国,不言而喻地是一种反动措施了。此说令人非常难以理解。奴隶制和农奴制之间的不同,是我们今日研究几千年的历史之后所下的论断。六世纪人的心目中根本没有这个概念,所以拜占廷皇帝不可能有意识地拟定一个恢复奴隶主帝国的政策。撇开主观意识不谈,就客观形势而言,当时拜占廷直接统治的东方,在封建化的发展上并不亚于西欧,恐怕只有高于西欧,在客观形势上拜占廷绝无通过收复西欧而加强奴隶制的可能,事实上它也未如此去作。在征服西欧各日耳曼王国的过程中,拜占廷不只没有奴役拉丁人,连对日耳曼人也未加以奴役,所以所谓"恢复奴隶主帝国"之说,具体究何所指,令人无法捉摸。我们只能说,这是西欧学者旧说的一种改头换面的说法。

年茹斯廷年诺死后没有几年,西班牙岸上的复土大部就又为西哥特人夺回了。五六八年另一种日耳曼人,即朗巴第人,由今日的德国进入意大利,很快就占有了半岛内地的大部,帝闻的势力主要地限于沿海的城市。

到五七〇年左右,我们可以说,局面已经清楚,帝国是没有驱逐或歼灭西方日耳曼势力的希望了,这就最后确定了东西两部的发展将要不同,东方可在稳定的中央集权统治下建立中古式的封建制度,而西方则须在落后的日耳曼部族统治下经过氏族社会转入封建社会的一个相当长的过渡时期。

西方虽未为拜占廷所确切收复,但日耳曼人仍然不能逃脱第三种命运,就是同化的命运:意大利、西班牙、高卢的日耳曼人最后在语言上、在生活方式上都拉丁化,实际变成拉丁人。因为他们人少,生活简单,最后必须接受多数人较为复杂较为丰富的生活方式。

但不列颠、德意志、斯堪的那维亚三地的情况不同,所以发展也不同。不列颠岛上的拉丁人已经全撤,当地的科尔提人似乎人数不多,无力抵抗强敌,最后都被屠杀、被奴役或被驱逐,结果岛的大部成了清一色的日耳曼族地区,所以同化的问题根本不存在。德意志和斯堪的那维亚向来不是罗马帝国的领土,没有拉丁人,拉丁化的问题当然也不会发生,而只有较为缓慢地转入阶级社会的问题。

中国方面,匈奴消灭后,经过一度混乱,鲜卑又统一了华北。南朝收复中原的企图,每次都失败了。但为数稀少而生活方式简单的鲜卑人,处在中国人口和中国文化的大海中,只有浸化于中国机体之内的一条道路。四三九年鲜卑人的魏朝才把华北完全平定,此后不过三十年的时间,鲜卑人的同化进程已经很深,所以就已有条件使魏孝文帝(四七一——四九九年)有意识地、全面地、彻底地推行同化政策,用法律方式命令鲜卑人在语言、衣着、婚姻以及日常生活上都认真地追随中国原来的居民。一些鲜卑遗老消极地甚或积极地表示反对,都不能阻止历史的发展。后来边地的鲜卑武人尔朱荣虽到洛阳大事屠杀放弃鲜卑生活方式的王公大臣（五二八年），也不能挽回历史的大势。① 此后又经过几十年的政权变换，到五七七年北周统一中原时，北朝根本已是中国的政权，与南朝没有分别。语言及生活方式的差别消除之后，南北统一的阻碍已不存在。南朝由于门阀势大，中央虚弱，而北朝则中央集权的趋势较强，所以最后（五八九年）是北朝并吞南朝，分裂了二百七十年的中国通过中国王朝身份的北朝再度实现了大一统的局面。

经过游牧部族的一度侵扰和征服之后，到公元五七〇年左右，罗马、波斯、印度、中国四大古国的局面都已澄清了。罗马帝国已无重新统一的可能，东西两部已注定要通过不同的途径转入封建社会。波斯、印度、中国在游牧部族入侵以前都已先后形成封建局面，游牧部族的入侵在三国都引起人民的迁徙和垦殖，而在入侵的游牧部族方面则都经过了定居和封建化的一个过程，在三国封建的发展都加广和加深了。印度和波斯的匈奴最后被驱逐，但也留下一部人口，使两国原有的封建局面更丰富多彩了。

七、游牧部族的历史地位

以上我们把上古后半期一千六百年间的游牧世界史和游牧土著关系史作了一个概括的交代。最后，我们试图估量一下游牧部族在全部世界史上的地位。关于此点，我们可分两个方面来考虑：一、游牧部族对世界文化的贡献；二、游牧土著关系与上古史的结束。

关于游牧部族的贡献，主要的有三点。第一，就是驯马的传遍世界。除中国早期用马，问题尚多不明，须待进一步研究外，其他古

---

① 关于魏孝文帝的中国化政策，见《魏书》卷十七、《北史》卷三《魏高祖孝文帝纪》,《魏书》卷一〇八《礼志》,卷一一三《官氏志》;关于鲜卑遗老的反对，由《北史》卷十五《武卫将军谓传》《常山王遵传》,卷十八《任城王澄传》,卷十九《咸阳王禧传》,以及《北史》《魏书》其他多篇的列传中都可看到。尔朱荣对王公大臣的屠杀，见《魏书》卷七十四《尔朱荣传》。

代世界所有土著国家的用马，都是直接间接由游牧部族学来的，而中国最末一步的对马使用，即骑射法，也来自游牧世界。

马的使用，特别是马的乘骑，不仅根本解决了游牧世界的交通问题，也在极高的程度上改变了土著世界的交通面貌。在此以前，不只游牧世界尚无具有国家雏形的较大部族联盟出现，在土著世界也没有创立过土地辽阔的大帝国。主观上自认为概括全世，客观上也的确统一了一个复杂庞大的自然区的世界性帝国，都是骑马之后的事。公元前五五〇年左右波斯帝国成立，疆域由中亚达地中海海岸。公元前二二一年，秦并六国，随后又南北拓土，大一统的中国初次显露了后日的宏伟面貌。公元前三十一年罗马帝国成立，除了把地中海变为帝国的内湖不计外，在陆地上混一了整个的西欧、南欧、西亚和北非。这三个大帝国的成立，当然各自有它的经济基础，但无论帝国的创立或帝国的维系都另有一个必需条件，就是战马和驿马，尤其是驿马。三大帝国成立后，都大修驰道或驿道，作为维系帝国的交通网和神经系统，而在这个神经系统中日夜不停地来往飞驰的就是经过精选的良骑驿马。交通不是一个国家建立和维持的决定条件，但却是一个必需条件；一个大国而没有解决迅速传达消息和递送公文的问题，即或勉强建成，也必然很快地瓦解。没有近代交通工具，我们很难想象近代国家，尤其近代大国如何维系；经济基础比较落后，民族意识比较薄弱的古代大国，如果没有驿马，我们将难以想象它们怎能存在。游牧部族的骑马术，是推进土著世界历史发展的一个重大力量。

游牧部族的第二个贡献就是服装。以古代世界历史重心的亚欧大陆而论，进入公元前一〇〇〇年时，在服装上，偏北的游牧世界是上衣下裤（穷裤），偏南的土著世界是上衣下裳（裙或套裤）。经过此后一千年以上的发展，游牧世界的服装已成为世界服装的主要形式：通过骑射的传入，通过游牧部族的大量移入土著地区和参加了土著世界的历史创造，整个温带的服装都已形成了游牧世界的风味。只有热带和部分亚热带地区仍然保留上衣下裳的古风。

以上两点我们前面都已提到。游牧部族的第三个贡献就是他们作为亚欧大陆东西之间交通媒介的地位。自中国而中亚、伊朗、印度,而西亚、欧洲,交通和通商都须通过大草原的一部或全部。游牧部族维持东西的交通,对他们自己也是有利的,过路税形成他们一种重要财源。同时东西文化的沟通和交流,当然也经过这一地带。陆上交通线外,还有经中国海、印度洋而达波斯湾或红海的海上交通线,但海线成为东西之间主要的交通线,是十六世纪后东西航线大通之后的事。在此以前,陆上交通线始终具有一定的重要地位。

上面是对游牧部族历史贡献的估量。游牧部族历史地位的第二个方面,就是有关世界上古史结束的问题。上古时代各重要土著国家的历史发展,尽管是有一定重要程度的联系性和一致性,但由于生产力的低下,由于交通工具和交通技术的简陋,各国各区各自具有较高程度独立发展和分别发展的一点,也是不能忽视的。与近代不同,在古代世界一系列较大国家或较大地区中,我们不能说何地何区是具有典型性或主导性的,所以在上古时代结束的问题上也不能以任何一地为标准,而只能抓住重大承前启后作用的一种关键性的变化,作为上古、中古的断代标识。六世纪末,五七〇年左右,由中国到罗马扰攘了几百年的游牧土著关系的澄清,是最恰当的此种标识,所以我们把上古史的学习就结束在公元五七〇年的分界线上。

(原载《南开大学学报》[人文版]1956 年第 1 期)

世界史分期与上古中古史中的一些问题^①

　　我今天主要地不是要解决什么问题，而是要提出一些我不懂的问题，向大家请教。关于历史分期问题，近年来文章很多，我现在只是要把我读了这些文章后的一些疑问提出，希望得到大家的指教。对于这个问题，我自己只有极初步的一点简单认识，也附带地提出来，请大家指正。

　　首先，我感到生产工具比较具体，看得见，摸得着，我想就从这个问题谈起。

一、生产工具发展史

　　自有人类以来，生产工具曾经有过四个大的阶段：石器时代（公元前 2900 年以前），铜器时代（公元前 2900—前 1100 年），铁器时代（公元前 1100—公元 1650 年），机器时代（公元 1650 年以下）。

　　第一段石器时代为原始社会，没有问题；第四段机器时代先为资本主义社会，后为社会主义社会，也无问题。争论都在第二、三两段，即铜器和铁器时代，即资本主义以前的阶级社会。经典作家谈到这个问题的不多，只有马克思在一百年前在他的《政治经济学批

判》的序言中曾经全面地注意到这个问题：

> 大体说来，亚细亚生产方式、古典生产方式、封建生产方
> 式，以及近代资产阶级生产方式，可以看成为社会的经济形态
> 的几个递进时代。①

马克思根据 19 世纪中期所能掌握的材料，得出这样一个慎重的结
论。注意他一开头的"大体说来"，他没有一点武断的口气，这是古
今多数学者所共有的审慎谦虚的气度。越是懂得多的人，越知道自
己懂得的实际很少，越感到自己所不懂得的实在太多，态度自然就
是审慎谦虚的。

后来恩格斯和列宁大体上就依照马克思的说法去说明过去的
社会。但因当时对埃及和西亚各国所知太少，他们二人一般不再提
亚细亚生产方式，而由古典社会谈起。我们今日关于这一大地区所
知道的，一百年前的人大部不知，连五十年前的人也还多不明了。
至于中国的上古史，一百年前的欧洲学者等于完全不知道，五十年
前的欧洲学者所知道的也仍然可怜得很。今日关于上古的西亚和
北非虽仍有许多不够明确处，但大轮廓已无问题。新的材料不只没
有推翻马克思的这一判断，并且使他这一判断的内容更加丰富
起来。

马克思的亚细亚生产方式，我们今日知道得很清楚，就是铜器
时代，就是近年来一般所谓早期的或不发达的奴隶社会。马克思的

---

① 《马克思恩格斯文选》两卷集，第一卷，莫斯科外文出版局1954年版，第341页。我们上
面的引文没有完全依照目前流行的一般译本，我们引作"古典"的，一般作"古代"。此
词的德文原字是指欧洲人视为古典的希腊罗马经典作品的时代，有特别的含义，不是
中文"古代"二字所能表达。

  马克思在对于这个问题的认识上也是有发展的，在 1847 年的《雇佣劳动与资本》
中有如下的一段话："古典社会，封建社会，资产阶级社会——每一个都是一定的生产
关系总和，而每一个生产关系总和同时又代表着人类历史发展中的一个特殊阶段。"
（同上，第 67 页）此时，二十九岁的马克思尚未及注意希腊罗马以前的上古国家。但十
二年后，他在"古典社会"之前就又加上一个"亚细亚生产方式"。当时有关此方面的史
料尽管极为有限，马克思已能抓住问题的核心。

古典社会就是铁器时代的第一段，就是近年来一般所谓奴隶社会；马克思的封建社会就是铁器时代的第二段，就是中古时代。

在未入正题以前，我们就生产工具先提出两个疑问如下：

第一，关于铁器时代。铜器时代以后，机器（或简单机械）出现以前的铁器时代，前后二千七八百年，为何前一段为奴隶社会，后一段为封建社会？这个问题向来无人提起，似都认为是不成问题的问题。但我们仍要问：为何不成问题？生产工具既然前后基本一致（其一致的程度远远超过资本主义社会的机器和社会主义社会的机器之间的一致），为何前后会是社会发展的两大阶段？而前一段为何又与铜器时代同为所谓奴隶社会？生产工具是否如此地不重要，以致在社会发展阶段上根本不发生重大作用？原子能时代和自动化时代不可能为封建社会，石器时代不可能为资本主义社会——可见生产工具的关系是很大的。既然如此，为何铜器铁器之间可认为无大分别；又为何同为铁器时代，又有所谓奴隶社会和封建社会之分？

关于上古时代，一般对于铜器铁器之基本的和决定性的分别的忽视，是一件使人感到最不可解的事。大家都推崇马克思，但推崇的标准究竟是什么，实在叫人迷惑。马克思一句偶然的话，今日大可不必推敲的，我们往往千方百计地去把它坐实；而马克思经过研究、经过审慎思考所下的一个论断，我们却若无其事地不予一顾——这究竟是怎么一回事？就作用讲，铜器的使用和铁器的使用之间的分别，几乎与手工工具和机器工具之间的分别相等，相差不啻天壤，而我们竟把两者混为一谈，轻描淡写地以"金属工具"一词把问题掩盖过去，实在令人百思不得其解。

以上是我们的第一个疑问。

第二，关于"生产力"的概念。我们上面只讲了生产工具，没有提生产力。我们知道生产力另有文章：

> 生产力——生产物质资料时所使用的工具，以及有一定的

经验和劳动技能而使用生产工具来生产物质资料的人。[1]

作为一个定义,好得很;无人反对,人人赞成。但我们仍要问:经验技能等,具体究何所指?工具本身当然是死的,工具当然假定有人使用,只有由人使用的工具才能算为工具。制造机器,当然必是在有可能训练出使用机器的工人的时候,否则机器根本就不会出现。在使用石器的时候,绝不会有人忽然造出机器来,如从天上掉下一架机器,当时也绝不可能有人予以使用。所以生产力中的人的因素,我们是否可以假定为当然的?是否可以不必在这上面多作文章?

若必要在这方面作文章,我们倒要提出一两个小小的疑问。所谓奴隶社会和封建社会都有铁制的斧头,请问前后使用的经验和技能,分别何在?再以锯为例。我们近年知道石器时代已经有锯,但只有到铜器时代才可能有合用的锯,只有到铁器时代才有比较理想的锯出现。石锯当然用处有限,但是否使用石锯的技术较比使用铁锯的技术要低?我不敢说,恐怕也没有人知道。若容许我猜想的话,使用石锯所需要的技术可能比使用铁锯还要高;但因无好锯,因无理想的工具,技术大半白费。可见工具本身是很重要的:工具的存在假定技术的存在,技术的存在不一定假定理想工具的存在。技术很难捉摸,铜器铁器时代工具的使用技术,今日多不明了,我们不必在这方面多绞脑筋。在这方面玩弄概念,是有危险的;它叫我们遇到难以说明的问题时,可以不细心地、具体地钻研,而在概念的护送之下一溜而滑过关去。所以我们下面主要地是讲生产工具,技术经验只是一个假定数;当然如果有人能把过去使用工具的经验技术具体地、原原本本地告诉我们,我们将是非常欢迎的。

---

[1]《简明哲学辞典》,人民出版社 1955 年版,第 125 页。

二、铜器时代(公元前 2900—前 1100 年)

铜器时代,由一重要方面言,仍为石器时代:生产工具,尤其农具,仍以木石为主。生产力仍极低,剩余生产仍极有限。此时与过去唯一的不同,就是现在可用铜质的手工工具制造木石工具,既快又精,价廉易得,损坏后很容易获得新的工具,不致再像过去有因工具贵重难得而妨碍生产的情况。

铜的主要用途有三。一、制造兵器:战争已经制度化,战争已经成为对外侵略,也就是对外剥削的重要手段。二、制造贵族的日用品及奢侈品。三、制造手工业生产工具,再用以制造兵器及贵族用具,附带也制造一些木石的生产工具。由于铜的稀少贵重,农具一般仍非铜制,只有小农具间或用铜。

由于生产力低,剩余有限,所以能够作为商品的成品极少,成为商品的主要为兵器及奢侈品,也包括一部分较易制造的日用品。生活必需品一般地尚未成为商品。

铜器时代的社会唯一确知全貌的,为汉穆拉比法典中所反映的巴比伦社会,时代为公元前 1750 年左右,正是两河流域铜器时代的极盛时期。由法典中我们可以看到,土地一部分由王直接支配,另一部分为私人所有,最少为私人家族所支配,租佃制已经普遍。土地上有否奴隶劳动,法典中全无痕迹。提到自由劳动处甚多,提到奴隶劳动处完全没有。奴隶与自由人间的界线不严,奴隶可以结婚,可与自由人结婚,并且可与贵族结婚。主人对奴隶不能杀。奴隶主要由外购来,并非本国本族的人。拐带本国本族人为奴者,死罪。债奴为本国本族人,以三年为期,为债主劳动三年后仍恢复自由,等于一种特殊契约关系的佣工。债奴制是一种还债的制度,并非奴隶制的一部分。奴隶自外购来,甚为贵重,为自己的利益着想,主人对他不会如何虐待的。奴隶为生产提高后统治阶级生活奢侈的一种表现。通过租税或宗教捐献的方式把人民的劳动果实剥削来一部分之后，王宫、神庙、富贵之家要讲究排场，需要奴隶终日在左右伺候。他们在经济上没有积极作用，而只有消极作用，是一种闲人，与贵族同为寄生阶级。此种奴隶有似家族成员，可说是低级成员，所以不能生杀，并且可有家室。罗马在早期，当奴隶制尚未大盛时，"家族"一词（Familia）的含义包括奴隶在内，可供我们参考。①

过去强调奴役战俘，认为是奴隶的重要来源，实际这是 19 世纪欧洲学者想当然耳的说法。以战俘为奴，尤其是以种族语言及生活习惯相同或相近的战俘为奴，是极个别的事。希腊到城邦已开始普遍出现的公元前 8、7 世纪间，战俘一般还是被屠杀的，后来由条约规定不得屠杀，可以奴役，最好是交换或勒赎。战俘，异种异族的战俘在奴隶制的发展上发生重大作用，是很晚的事，是进入铁器时代之后的事，并且确切知道的只有罗马一例。过去几年，我们往往下定决心要找奴隶，所以竟有由甲骨文中找到满山遍野的奴隶的例证。这也可算为有志者事竟成吧！关于铜器时代，凡材料比较全面的，还没有发现与生产有重要关系的奴隶制度。

根据汉穆拉比法典，再参考一些比较成篇的史料，对于铜器时代的社会我们还勉强可以看出一个轮廓。就生产的基本情况来讲，当时由于生产力太低，剩余生产仍极为有限。同时，原始社会氏族宗法所维系的氏族公社，此时基本上仍然完整，每个公社自成一个独立的小天地。血缘亲属的关系使大家守望相助，仍保留"太古"的遗风，即原始社会晚期的遗风。中国的邻里和井田就是这样"太古"遗风的小天地。这样的社会经济的政治的反映，是有一定的范围的。主要生产的农业生产，由于仍用木石工具，不能深耕细作，产量

---

① 汉穆拉比法典，各种文字译本甚多，本文根据的是一种英译本［O. J. Thatcher（ed. ），*The Library of Original Sources*，Vol. I（Milwaukee, Wisconsin: University Research Extension co. , 1919），pp. 439—462］。

除农民自给外，所余无几。在此种情形下，农民生产情绪高，所能生产的已属微乎其微；若剥夺他的自由，他情绪稍一波动，统治阶级很可能就无可剥削。无论在什么时代，农民都是最善于消极抵抗的；统治阶级只要叫他感到不满，他就会怠工、破坏、故意减产，除了自家糊口外一粒无余。所以农民一般是不能奴役的。况且此时仍然完整的氏族公社血缘关系，也不容许奴役。即或是由外购来的奴隶，如在土地上使用，对他最多也只能采取农奴的待遇。总之，生产力的低下和农民及农业生产的特征，决定此时农民的身份是自由的或半自由的。

由于生产力低下，由于每个农民所能奉献的极为有限，所以剥削来的产品必须大量集中，必须集中管理，方能发生作用；换言之，此时的国家规模往往是相当大的，埃及、两河流域、中国都已出现了低级的大国，地方仍保留氏族公社的原始平等，中央则呈显一种原始的专制主义。但铁器时代的高度中央集权（如秦汉，如罗马），此时尚无条件建立。

此时的土地所有制，是近年大家关心的一个问题，所谓"古代东方"只有土地国有制，没有土地私有制的说法，曾经绞尽了不少的脑浆。如果有人能说服大家不再用"古代东方"一词，他将是历史科学的一大功臣。历史上只有古代中国、古代印度、古代埃及，等等，并没有一个成为历史范畴的古代东方。19世纪欧洲学者对于亚洲各国早期的历史知道得太少，所以才创了这个把问题简单化的名称，其中并且或多或少、或自觉或不自觉地带有轻蔑的意味，所谓"古代东方"的"古代"不仅是指上古时代，并且是概括了资本主义国家的势力侵入"东方"以前的全部历史，认为"东方"是几千年一直停滞不动的。这种不科学的看法大部出于知识不足，一部出于成见。但今日在这个问题上，欧洲学者已变知识不足为比较充足，成见最少未再加深，部分地并已减轻，我们这些"东方"学者倒大可不必把一百年前欧洲人的这个怪说发扬光大，更不当认为这是经典作家的说

法,经典作家不过是试探性地引用当时资产阶级学术界一种流行的
看法而已。

土地制度并没有"东""西"之分,古今各国土地在法理上一向均
为国有。在氏族社会,土地为氏族所公有;国家由氏族或氏族集团
的部落部族转化而来,土地自然为公有,亦即国有。任何国家均对
土地收税,收税的根据就是氏族社会传下的土地公有观念。我们如
果要知道土地国有的实例,最具体的例证不是任何"东方"国家,而
是中古时代的西欧各国。当时认为全国土地属于国王,乃是当然的
事,无人想象有可能否认此理,有的国王(例如英王)并且曾经实际
地行使此权。今日有些社会主义国家是最典型的土地国有制国家,
它们可说是在更高的一个阶段上建立了有似氏族社会的土地公
有制。

在土地所有制问题上,实际并没有多少文章可作。关键问题为
如何剥削,剥削多少,剥削后如何使用。资本主义以前的阶级社会
与资本主义社会有基本的不同。在资本主义阶段,主要生产资料全
操资本家之手;前此并无类似的情况,不能由近代资本主义社会现
象向前推论。前此各地各时的实际情况(不管理论如何)极不一致,
并无简单的公式可寻。以铜器时代而论,土地似为各村社公有制
度,最少理论上如此。实际土地则掌握在各家族之手,由家长主持。
这也是氏族社会晚期已经出现的制度。土地的转让及出租(无论用
什么方式)很早即已出现,但在铜器时代仍不普遍,此事的普遍化是
进入铁器时代后实现的。

三、铁器时代(公元前 1100 年以下)

人类知铁甚早,知铜时即已知铁,但知铁与实际用铁之间有很
长的距离,偶然发现一件铁器并不足为铁器时代的佐证。据今日所
知,世界最早广泛用铁之地为小亚细亚及亚美尼亚,那是公元前

1400 年左右的事；前 1200 年以下冶铁术才开始向外传播，前 1200
至前 600 年间的六个世纪是铁器在东半球各先进地区逐渐取得主
导地位的时期，在西亚有些地方于前 1100 年左右已出现了铁制农
具，所以现在可把世界史上铁器时代的上限划在公元前 1100 年。
中国以西的各地，冶铁术同一来源，已没有什么争论，只有中国的问
题现在仍是悬案。考古学上尚无证据，现有文献上第一次清楚地提
到铁器为公元前 513 年。[①] 中国较为广泛的用铁，至迟当在公元前
600 年左右，由公元前 6 世纪的政治社会激变看来，大概尚早于此。
但这个问题只有考古学能够解决，不能专凭推论。中国的冶铁术是
否自创的问题，也只有考古学能够解答。

　　铁器的重要性，过去一般地未予以适当的估计。铁矿可说是遍
地皆是，遍地足用，与稀罕难得的铜矿大不相同。[②] 至此遂有条件在
一切工作上使用铁制工具，替代木石的工具；从此在农业生产上，只
有在工具本身的性质决定用木质或石质较为便利时才用木石制造，
此外一切工具都是铁制。铁器多、价廉、易得，不是贵品，任何农民
都有能力使用。同时，铜具也开始多起来，也开始落价。铁器并未
取代铜器的地位，只在农业上取代了木石工具的地位。由于冶金术
的发展，由于铁器的锐利，特别由于铁器数量的众多（初期铁器尚不
一定锐利于精制的铜器），采矿、冶炼、制造都大大增加，铜具也随着
增加。铁器时代的铜器不仅不比过去减少，并且比铜器时代还有加
多，铁器时代的金属品工具（铜的和铁的）较铜器时代的金属品工具
（只有铜的）不知增多若干倍。所以我们说，铜器的使用与铁器的使
用之间的分别，几乎同手工工具与机器工具之间的分别相等，就生
产的作用上讲，是由量变到质变的一个大革命。

　　铁器对于生产的影响，在农业上特别显著。现在可以大量砍伐

---

① 《左传》昭公二十九年。
② 这当然是就过去而言，今天建钢厂只能在靠近数量足用、质量适合的铁矿的地方。在
　工业革命以前，没有这样严格的要求，可说遍地都是足用和适用的铁矿。

林木,可以大量疏浚沼泽及浅湖,木石工具所不能开垦的土地现在都可开垦了。无论对旧地或新垦土地,并且都可以精耕细作。总之,既可扩充耕地面积,又可提高土地利用效能,量与质都有增高。在手工工业上,由于工具的多而精,同样地量与质都有提高。过去在铜器时代,农业与手工业间的分工很不平衡,农民供给工人以日用食粮,工人的主要制成品为铜质的兵器和奢侈品,都只供少数上层人物使用。现在进入铁器时代,农工间的关系开始平衡了,农民的食粮已可换来铁制的田器,农工间初次有了平等的分工。

铁器普遍使用后,人类社会初次出现了较为大量的商品生产,社会的面貌起了根本的变化。锐利的工具大增,可耕地的面积也大增,每亩土地的产量随着也大增,而人力反比过去节省。那也就是说,社会生活水平提高,人口迅速地增加,地球上初次出现了人口稠密的现象。较大的城市多起来了;换句话说,不从事食粮生产的人口集中地多起来了。生产增加,生产者直接消费以外的可供交换的产品加多,商业发展起来了。铜器时代的商品,一般为奢侈品,只供少数人享受,与一般人民无关。现在一般日用品以及食粮都开始成为商品,商品生产初次普遍于社会上几乎所有的生产部门。尽管自然经济仍占主导地位,但交换行为已经触及社会的每个成员了。

交换普遍后,要求共同的交换媒介。过去一般为物物交换,金属的锭块虽已使用,但用途不广,也没有完全标准化,只能看作一种使用较广的交换物,而仍非一种概括性的交换媒介。公元前 7、6 世纪间,世界有两个地方先后同时出现了金属的钱币。希腊公元前 7 世纪开始铸钱。中国铸钱的第一次文献记载为公元前 524 年①,实际开始铸钱必较此为早。② 钱币是重量和成色都标准化的交换媒介,换言之,是通货。人类历史上初次有了通货。一切物品都逐渐

---

① 《国语》卷三《周语下》,景王二十一年。
② 中国铸钱的早期阶段,在考古学上仍是一个空白点。

以通货来衡量,一切物品都开始有了价格。最后一切人与人的关系也以通货来衡量,连人自己也有了价格。人自己也成为商品,即奴隶。在人类历史上,至此方真正有了奴隶。过去个别氏族成员可能被奴役,但仍不完全丧失氏族成员的身份;外人被奴役,也往往等于被吸收为家族的低级成员。现在不同了,现在开始有了不以人看待的奴隶。过去奴隶为奢侈品,现在奴隶成了一种特殊的必需品。铁器出现,生产力提高后,少数人对劳动人民可以惨酷剥削而仍有利可图,劳动人民的生产情绪可以不似过去地那样照顾。同时,由于生产力的提高,土地的价值开始特别被重视。土地和劳动力都成了少数人贪求的对象。但土地属于氏族公社,劳动人民也是氏族成员,地和人都在氏族的保护之下,不是能够随意奴役或兼并的。于是,变法的要求出现了。

什么是变法? 变法的要求来自两个方面。一方面,人民要求维持或恢复已不能维持的氏族公社土地所有制和氏族成员的人身自由。另一方面,新兴的商人和新兴的地主也有要求。新兴地主是氏族贵族以外由投资于土地的商人和经营新土地而致富的农民构成的一个新阶层,其中也必包括一部分变质的旧氏族贵族。他们和商人的要求是一致的,他们要求土地和人身都从氏族解脱出来,为的是可以对人随意奴役,对土地随意兼并。在希腊,雅典的梭伦变法,在中国,郑国的子产变法,都部分地(虽然还有另一面)有保障氏族成员的土地和人身的作用。① 但这种变法不能持久,最后成功的是代表新兴地主和商人利益的变法:在希腊史上就是雅典的克莱斯提尼变法,在中国历史上就是魏国的李悝变法、楚国的吴起变法、韩国

---

① 梭伦变法为世界史中的常识。子产变法,见《左传》襄公三十年(公元前 543 年),较梭伦变法晚五十一年。

的申不害变法、秦国的商鞅变法。① 无论中国或雅典,变法的结果都是破坏了氏族和氏族土地所有制。商鞅废井田,开阡陌,就是取消了公社土地制,准许土地兼并;强迫兄弟分析,废旧邑,划全国为四十一县,就是破坏了传统的氏族血缘集团,使每个劳动人民今后都要孤零零地面对商人和地主的奴役威胁。克莱斯提尼在雅典也完成了同样的变法任务。

变法之后,地主和向土地投资的商人对于土地的兼并,没有太大的困难,新型国家是可以保障他们的土地买卖自由权的。但对人的奴役,则不那样简单,同种同族的人民是不会容许奴役的。实际雅典在梭伦变法时已经等于禁止对于本国人民的奴役。后来罗马也是一样,法律明白规定,本国人民不得沦为奴隶。对自家人的奴役企图,必定引起人民的极为剧烈的反抗,统治阶级如果坚持下去,双方就有同归于尽的危险,甚至统治阶级有被人民消灭的可能,最后非让步不可。通过奴役自家人而高度发展奴隶制度的,在全部历史上向来没有见过。那也就等于说,只有在有条件对外人大量进行奴役的地方,奴隶制度才有可能得到发展,而只有海国有此条件,并且只有地中海上的海国有此条件,当时的航海技术尚不能克服汪洋大海。

高度发展的奴隶制度是一个很实际、很严重、很危险的制度,不能视同儿戏,不是想作就能作到的事。不只本国本族的人不能随意奴役,外国而种族语言风俗习惯与自己相同或相近的人也不能大量奴役。如果这样作,小之他们可以很容易地逃回老家,大之他们可以不太困难地联合起来推翻主人。奴隶如果多,如果成为主要的劳

---

① 克莱斯提尼变法为世界史中的常识。李悝变法,见《汉书》卷二十四上《食货志上》,刘向《说苑》,《晋书》卷三十《刑法志》;吴起变法,见《史记》卷六十五《吴起传》;申不害变法,见《史记》卷六十三《申不害传》;商鞅变法,见《史记》卷六十八《商君传》,又见贾谊《新书》卷三《时变篇》。在中国史上这一系列性质相同的变法中,最早的李悝变法在克莱斯提尼变法一百年之后。克莱斯提尼变法为公元前501年(应为公元前508—前507年——编者注)。

动力,必须来自远方,不能轻易逃回;必须是种族语言不同的人混杂交错,使他们不易组织反抗;最好是落后部族的成员,经验幼稚,知识简单,容易制服。只有通过海上航线而能达到异族地区的工商业国家,有可能掌握大量的合乎上列条件的奴隶。所以在历史上真正的奴隶主国家只能是例外的,不可能形成通例。所谓希腊奴隶社会的说法,完全出于错觉,希腊绝大部分根本没有奴隶。雅典和其他一些工商业的城邦是特例。5世纪是雅典奴隶制度最盛的时期,我们由亚理斯陀梵尼的喜剧中可以知道奴隶的来历。他们之中不只没有雅典人,并且也绝少希腊人,他们来自阿拉伯、埃及、叙利亚、小亚细亚内地、高加索区、黑海北岸的游牧地区。另外有些人来自希腊北部的落后地区。这些人我们今天知道他们也是希腊人,但是当时希腊先进地带的人不承认他们为希腊人。这些人是拐带、掳掠、诱骗来的。他们一般都在城市中从事手工业的生产或商业的活动,虽已不再有铜器时代奴隶的那种家族低级成员的身份,但也不特别受肉体的虐待,因为他们仍代表主人的贵重投资。①

但即或在雅典,奴隶与农业的关系也很浅。土地上仍有很多小自耕农。大地主虽用少量奴隶,但土地往往出租或雇工经营。土地关系,主要是封建性的。至于以农业为主的内陆国家,则更没有一般所想象的奴隶景象。它们根本没有条件大量奴役外人或落后部族,就近奴役当地语言文化相同相近的人,只能为农奴,不能为奴隶。例如克里特岛上有几十个希腊城邦,社会组织大同小异。统治阶级为公民和战士,被统治阶级在一般希腊文字中也称为"奴隶",实际他们在当地另有专名。他们有国奴和私奴之分,国奴经营国家的公地,私奴属于个人或家族。私奴为主人经营土地,按定额交租;得有私产;得有家室,由法律承认;主人死而无子,他们并得继承主

---

① Xenophon全集,往往附有无名氏的一本政治小册《论雅典政治》(*Athenaion Politeia*),很活现地描写雅典奴隶的生活情况。此册撰于公元前425年左右。

人的财产。只有两种权利他们不能享受：不能当兵，不能在公共体育场参加体育活动。希腊半岛北中部广大农业区的提撒利亚的情况，也与克里特几乎完全一样。另外，斯巴达称为希洛人的农民，地位实际也与此相同，只是所受的待遇较为严酷，并且没有对主人土地的继承权。这主要地是作风不同，不是根本制度的不同。

以上还是海上世界的希腊的农业地区的情况，至于根本为农业国的内陆国家，如中国、印度、波斯之类，更可想而知。波斯史料缺略，印度史料也太少，中国史料算是相当清楚的，但我们若不用显微镜去找，就很难发现战国秦汉间的土地奴隶痕迹的。土地兼并的严重，无地少地农民的众多，都是显而易见的，这都是封建景象。

奴隶的大量使用，限于工商业，只有在像雅典这一类的特殊工商业城邦，工商业奴隶有高度发展的可能。但即或是关于雅典，许多情况也不像一般想象得那样清楚的。例如在全部人口中自由人与奴隶的比例问题，估计很多，但都仅是估计而已，现有的材料不足以叫我们得到一个比较有把握的估计结论。我们只能由一些片断的材料中，得到一种印象式的认识。5世纪雅典一个贵族占有奴隶一千人，经常出雇于国家矿山。有一个军械厂，使用奴隶一百二十人。有一个中产以上的家族，家产为城中宅院一所、乡中农庄二处，及使用奴工十人的修鞋店一所。一般农民也间或占有少量奴隶。奴隶使用于各种生产事业上，但也大量使用于家庭服役，富贵之家尤其如此。劳动生产，奴工与自由工并肩工作，工头有时为奴隶，监督自由工人。关于城内生产劳动中奴工与自由工的比例，我们也无法知道，我们只知道一个具体例证。公元前408年雅典修建一座神庙，雇工七十一人，其中外侨三十五人，公民二十人，奴隶十六人，此例有否代表性，我们不能判断。[①]

---

① George Thomson, *The First Philosophers* (London: Lawrence and Wishart, 1955), pp. 201—202.

　　一般所谓典型奴隶社会的雅典,在奴隶制度最盛的公元前 5、4 世纪间,并未见到奴隶对奴隶主的起义斗争,一切重大的政治斗争均为自由人内部不同阶级或阶层之间的斗争,有似封建社会自由身份或半自由身份人民对统治阶级的斗争。斯巴达有希洛人起义,那是农奴起义的性质。这里边显然有问题,仍待深入研究:如为奴隶社会,为何没有显著的奴隶起义?

　　称古希腊为奴隶社会或类似的说法,并不是新的看法。这是文艺复兴以后几百年来欧洲学者的传统看法。这种看法出于错觉,出于在"雅典"和"希腊"两个概念间画等号的错觉。几百年来欧洲学者推崇古希腊传下的作品为经典或古典,而这些作品绝大部分都出自雅典,所以在崇古的文人的心目中,完全不自觉地就把雅典扩大为希腊,雅典代表希腊,雅典就是希腊。对于雅典以外的希腊,他们不是不知道,而是视而不见,听而不闻,不能进入他们的意识深处。19 世纪欧洲学术发展到非常高的程度,但仍很少有人体察得到,雅典和另外几个类似的城邦,只不过是希腊世界中的几个孤岛,雅典并不能代表希腊世界。我们学希腊史,是由欧洲人的地方学来的,自然地也就承受了欧洲人的错觉,并且青出于蓝,把这个错觉进一步发挥:雅典扩大为希腊,希腊扩大为全世界,全世界必须要有雅典式的、最少是近似的奴隶制度。像这样的凿空之作,在学术发展史上恐怕是很难找到第二个例的。

　　我们以上只讲了希腊,还没有触及罗马。罗马在历史上更为特殊。罗马原为内陆农业国,主要为小农经济,有少数大地主,奴隶不多。但在战败迦太基后的两个世纪中(公元前 2 至公元 1 世纪),由于整个地中海上没有一个强敌,罗马得以随心所欲地经由方便的海路向非罗马、非拉丁、非意大利的异族地区侵略征服,大量奴役人口,送到意大利和西西利去作土地奴隶。这种奴隶几乎每年都有补充,地中海上许多地方真正呈显了千里无人烟的惨象。他们贱于牛马;牛马或需重价收买,或需抚养成长。这些奴隶都是自己长大成人的,价格极低,所以主人对他们不知爱惜,鞭挞逼工,死了无关,市场上的贱价奴隶好似是无穷无尽的。罗马土地奴隶的生死周转率极快。在全部上古史上,我们只知道这一个例证。假如全世界都如此,人类早已灭绝了。也就在这个时期,罗马史上接连不断地出现奴隶起义。

这种情形,显然不能持久。公元前 30 年罗马统一了整个地中海,无新地可再征服,奴隶制立刻发生危机,贱于牛马的奴隶来源一断,土地奴隶制马上就难再维持下去,很快地就有奴隶被释放为封建性的隶农。罗马式的土地奴隶制度,不只在亚非大陆没有,在希腊也向来没有见到。没有罗马的特殊条件,是不可能出现罗马的土地奴隶制的。

四、铜器铁器与社会性质问题

我们上面谈铜器时代、铁器时代①,尽可能地少加其他的标签。一加标签,争论即出,争论并且往往会激动感情。为何在谈与今天任何实际问题都无关系的一个历史问题,特别是奴隶问题,会有感情冒头,这恐怕是值得心理学家进行研究的一个问题。我们下面很冒险地、很担心地接触一下这个问题。

铜铁两代的基本分别何在? 就生产主要方面的农业及土地制度而论,唯一根本的分别为铜器时代土地氏族公有的理论仍然维持,实际制度与理论也距离不远;而到铁器时代土地可以自由兼并,地主阶级和无地少地的个体农民出现。铁器时代的农民有小自耕农,有佃户,有雇农,有半自由身份的农奴。至于这各种不同身份的

---

① 关于铜器时代、铁器时代以及全部历史上的生产工具和科学技术发展,近年专著很多,一本通俗性的作品为 S. Lilley, Men, Machines and History (London: Cobbett Press, 1948)。联合国经济社会委员会所属的"教育、科学、文化机构"目前正在着手编辑一套全世界的自然科学和科学技术发展史,将来当是此方面最完备的参考书。

农民,在历史发展上有无前后轻重之分,越多看全世界的历史,越感到不敢轻下断语。各地各时的情形似乎很不一致。其中可能有规律可循,但规律仍待大家去循。

马克思称铜器时代为亚细亚生产方式的阶段。我们认为马克思的判断,在一百年后的今天也没有理由予以怀疑,新资料的积累只足以更加强马克思的判断,唯一的问题是名称的问题。我们今天知道这是普遍全世界的一个大时代,并非亚洲所独有。仍用马克思的原名而予以新的解释,也无不可。但如可能,最好是另定新名。无论如何,早期奴隶社会一类的名称是难予考虑的。一个名词必须有确定的含义,此时若称奴隶社会(尽管是"早期"),奴隶社会一词的定义必须重订。更不必说所谓奴隶社会问题本身尚有问题了。

我们在此问题上也苦于想不出一个恰当的名称。中国历史上有"部民"一词,指的是半自由身份的人民。日本在由原始社会向阶级社会转化时,借用了中国这个名词,称呼当时日本社会中由氏族成员转变出来的一种半自由身份的人民。我们是否可以考虑称铜器时代为"部民社会"? 当时绝大多数劳动人民在理论上仍为自由平等的氏族成员,实质上则只为半自由的人。我们姑且提出上面这样一个建议,希望将来能有更恰当的名称。

铁器时代的前一段,即上古史中的下半段,马克思称为古典社会,我们主张仍保留马克思的原名而把含义扩大。马克思当时只想到希腊罗马的经典时代,我们今日知道,在铁器出现,社会急剧分化的公元前 6 世纪以下的几百年间,世界各先进地区都出现了类似百家争鸣的场面,发出新兴各阶级各阶层的呼声,各地后世都把它看为思想史上的黄金时代。所以"古典时代"的意识是有世界性的,因为铁器引起的社会剧变是有世界性的。没有世界性的倒是奴隶制度在雅典和罗马的短期特殊发展。古典社会的多数地方包括雅典的农业部分,包括公元前 3 世纪以上的罗马,实际是封建社会。雅典、罗马的短期特殊发展,只能看为封建社会的变种发展。这种变种,并不限于封建社会,到资本主义社会,只要条件适合,它也可出现。历史上第一次大量用土地奴隶的是罗马,第二次就是 16、17、18 世纪的西欧。西欧在资本主义萌芽和资本主义初期的这三个世纪中,由于控制了全世界的重要海上航线(注意:又是一个控制海上交通的例),大量把落后的非洲人运到新大陆为奴。我们说这是奴隶社会的残余。它比罗马的规模不晓得大多少倍,哪有这样大的残余?

我们上面还是只就全面的情况而言,在美国奴隶制度一直维持到 1865 年。进入 20 世纪,帝国主义国家在非洲内地仍对当地人大规模进行奴役。由原始社会末期到资本主义社会,一直有奴隶制,只在特殊条件下可以得到特殊的发展,世界历史上并没有一个奴隶社会阶段。既然如此,历史上也就没一个所谓奴隶社会向封建社会过渡或转化的问题。这个问题虽然谈了很久,实际它有如希腊神话中的雅典娜女神,是从天父丢斯的头脑中忽然跳出来的。上古、中古之间并无重大的变化,真正重大的变化发生在公元前 1100 年以下几个世纪间铜器转入铁器的一段。

但上古、中古之间显然不是风平浪静的,各大帝国都发生了游牧部族入侵的事变。古典时代阶级关系的确特别紧张,阶级矛盾特别尖锐。也正因如此,内部各阶级力量的相互抵消才招致了游牧部族的入侵。中国和罗马两大帝国都丧失了半壁江山,这些落后部族把原始的平等主义带到两大帝国来,建立了较过去为缓和的封建局面。中国的北朝隋唐主张均田,也部分地实施均田,欧洲日耳曼人建立了仿照原始公社的庄园。两者都是缓一步的封建局面,所以仍然可说中古时代是不同于古典时代的。

总括以上,原始社会以后,资本主义社会以前,依生产工具而论,有铜器和铁器两大时代,依社会性质这两大时代可分为两个或三个阶段:部民社会、古典社会、封建社会。后两者就是铁器时代,实际都是封建社会而稍有不同。古典、封建两代之分,为欧洲学者自文艺复兴以来的传统说法,并无大的毛病,但也无深奥的道理,其中并没有什么真正值得争辩的问题。

五、结束语

如开头所说,我们只是要提出问题,并不是要解决问题,上面所提的一些见解也都是试探性的。我们愿意提出一个主张:大家暂时不再多谈历史分期的问题。关于这个问题,不清楚的地方仍然很多。我们总以为欧洲史上的主要问题都已解决,今日只是如何依照欧洲史来谈中国史的问题。实际这是错觉,欧洲史上没有解决的问题仍然多得很。我自己感到对欧洲史所知太少,今后想要努力加紧学习,使自己的认识能够少犯片面的错误,能够逐渐比较接近真实。

(原载《历史教学》1957 年第 7 期)

世界史上的一些论断与概念的商榷

在世界史作品中,有时只是一般的作品,有时也包括专门的作品在内,往往有一些论断或概念,辗转传抄,视为当然;但若一加具体的及细致的钻研,就可发现其中颇有问题:有的是事实认识的问题,有的是立场观点的问题。无论问题是大或小,都或多或少地足以妨碍我们对于历史的正确了解。笔者就近来自己在这方面学习中的几点不甚成熟的体会,写出下面几条读书笔记,请大家多予指教。

蚕桑业由中国传入欧洲的问题

六世纪中期,拜占廷帝国由中国学会了养蚕的方法。在此以前,西方人所用的丝帛都运自中国,此后既能自养自制,西方对于中国的贸易就少了一大笔开支。就西方讲,这是一件重大的事。但关于蚕桑传入西方这一重大事实的具体经过,我们可说是几乎完全不知。当时拜占廷方面关于此事的记载,有如传奇,纯出捏造。据说,两个曾到过中国并注意到中国养蚕法的波斯的基督教传教士,受了拜占廷皇帝的委托,再度回到中国,把蚕卵用竹筒由中国偷运出境;他们偷运,是因为中国一向对养蚕法保守秘密,不准外传,以便在世界专利。这个故事,今日在所有欧洲文字的历史书中仍然在互相传抄,对中国实际是一种以怨报德的诬蔑。中国向来对养蚕法没有保守过秘密,日本以及所有远东国家的蚕桑业,都是传自中国,今日全世界的养蚕技术,也无不直接或间接导源于中国。至于拜占廷在 6世纪中期如何由中国学得此术,在当时中国并未注意及此,中国任何方面不反对外人学习养蚕法,也无人主动地向外传播养蚕法。此事在拜占廷恐怕也只有少数人知其内幕。这少数人编造这样一个故事,一方面是故意神秘其说,以便抬高蚕桑的地位,一方面是贼人喊捉贼,是他们自己一个不可告人秘密的恶意反射,因为他们学得饲蚕术后,立即定为国家的秘密,禁止外传,以便拜占廷政府可以垄断。拜占廷统治集团中少数人编造的这样一篇彻头彻尾的胡诌,欧洲的历史学者不假思索地传抄了一千四百年,时至今日,我们中国的历史学者对此应当予以无情的驳斥。

这种企图垄断他人发明的卑鄙伎俩,并没有达到目的,养蚕法仍然是传播出去,今日欧洲各国的蚕桑业都是经过拜占廷的不自愿的媒介而成立发展的。

所谓土耳其人阻塞西欧人
东方贸易的商路问题

西欧人的急于寻求由海洋上直达远东的航路,是由于土耳其人征服近中东后对于原有东方贸易商路的故意阻塞——这是一般世界史书中的说法。实际这个说法完全是捏造,并且还不是凭空的捏造,而是反咬一口的颠倒事实的捏造:阻塞原有东方贸易路线的正是西欧人,而是土耳其人想要继续维持旧商路反被西欧人所阻挠。

事实很简单。只把前后的经过依照年代的顺序叙述一遍,问题就全部清楚了。

以葡萄牙人为首的西欧人开始向非洲西岸探险,希望绕非洲而直达远东,是十三世纪中期的事,那时土耳其人还根本没有出现在历史的舞台上,一般称为"土耳其人"的那一支突厥人,是十三世纪末十四世纪初才成为一个被人注意而仍然微弱的势力的。一直到葡萄牙人已到达印度的那一年（一四九八年），已经强大的土耳其的势力尚未发展到西欧人东方贸易旧路的主要路线所在的地方即埃及。远东商品运往西欧，亚洲大陆的路线虽也有一定的地位，但自横亘亚欧非三大洲的大食帝国成立后，也就等于说自中古初期以后，经由印度洋及红海而达埃及的海上交通线，就成为东西贸易的一个日愈重要的商路。中国的商品西运，海陆两种交通线始终各有重要性。但西欧人所急于取得的远东商品是印度和南洋的香料，这主要地是靠印度洋红海的海路运到埃及。另外一个较为次要的半海半陆的交通线，是由印度洋进入波斯湾，再从波斯湾经由驼运而达叙利亚沿岸的各港口。香料到达埃及或叙利亚以前，商运操持在回教商人的手中；再往西运，就为意大利北部各城的商人所专利。葡萄牙人对于这项一本万利的生意不能染指，所以他们很早就想寻求一条直达远东的海路。一旦达到这个目标，他们第一件所注意的事就是割断旧的商路，以便他们自己垄断东西之间的贸易。

到达印度后的三年，一五〇一年，葡萄牙的一个舰队就开到红海口，破坏大食人的商业活动，割断印度及南洋直达埃及的海上航线。一五〇七年葡人又占领了波斯湾入口处的沃穆兹岛，堵死了香料西运旧路的次要路线，使香料不再有一粒能由回教各国的商人运往地中海。这个剧烈的商路斗争前后继续了八年之久，到一五〇九年双方在印度西北岸外的海上打了一个大海战，大食人战败，从此葡萄牙人就垄断了东西的贸易，割断了旧日东西贸易的交通线。

又过了八年，一五一七年，土耳其人的势力才达到埃及，他们并且立即想要重开旧的商路，但始终为葡萄牙人所阻。所以一般史书中所谓由于土耳其人阻塞旧商路而西欧人才开辟新航线的说法与事实正相反：实际是西欧人开辟了新航路后有计划地堵塞了大食人的旧商路，而大食人及土耳其人一切重开旧路的努力，都因西欧人的阻挠而未能成功。

从中古一直到近代,西欧各国曾经不止一次地歪曲历史,诬蔑伊斯兰国家,以上所论商路的问题,不过是其中流传特广蒙蔽世人特久的一个歪曲例证而已。这是西欧封建统治阶级以及资产阶级一贯相传的所惯于采用的一种精神上的对外侵略武器。至于西欧各国的一般历史学者,他们或者自愿地为统治阶级服务而有意地传播这一类的歪论,或者由于疏忽而人云亦云地为统治阶级的歪论所骗。我们今日学习马克思主义的历史学者,都当嗅觉灵敏,揭露一切此类的谬论,彻底予以肃清。

关于"地理大发现"

"地理大发现"一词,是欧美各国资产阶级历史学者的一个惯用名词,后来在殖民地化或半殖民地化的大部世界也不假思索地予以援用,但今日对于这个名词似乎有深入分析并考虑是否仍然继续使用的必要。所谓"发现",当然有对象,对象为土地及人民,即欧洲及地中海沿岸以外全部世界的土地人民。这些土及人原皆存在,只是欧洲人不知或不确知而已。所以"发现"一词乃纯欧洲立场的名词,其中并且含有浓厚的侵略及轻蔑的意味,把欧洲以外的地方看为发现、开发、剥削的对象。我们如果读十五世纪以下欧洲航海家的游记,这种意识跃然纸上,丝毫没有隐讳。

并且笼统地说"欧洲航海家",还不够正确,实际当说"西欧航海家",因为地中海沿岸以外的东欧也包括在被"发现"之列,在游记中也同样地被称为"野蛮人"的地方。至于中国,当然也是被"发现"的对象,过去西欧人虽知中国,但始终不够明确,进入十六世纪,才真正"发现"了中国。

或者有人可以提出,西欧为新兴的资本主义社会,在当时世界为最先进的社会,所以对落后的地区可以称为"发现"。先进地区对于落后地区,是否可以用"发现"一类的词句,本身就是深堪怀疑的问题。但此处并未发生这个问题。西欧最早的资本主义国家,是十七世纪中期革命以后的英国,西欧其他各国完全进入资本主义,是十八世纪末法国资产阶级革命以后的事,而所谓"地理大发现",基本上是十五六两世纪的事,当时的西欧也还是封建社会,并不比世界多数其他的地方显著地先进,所以我们也不能用先进与否的观点来决定"发现"一词的是否正当。笔者个人认为,无论是何种社会,人民都是历史的主人,所以在世界史上,即或是先进的地区对于落后的地区,也不当用"发现"一类的词句。若用此类的词句,那就等于在世界上的国家及人民间,定出宾主之分,有的居主位,是"发现者",有的居宾位,是"被发现者",在未"被发现"前,等于不存在。分析到最后,这仍是世界史中未加批判的"西洋史"意识残余。今日一般世界史作品中,恐怕这一类的残余还多得很,"地理大发现"不过是比较刺眼、比较刺耳的一例而已。

建议今后在世界史中只用"新航路的发现"或"新航路的开辟"一类的词句,而不用"地理大发现"。海洋上的航路原本无有或不发达,十五世纪以下开始草创或成熟,说"发现航路",既合事实,又可避免在世界史中加进不科学并且不合乎国际主义的宾主之分的意识的现象。

以上所论,只是要纠正思想意识,并非要机械地取消"发现"一词的使用。例如讲到科伦布想到达远东而无意中到了美洲的事,恐怕只是说"科伦布无意中发现了新大陆",但"发现"二字当加引号,表示那只是在讲科伦布当时的主观意识,而不是在世界史的整个范围中来下断语。[①] 如把"地理发现"一词作为世界史中一章一节的题词,或在一般的叙述中用此名词,那就是极成问题的断语了,今后不当再如此作法。

[①] 此处假定科伦布知道那是新大陆。有人认为科伦布至终相信他所到达的是过去所不确知的远东的一部分。

"法兰克"与"法兰西"

把"法兰克"与"法兰西"两词基本上等同起来，把法兰克国特别看为法兰西国的前身，是在一切世界史作品中甚为普遍的一种概念。这个概念并不限于中国，欧洲的历史书上也都如此说，法国的历史学者尤其是故意地培植这种不正确，最少是不恰当的意识。那是十九世纪资产阶级民族主义高涨时代的意识产物。法德两国都自称为中古时代法兰克族大帝国，亦即一般所谓查理曼帝国的正统继承者，而法国的历史学者抓住这个名词上的意外恰合，特别倡导这个说法，而这个说法也就为一般外国的历史学者所接受，甚至连德国的历史学者对此问题也感到莫可奈何，作不出切合实际的逻辑分析。例如十九世纪末德国许多历史专家合撰的一部十九巨册的《世界通史》，曾经几十年间成为德国以及所有欧美国家历史学界公认的权威专著之一，其中除当然地说德国是查理曼帝国的继承者外，对于法国历史学者的说法，在当时流行的客观主义方法的支配之下，也只有承认，说法兰西就是当初的法兰克。

德国人都如此表示，别国的人就更可想而知了。例如在贯通英文与其他文字最有权威的《牛津大字典》中，关于"法兰克"（Frank）一词的解释如下："六世纪征服高卢的那个日耳曼民族的人，高卢由此得名为法兰西。"不仅英文的权威字典如此，其他欧洲文字的权威字典也都有同样的解释。

实际上，就历史发展的线索讲，德法两国是同样地渊源于查理曼帝国的，在两国间很难有所偏依。但后世的国名则与此种发展没有有机的联系，今日法国国名之与前代查理曼帝国国名的吻合，乃纯属偶然的现象，而没有必然的因素存乎其中。因为资产阶级学者往往分不清楚历史中的必然因素与偶然因素，时常误把偶然看为必然，把表面现象看为基本实质，所以连有切身关系的德国历史学者在此问题上对于法国人的说法也提不出确切有力的反驳。

在尚未完全由古日耳曼语分化出的最早德语中,所谓"法兰克人"称 Franko,这个字拉丁化为 Francus。这种始终以莱茵河流域为主要根据地的日耳曼人,征服高卢之后,移殖巴黎一带地方的人特多。这个地区后来成为一个公爵邦,拉丁文称 Francia,后世的法文为 France,意即"法兰克公爵邦"。虽然整个的法兰克帝国(包括今日的德、奥、法、比、荷、卢、瑞士、意大利的一部、西班牙的一部)有时也称 Francia,但意义完全不同,那是指的此种人的统治所达到的疆域。在当时这两个名词,或一个名词的两种用法,并没有被混同起来。同时,我们要特别注意的,就是在帝国的东部(后日德国部分),莱茵河中游的地方,另外一个法兰克人比较集中的地方,也以族名为地名,拉丁文为 Franconia,乃 Francia 的另一写法,后来成为帝国东部的一个公爵邦,德文为 Franken,是又一个"法兰克公爵邦"。所以帝国东西二部都有一个族人集中的地区,都以族名为地名,同时全帝国又泛泛地以族名作为总的称谓。因此后日发展而出的东国或西国都没有根据说自己是可以排除对方而自称为查理曼帝国的继承者的。但在中古时代,东西两国的历史发展不同,也就决定了国名的歧异,最后也就造成了一般人对国名认识上的思想混乱。

最后分裂为东西二部的法兰克帝国,西国的查理曼子孙的王朝在九八七年绝灭,西部的五十多个封建公侯开会选举新王。当时竞选者甚多,但一般诸侯对于太强大的候选人都不愿拥护,唯恐实力太大的人在获得王的名分后对他们要名正言顺地统治干涉。最后巴黎地区的那位"法兰克公爵"当选,因为他比较贫弱,只能作傀儡王。所以自九八七年起,西国的王畿就是 Francia 或 France,即今日我们所译的"法兰西",但全国仍无定名,而称为"法兰西"的王畿只是全国土地很小的一部分。一般人用"法兰西"一词时,是专指王畿而言,每个诸侯领地自有专名,绝不称为"法兰西"或法兰西的一部分。一直到十五世纪英法百年战争末期,贞德女杰由东向西到王畿去勤王时,她仍然自称是"到法兰西去"。但在九八七年后的几个世纪中,王的力量逐渐加强,经过征服,经过交涉,或经过联婚,王把许多诸侯领地都并入王畿,成为"法兰西"的组成部分,最后到了十六世纪,诸侯全消,领地都成了王的畿地,至此全国才整个地称为"法兰西"。所以假定九八七年当选为王的不是"法兰西公爵"而是法国西北角的"不列颠伯爵",今日法国的国名就要成为"不列颠"(若果如此,由于国名的混淆,很可能在人们的意识中又要造成一些与英国的历史纠缠不清的问题)。

帝国东部的发展不同,自九六二年后国王称"罗马皇帝",自认为古罗马帝国及查理曼帝国(查理曼的正式帝号也是"罗马皇帝")的继承者,从此东国的正式国号就是"罗马帝国",后来又半正式地称为"神圣罗马帝国"。当初东国远较西国为统一,在西国的人尚无总名之先,东国的人自十世纪起就已自称为"德意志人",但由于"神圣罗马帝国"的一长段插曲,到十九世纪"德意志"才成为正式的国名。我们如果假想东国没有改称"罗马帝国",而由东国的法兰克公爵把它统一(中古时代有一段时期法兰克公爵确曾在东国建立王朝),那么今日德国的国名很可能就要成为"法兰克"或"法兰西"。

我们费了相当多的篇幅来解释这一个国名问题,好似是小题大作。但这个问题似小而实大,其中有一个非常复杂的由于机械看问题及表面看问题而发生的思想混乱问题,而这个思想混乱问题又是有普遍性的,当予纠正。为能了解西欧自中古到近代全部历史的某一方面,弄清这个问题,对我们可有很大的帮助。我们上面只谈到德法两国的国名与德法两国历史学者根据名词所下的论断。所有学习西欧史的人的头脑都被这两国的历史学者所搅乱,纠缠在这个充满了似是而非的概念的问题里边,而更大更广泛的问题反倒时常被忽略,无意中容易认为这个问题只是德法两国之间的问题。实际上,今日西欧大陆所有的国家,就政治发展的线索来讲,都直接或间接地导源于法兰克帝国。德、奥、荷、瑞士、比、卢、法等国都全部由法兰克帝国蜕化而出。意大利和西班牙两国,无论就法统讲,或就更重要的政治发展讲,也部分地建基于法兰克。德法两国并不能垄断"法兰克的继承权"。肃清这种由德法两国历史学者所造成的"垄断"思想后,对于西欧历史一千年上下的政治发展线索就更容易辨认清楚了。

以上所论的这一个国名问题已够复杂,但"法兰克"一词在世界史上的复杂性还不止此。"法兰克"就是我们中国明代的所谓"佛郎机"。不仅在今日世界史的作品中,在亚欧非三洲的大部地方,在过去一千年以上的时间,这个名词曾在说各种不同语言的地区在各种不同的译音下流动出现,直到今日这个名词在许多地方仍为现代的取名,而非史书上的专名。

在八九世纪间法兰克人统一西欧大部时,也正是跨亚欧非三洲的大食帝国最盛的时期,两大帝国间政治文化的关系颇为密切,自此大食(回教世界)就称西欧为"法兰克",称西欧人为"法兰克人"(阿拉伯文拼音为 Faranji)。这个用法一直传到今天,今日近中东所有回教国家的人仍称所有的西欧人为"法兰克人"。大食人把这个名词在中古时代很早就传到中国,后来当中国成为横贯亚欧大陆的蒙古帝国的一部时,对西欧的知识相当丰富,称西欧为"佛郎"(见《元史·顺帝纪》至正二年秋七月),西欧各国的商人不断地来到中国,也随中国的习惯,以"佛郎"人自称,印度人也是经过回教徒而知道西欧,所以无论中古或近代都称西欧人为"法兰克人"(印度各地的方音对此词拼法甚多,大致都与阿拉伯或波斯拼音相近)。由于西欧人对印度人压迫的惨酷,"法兰克"一词在最近一百年间已开始有恶劣的含意,印度人对西欧人恶意指称时,特别称之为"法兰克人"。

在明代,西欧的葡萄牙人经由印度而到中国,就是当时的所谓"佛郎机人"。这个名词很显然地是由大食或印度的用名音译而来的。葡人初到中国时所带的通译员,一定是与中国久有通商关系的印度地方的商人：或大食人，或波斯人，或印度人。到中国后，他们当然称他们的雇主为"法兰克人"，按阿拉伯、波斯或印度的拼音，更接近地译为"佛郎机人"。中国当时已不知道，这就是元代大家所熟知的"佛郎人"。近年来学习西欧史的人，又不知道历史书中所遇到的那种人就是"佛郎机人"，于是又新译为"法兰克"。"法兰克"又与在近代中国比较早出的"法兰西"一词非常容易联系起来，而欧美的历史学者也确是把这两个名词不正确地，最少是不恰当或非分地联系起来，这就特别加深了我们对此问题的混乱思想。当初学习西欧史时如用中国旧有的"佛郎机"一词，误会的可能就可减少许多。今日或者无需再废"法兰克"而用"佛郎机"，但这个名词一千多年间的错综复杂的游程，确需我们在学习西欧史及世界史时摸索清楚。

（原载《历史教学》1954 年第 5 期）

关于公元纪年各种西文名词的
意义及中文译名问题

　　俄文的 Век，英文的 Century，译为"世纪"，以及"世纪"一词的具体含义，都已为人所共知。此外在公元纪年中还有不少其他的制度、名词和计算方法，有的在中文中已有比较固定的译法，有的尚无固定的译法，但无论译法如何，在认识上尚多有未清楚交代的地方。我们现在拟把与此问题有关的名词和概念一一提出，无译名或译名未定的名同也拟出译出，是否有当，请大家指教。

　　今年是公元 1956 年，我们时常说我们是处在二十世纪的五十年代中；但也可能有人怀疑如此说法是否正确，因为二十世纪的前五十年已经过去，我们现在是处在二十世纪的第六个十年之中，为何不说是六十年代，而说是五十年代？ 这种疑问是有根据的，实际在欧洲各国的文字中，对于一个世纪的每个十年，有两种不同的说法，而这两种不同的说法，不仅在字面上容易混淆，并且两者之间又交错着一年，为避免误解或误译，这两种说法是应当分辨清楚的。例如 1950 年，就所谓"五十年代"的说法来讲，是五十年代一词所表示的十年中的第一年，而就另一种说法来讲，却是一个十年单位中的最末一年。为清楚起见，我们列表如下，在西文中举英俄两种文字，与中文排名并列，并在第（1）类的英文名词前附列各种欧洲文字所同有的阿拉伯数目字的写法，以醒眉目：

公元年份 (二十世纪)		英文	俄文	中文译名 (或拟名)
（一）	(1)1900— 1909	1900's：The nineteen hundreds	［Тысяча］ Девятисотые годы	一千九百年代 一九〇〇年代 （拟名）
	(2)1901— 1910	The first decade ［of the twentieth century］	Первое Десятилетниедва ［дцатого века］	［二十世纪的］ 第一旬纪（拟 名）
（二）	(1)1910— 1919	1910's：The nineteen tens	Десятые годы ［двадцатого пека］	［二十世纪的］ 一十年代（拟 名）
	(2)1911— 1920	The second decade ［of the twentieth century］	Второе Деся тилетние ［двадцатого века］	［二十世纪的］ 第二旬纪（拟 名）
（三）	(1)1920— 1929	［19］20's：The twenties ［of the twentieth century］	Двадцатые годы ［двадцатого века］	［二十世纪的］ 二十年代（拟 名）
	(2)1921— 1930	The third decade ［of the twentieth century］	Третье Десятилетние ［двадцатого века］	［二十世纪的］ 第三旬纪（拟 名）

　　关于上表中所显示的问题,我们下面可依表中的次序逐条讨论。但在逐条讨论之前,我们先谈一个概括的问题,就是"中文译名"栏下所列的"旬纪"一词的问题。这是笔者暂拟的中文译名。俄文中的 Десятилетие,英文中的 Decade,以及其他欧洲文字中相等的字,指的是每个世纪整齐均分的十个十年。这个用法,就是上表第(2)类的用法,在欧洲文字中虽不像第(1)类用得那样普遍,但在各种欧洲文字中仍是会时常遇到的。但这个名词似乎至今尚未为中文所确切袭用,在近年的译文中有两种情况:有的人不知此一纪年制度,把它与"几十年代"的制度混而为一,当译为"第二旬纪"的地

方译为"二十年代"，结果是前后相差了九年，交错了一年；又有的人知道此一纪年制度，但把欧洲文字中的此一名词简直了当地译为"十年"，于是我们就有时读到"第一十年"或"第一个十年"一类的译文。以此类推，到二十世纪将要结束时，我们就会要读到"第十十年"的中文字句；当然我们可以加"个"字而说"第十个十年"，使它成为可通的中文，但似乎仍不是好的中文。并且在欧洲文字中，这个名词是一个纪年代的特用名词，而不是一个纪年数的一般名词，我们译为"十年"，等于把一个纪年代的名词译成纪年数的名词，在概念上等于误译，尽管在字面上好似是可通的。

以上把"旬纪"一词略作说明，下面我们可以一一解释上表所列各条。

第（一）（1）——世纪最初的十年，若用数字的说法表示，在所有的欧洲文字中都感到困难。因为若用阿拉伯数目字，两个关键的数目字都是"零"，叫人有无从下手之感；若用大写，关键的字只是一个"百"字，也不知当作如何说法。这都是令人无计可施的难题，所以无论是用阿拉伯数目字也好，是用大写也好，都只有采取和盘托出的办法（但俄文在习惯上仍有较英文或其他西欧文字为简便的办法，如"一千九百"只简称"九百"；当然如说"一千九百"，也不算错，不过在习惯上"一千"可以略去）。译为中文，也有同样的困难，就我们二十世纪的最初十年来讲，也只有译为"一千九百年代"或"一九〇〇年代"，此外想不出更简便而明了的译法。这个名词，在今日的报纸杂志上，很少再有用到的机会，因为那十年早已过去；但在各种西文现代历史或国际政治的运作中，还时常遇到，当有公认的译法（严格讲来，公元 1900 年是属于十九世纪的，是十九世纪的最末一年；关于此点，下面再讲）。

第（一）（2）——这个问题比较简单，无可多论。提到本世纪的第一旬纪时，若由上下文就可清楚地知道是讲的目前的世纪，而非过去的某一个世纪，"二十世纪的"形容词句就可省略。在意义不太分明时,这个形容语句必须加上,以免使读者发生误会,或作不必要的反复阅读。

第(二)(1)——这又是一个比较复杂的问题,英文与俄文的语法稍有不同。在英文中没有"The tens"的说法,必须把全部语句说出,用阿拉伯数目字也必须四个数字齐举。俄文的语法比较灵活,可有英文中所无的省略办法。在此处,中文不必依从英文,而可按照俄文译为"一十年代",与此后的"二十年代""三十年代"等一气直下。"一十年代"或与它相等的词句,在过去中国的书报上似乎没有用过,因为在公元1920年以前,中文中还根本没有袭用这种纪年的说法。但这也与上面所讲的"一千九百年代"或"一九〇〇年代"一样,在现代史或国际关系史中还时常应用,在中文中当有确定的译法。

第(二)(2)——无论在欧洲文字的说法,或是中文的译法上,都与第(一)(2)道理相同,无可多论。

第(三)(1)——这里有上面尚未论到的两点。由此开始,各种欧洲文字就都有简单化的说法,就是等于中译"二十年代"的说法,"二十世纪的"形容语句只有在上下文意义不清时方有加上的必要。在欧语中,若用阿拉伯数目字,前面那表示世纪的"十九"两字普通也都省去。中文今后也可袭用这种简便的办法,除了大家习惯已久的"二十年代"外,又可采用"20年代"的写法,读为"二十年代"或"二零年代",都无不可。

第(三)(2)——与上面第(一)(2)及第(二)(2)同理同法,不论。

上表只列到第(三)为止,因为自第(四)以下,(1)(2)两种纪年法,都与第(三)理同法同,不赘。此处唯一或者值得提上一句的,就是假定此表由(一)到(十)全部列出,第(十)(2)当然是"第十旬纪",第(十)(1)则是"九十年代",在第(1)种纪年法上,到"九十年代"就结束了,并无"十十年代"或"一百年代"。这种理所当有的纪年词句,要转过下一个世纪才能遇到,那就是 21 世纪的"二千年代"或"二〇〇〇年代"。

以上所论,是以十年为单位的纪年法及有关名词的问题。另外,欧洲文字中还有一个以千年为单位的纪年名词,在俄文为Тысячелетие,在英文为 millennium(实际是一个拉丁字)。这个名词在过去没有介绍到中文中来,近几年在翻译或编译的上古史和考古学的作品中,遇到了这个名词,有人就把它简单地译为"千年",于是我们就时常读到"第一千年""第二千年"一类的词句。这与上面所论到的"十年"一样,不仅不是好的中文,并且是概念混淆的一种语法,"千年"给人的印象是年数,不是年代,而此词原意所指的是年代的先后远近,不是年数的多少大小。为避免概念上的混乱,此词在中文中似乎可以译为"仟纪",与"世纪"和"旬纪"协和,三个纪年专词一致采用中国自古以来纪年时所最通用的"纪"字。

"仟纪"和"旬纪"是我们暂拟的译名,目前尚未通行。"仟"与"千"意义可通,但不完全相等,为避免数字的印象,所以采用不常使用的"仟"字。"旬"字最古用为纪日的专词,但很早纪月或纪年时就已用"旬",所以我们拟议的"旬纪"一词是在中国文字原意的基础上制定的,并非新创。

以上我们把公元纪年的各种概念和名词,作了一个简单的介绍。另外,在具体的用法上还有一些习惯、特例以及容易被人忽略的原则问题,此处可以附带一提。

首先,关于一个世纪的起迄年份,是时常使人模糊的一个问题。仍举我们身处的二十世纪为例:二十世纪的第一年为 1901,二十世纪的末年为 2000;严格讲来,写二十世纪的起迄年份时当写作1901—2000。但在一般的作品中,为得整齐简单,都是写为 1900—2000。若咬文嚼字,这当然是错误的,因为 1900 是十九世纪的最后一年,不是二十世纪的最初一年,并且如此写法,其中包括的已不是一百年,而是一百零一年。但这已是公认的习惯写法,没有再从严改正的必要。

以上所讲的是公元后的世纪，公元前的世纪就又稍有不同了。例如公元前六世纪的第一年是 600 年，末年是 501 年，起讫当写为 600 至 501，习惯上写作 600 至 500，侵用了公元前五世纪第一年的年份。所以，在写公元后每一世纪的起讫年份时，习惯上侵用上一世纪的末年；在写公元前每一世纪的起讫年份时，习惯上侵用下一世纪的初年。

这是一般的世纪，第一世纪的问题中则又有了新的因素。公元1 世纪的起讫，当然是 1—100；公元前一世纪的起讫，当然是前100—前 1。有的作品中也就这样写法，这是既严格又正确的。但在习惯上往往写作 0—100 和前 100—前 0。在实际历史上，公元前元年过去之后，就是公元元年，当中并没有一个"零"年，在历史学的纪年法中也没有一个"零"年。这在计算公元纪元前后两个世纪间任何两年当中的年数距离时，是会错着一年的（例如公元 198 到 202年，两数相减，切头去尾，为四年；公元前 2 年到公元 2 年，两数相加，也是四年，但如按上面切头去尾的原理则当为三年。所以因为没有零年，割着公元纪元前后而计算任何两年之间的年数距离时，就会多出一年来）。天文学家为补救此种年数计算上的缺陷，在天文学作品中应用公元纪年法时，在公元前元年和公元元年之间就添上一个零年，并且假定真有如此一年。这样，问题就解决了：由公元前 2年到公元 2 年共经过了五个年头，切头去尾为四年，年数计算上不调协的问题就不存在了。但历史上实际并没有一个零年，所以历史书上不能添上如此的一年，然而在写公元前后两个第一世纪的起讫年份时，历史学家却经常借用天文学家的办法，写上一个假想的零年。这只是为简单醒目，并与其他世纪划一而如此作，我们不必在逻辑上过事推敲。

与上面所讲同一原理的一点，就是在谈到跨着两个或两个以上的世纪的一种长期历史发展时，要注意世纪的正确次序，公元前与公元后是不同的。例如唐朝是公元七世纪到十世纪的一个朝代；但对于战国我们就必须说那是公元前五世纪到前三世纪的一个时代，而不能先三后五。如果那样，就是把时间先后倒置了。

以上关于世纪的一切习惯、特例和原理，也同样地适用于旬纪和仟纪。公元第二仟纪为 1001—2000，公元前第二仟纪为前 2000—前 1001；但在习惯上则写作 1000—2000 和前 2000—前 1000。旬纪也是一样，公元十九世纪的第二旬纪为 1811—1820，但习惯上则写作 1810—1820，公元前十九世纪的第二旬纪则把数字都倒过来写。跨着旬纪或仟纪而谈历史发展时，也是公元后先小数而后大数，公元前先大数而后小数。

最后，再说明一个问题，就是本文所讲的这一套计年法和计年惯例，是近代的产物，中古以上是没有的，在中古以上的文献中是不会遇到这些纪年法的概念和名词的。近代历史学家所写的上古或中古史的著作中，当然采用这种纪年法，但实际只有世纪和仟纪时常提到，旬纪和几十年代是很少使用的机会的。这是由于上古中古的历史步调比较缓慢，同时也可能最少是部分地由于史料不全，所以数年或十数年之间就发现重大变化的机会是不多的，因而旬纪一类的名词一般地没有使用的需要。只在特别详尽专门的作品中，在谈到变化较大而史料丰富的年份时，才间或会遇到旬纪或几十年代的词句。在这里可以附带提一个问题，就是在上古时代有一个十年单位是只能采用旬纪的说法，而无法使用几十年代的说法的，那就是公元第一世纪开始的十年：我们既不能说"零年代"，也不能说"公元前元年年代"；文字是有穷的，无论在中文或在欧洲文字，都无此一格。在必须对这十年特别提出时，只能说第一旬纪，没有其他的说法。

（原载《历史教学》1956 年第 6 期）

关于公元纪年问题的补充说明

在本刊六月号刊登的有关公元纪年问题的一文,我们曾说要把一切有关的名词和概念一一提出讨论,但由于笔者疏忽,其中有一个概念未予说清,一个概念忘记交代,现在特予补充说明,并向读者致歉。

未予说清的概念,就是关于公元前的旬纪的问题,我们只说公元前某一旬纪的起迄年份要按公元后旬纪的年份来倒写。这句话有语病,很容易引起误解。例如公元后五世纪的第二旬纪当写为411—420,但这不等于说公元前五世纪的第二旬纪就可写作公元前420—前411,而应当是490—481。那也就是说,公元前五世纪第一旬纪的起迄年份是公元后五世纪第十旬纪起迄年份的倒写,第二旬纪是第九旬纪的倒写,其他以此类推。

忘记交代的概念就是几十年代纪年法与公元前纪年的问题。公元前每一世纪的几十年代纪年法,当然是由九十年代开始。例如公元前五世纪的九十年代就是公元前499—前490;由此下推,公元前五世纪的"四百年代"或"四〇〇年代"就是公元前499—前400。

（原载《历史教学》1956 年第 7 期）

欧洲人的"教名"及一般取名的问题

　　有读者问,欧洲人所谓"教名"是什么意思,对欧洲人一般的取名制度的问题也时常有人口头上或书面上提出,现在作一综合性的解答。

　　我们中国旧日一个人有名又有字,欧洲人只有名而无字。从这一点讲,欧洲人取名的制度比我们简单。但专就"名"来讲,欧洲又较中国为复杂。

　　在过去欧洲人都信基督教,儿童生后都要到教堂去受洗礼,受洗礼时正式命名。这个名当然是事先由父母或监护人所取定的,不过须要经过洗礼的仪式才算正式的定名。在最简单的情况下,一个人只有此名,连名带姓只有两个字。我们一般所知道的一些西名,无论是出自基督教的《圣经》的,男名如彼得、约翰(拉丁语及多数西欧语音,俄语为"伊凡")、保罗、约瑟夫、摩西、犹大,女名如玛利亚、伊丽莎白,等等;或出于欧洲各族的原始社会时代的,男名如威廉、查理(即"卡尔")、罗伯特、亨利、路易(法语音,德语及俄语为"路督维克")、菲德烈、菲迪南,女名如莎罗蒂,等等;或宗教史及一般历史上浮出过而成了定型的名称,男名如尼古拉、乔治、巴西略(拉丁语及多数西欧语音,俄语为"瓦西里"),女名如加特林娜,等等——这些名称都可作为儿童受洗时的命名。今日欧洲各国,信教的人愈来愈少,许多儿童都不再受洗,但所取的名仍与过去大致相同。因为此名在历史上为受洗时的取名,所以称为"洗名"(Baptismal name)

或"教名"(Christian name);因为这是世传的"姓"以外的每人特命之名,所以又称"命名"(Given name);因为此名在习惯上是每人全部姓名的第一个名,所以又称"首名"(First name)。这以上是英文中比较复杂的分别称谓。俄文在此方面比较简单,只用很短的一个字,称之为 Имя。

但无论是欧洲历史上的一个人物,或今日的一个欧洲人,我们时常会发现他的"姓"前面有两个或两个以上的"名"。这种情形在家族比较大、亲友比较多或社会关系比较广的家庭中特别容易发现。这是因为儿童出生后,意见太多或关系太杂,取名时不能集中于一字的原故。这又有两种不同的情况。一是意见庞杂,两个或两个以上的"名"都有人坚持,有非接受不可之势,那就爽性来者不拒,儿童就有了两个或两个以上的"名"。另一种情形,不是由于亲友意见庞杂,而是由于父母或监护人要对现在的或已故的一位亲友或名人表示尊敬,把那个人的"姓"或"名"也加予初生的婴儿,有时甚至要对两个或两个以上的人表示敬意,儿童的"名"就相当长了。这最后一种情况,"名"可多到三五个以至上十个,在各国王族及贵族的子弟中尤为常见。遇到以上的情况,最后总要决定哪一个为受洗时所用的"名";如不受洗,也要决定哪一个为"首名",这是家人亲友呼唤时一般所习用的"名"。

在"名"为两个或两个以上的时候,"首名"以外的"名"很少被亲友呼用。自写姓名时,习惯很不一致。有人不怕麻烦,一个字母不漏地全部写出。有人除"首名"写出外,其他的名缩写,只写第一字母(有人连"首名"也缩写,那是另一种习惯,与我们目前所谈的问题无关)。也有人更精简,根本不用"首名"以外的名,只写姓和"首名"两字。例如达尔文的全部姓名为"查理·罗伯特·达尔文(Charles Robert Darwin)"。但他不喜欢用他那第二个名,普通连缩写的方法都不采用,只自写"查理·达尔文"。

取名,当初都有所指。我们中国自古如此,至今未变,儿童出生后,总是选定一个或两个有所取义的字为名。在西方及欧洲,最初也是如此。例如"约瑟夫"原意为"不断长进","查理"或"卡尔"原意为"雄健","巴西略"或"瓦西里"原意为"王者气魄"。但到后来,取名所用的字渐渐定型化,原意也不再为一般人所了解,只是"人名"而已。今日我们如果向一个欧洲人问他的名何意,他将瞠目不知所答。今日欧洲也间或还有不用定型化的旧名,而另选一两个仍为人所了解的通用字为儿童命名的,但那是极端例外的事,一般人对这样的父母会认为古怪。

（原载《历史教学》1954 年第 9 期）

关于世界上古史一些
问题及名词的简释

一、埃及

[自然环境]埃及在地理条件上,可以说就是尼罗河,如果没有尼罗河,埃及地方将与北非其他地方一样,除沿海一带外,基本上是沙漠,只个别绿洲的地区可有水源和土著的生活。在生产工具、生产技术仍然低下的上古时代,人类还不能克服沙漠;是尼罗河把埃及变成一个大的绿洲,埃及可以说是过去世界沙漠地带的最大绿洲。依靠尼罗河水季节泛滥的自然条件,几千年前的人类在他们已有的生产技术的基础上,才在埃及建起世界最古的国家之一。

无论过去或现在的埃及疆土,大部是沙漠,如把河水冲积的三角洲除外,埃及实际是一个蛇形国家,只沿河的一条是可耕地与人烟之区。例如今日埃及的面积,估计为一百万平方公里,但是耕地及人烟之区仅有三五,一六八平方公里,占全部面积的百分之三点五强。沙漠中有一些游牧为生的人,但为数极少。

[埃及人]古埃及人在种族上属于含族(Ham),接近闪族(Shem),闪族在上古的西方曾建立过许多国家,今日世界的闪族以犹太人及阿拉伯人为代表。自公元七世纪伊斯兰教兴起,埃及成为大食帝国的一部后,当初的埃及人逐渐阿拉伯化,埃及语逐渐消灭,

今日埃及人所说的是阿拉伯语,所以埃及在今日是中东及北非阿拉伯国家中的一员。

[诺姆]为一个希腊文的名词(nomos),古埃及文另有专名,今日一般的书中不用。诺姆为埃及地方最初具有国家形式的政治组织,后来整个埃及统一,这些诺姆就成为统一国家的州郡。诺姆取名,多用禽兽,乃是原始时代图腾的遗迹。

[上下埃及]古代埃及人称埃及北部尼罗河三角洲为"下埃及",称埃及南部尼罗河中游为"上埃及","上下"的概念来自由南向北而流的尼罗河。

[孟斐斯]城已不存,遗址在今日埃及首都开罗之南约二十公里。

[木乃伊]原为阿拉伯文所借用的一个波斯字 mumiya,六百年前中国的学者把它音译为"木乃伊",近年又有人根据英文的 mummy 译为"木默",按原音当译为"木蜜亚"。

有一种误会,以为"木乃伊"是古代埃及人所用的名称;这个误会甚为普遍,并且不限于中国。古埃及人没有"木乃伊"一词,并且也没有与它意义相等的一个名词。埃及当然也与其他的古族一样,关于死人有许多的迷信及迷信术语,正如中国过去称死的人为"灵",埃及也有与"灵"相类的不只一种的富有迷信含意及感情含意的名词,但像我们今日意识中"薰香保存长久的枯尸"的"木乃伊"一类名词或一类概念,古埃及人根本没有。薰制是古代埃及装殓死人当然手续的一部,所以对于薰制后的尸体并没有特别的专名。"木乃伊"是一个晚出的名词,与古埃及人无关;名词本身也有一段很曲折的历史。因为历史太曲折,所以一般的书,包括比较专门的书,都不予说明,以致造成今日世界上相当普遍的一种误会。

中古时代,先是埃及及中近东其他地方的阿拉伯人,后是欧洲人,相信由古埃及薰尸中熬炼出的一种"蜡质"或"胶质"可以治病,一时成为一种贵重的药材。这种蜡质或胶质,阿拉伯人借用一个波斯字,称为"木蜜亚","木蜜亚"就是蜡质的意思。这种纯属迷信的伪科学说法,在欧洲一直维持到十八世纪,欧洲各国也都援用阿拉伯人的名词,各用大同小异的拼法把此字吸入自己的语汇。(在今日欧洲几种重要的文字中,只有俄文的拼法与原音"木蜜亚"完全相符。)古埃及的不知多少尸体,几百年中都被人当药材吃掉。后来供不应求,用近人的尸体(特别是死罪囚的尸体)炮制的假木蜜亚开始在市面行销。"木蜜亚"本是药名,后来又引申为此药来源的薰尸的名称,最后无人再相信此种江湖药材,于是"木蜜亚"就成为薰尸的专名。今日此词在欧洲各国的文字中特指古埃及的枯尸而言,但扩而大之,也可作为任何时代任何地方用科学方法保存长久的尸体的名称。

至迟到六百年前,就是元朝末期(十四世纪中叶),中国已知道西方的这一医药现象,元末陶宗仪著《南村辍耕录》,第三卷有"木乃伊"一条,是根据半正确半错误的传闻而附会写出的,但此条文字抓住了此事的中心环节,即以尸体为药材的一点。陶氏用"木乃伊"一词,究是他自己拟译,或是元代原有的汉译名,待考。这个译音与我们今日所知道的任何一种语言都不切合,大概是在横亘亚欧两洲多民族多语言的大元帝国中,经过再译三译以致多次的辗转翻译而发生的音讹的结果。

[金字塔]此词也与"木乃伊"一样,一般是对它有误会的。我们如果说"古埃及人称王公贵人的陵墓为金字塔",那将是不合乎历史事实的。此词原为一个希腊字 Pyramis,这个字经由希腊文而传给欧洲所有的语文。这个希腊字虽来自一个古埃及字,但在古埃及文中此字是指陵墓的"高度"而言。至于整个的陵墓,并无专名,因为陵墓都当然为此种形式,所以不会有专名发生。是古希腊人最初把埃及陵墓"高度"一词用为全部陵墓的专称,今日欧洲各国的文字中都沿袭了这个用法。

中文把这个希腊字创译为"金字塔",取义甚为清楚,是由此种陵墓的形状有似中文的"金"字而来。

〔底比〕城已不存,遗址现有两农村,一名卡纳克(Karnak),一名艾尔库苏(El Kusur),欧洲文字多把第二村的阿拉伯名称改写为鲁克苏(Luxor)。这两个农村是今日埃及两个有名的考古场所。

〔努比亚〕为今英埃苏丹之地,北部进入今埃及南境。

〔莫利斯湖〕此湖在埃及北部尼罗河以西的利比亚沙漠中,现已枯竭,但湖址及附近建筑的遗迹仍很清楚。考古学家发现的埃及古卷中,有此湖的平面图。

湖名为希腊文 Moeris(米利斯),古埃及文为 Meri,当译为"米利"。

〔喜克索人〕来历不详,大概是原来度游牧生活的一种人。埃及人称他们为喜克沙苏(Hikshasu),希腊文把它写成"喜克索"(Hyksos),今日欧洲各种文字的书中都用这个希腊字。

〔利比亚,利比亚沙漠,阿拉伯沙漠〕利比亚为古代希腊人对整个非洲的称呼,但古代西方只知此洲的北部,所以利比亚实际就等于北非洲。到近代才专称埃及之西的一块地方为利比亚。"利比亚沙漠"是近代地理学上的一个名词,指埃及西境及西境以外一部分的撒哈拉沙漠而言。埃及东境的沙漠,今日称"阿拉伯沙漠",与阿拉伯半岛无关。

〔赫梯人〕为古亚美尼亚(今日苏联的亚美尼亚加盟共和国,土耳其东部的一部,及伊朗北部的一部之地)及更南的地方活动的一个古族及古国,强大时曾向各方侵掠。他们在西亚是最早大量用铁的人,可能也是全世界最早大量用铁的人。

"赫梯"为古犹太人对此种人的称呼(Khittim),此种人自称"哈梯"(Khatti)。欧洲各种文字较旧的书中都援用由犹太文传下的名词,近年新出的书中往往两个名词混用。

〔舍易斯〕城已不存,遗址在北纬三十度五十七分东经三十度四十八分。

二、两河流域

[美索不达米亚]这是一个希腊文的名词(Mesopotamia),是此地的上古史已发展到晚期,古文化的盛期已经过去之后,希腊人所拟的,意即"河间之地",我们中国一向译为"两河流域",甚为恰当。当地的任何一个古族,对于整个两河流域并没有一个通名。

底格里斯和幼发拉底两河,古今的形势不同。上古时代两河一直并行,在波斯湾上各有河口。后来逐代冲积,陆地南伸,在新的冲积地两河合流,所以今天两河在波斯湾上有一个共同河口。

两河流域的下游,南部,是上古的巴比伦之地;上游,北部,是上古的亚述之地。就今天的政治地理讲,除尽上游进入土耳其及叙利亚国境外,整个的两河流域基本上就是伊拉克国。也与埃及一样,两河流域自公元七世纪成为大食帝国的一部之后,逐渐阿拉伯化,所以伊拉克今天也是阿拉伯国家之一。

[苏末人]所属的种族不详,在血统上及语言上与古今任何其他的人尚联系不上。

[亚摩来人]当初是来自沙漠地带的闪人。

[巴比伦城]现已不存,遗址在今伊拉克首都报达(八吉打)以南约九十公里。

[喀西人]种族及语言都不详。

[亚述城和亚述人]亚述人属于闪族,最初大概也来自沙漠地带。亚述国发祥之地的亚述城位于底格里斯河西岸,现已不存,遗址约在北纬三十五度东经四十三度。

[尼尼微]在底格里斯河上游的东岸。此城自亚述帝国灭亡时被毁后,始终未再恢复。近代的考古学家已发现城的废墟,考古的收获甚丰。

[迦勒底人]为巴比伦地闪人的一种。

[米太人]是一种印度欧罗巴人,上古的居地在里海以南,即今日伊朗北部之地。

[楔形文字]是近代考古学家为两河流域的文字所拟的名称,名称原字是一个近代晚出的拉丁字,被考古学家所借用。这个名词是专指两河流域各种古文字所共有的字体而言,与文字结构语法一类的法则问题无关。

[五行星]即人的眼睛从地球上不靠科学工具的帮助就可看见的太阳系中的水星、金星、火星、木星、土星。这是近代以前世界各地的天文学所知道的五个行星。

[阴历,阳历,农历]古代的巴比伦和亚述的历法,一年十二个月,月按月球的转动而定,每隔几年有一次闰月。在一般言谈的习惯上称此为阴历或太阴历。埃及当初也采用这种所谓阴历,后来天文知识发达,埃及的天文学家改变办法,定为一年十二个月,不再闰月,每月三十天,月与月球的运行无关,每年终附加五天,为全国的节庆与假期。后来他们又知道一年不是整整齐齐的三百六十五天,规定每四年闰一天。这是完全依照地球与太阳的关系而定的历法,"历法年"尽可能地符合地球绕日运行一周的"天文年",月的制度至此纯属旧习惯的延续,与月球对地球的转动已完全脱离关系。这就是阳历或太阳历。埃及的这种历法,经过罗马,加以无关重要的修改后(主要是把年终的五天或六天分与个别的月),传到全欧洲,近代又由欧洲传到全世界,只在十六世纪晚期曾根据更精确的天文知识,在闰年制度上加以修正。除此之外,今日世界通行的公历,基本上就是古代埃及的历法。

古代巴比伦的历法与我们中国旧日的历法,原则与制度几乎完全相同。我们今天称它为"阴历"或"农历"。这两个名词,实际都不妥当。古巴比伦与旧日中国的历法,一年十二月的制度是根据月球的转动,但闰月的制度是要叫年制与季节配合,纠正以月球为依据的十二月制度的不足;那就是说,在闰月制度下,年是按照地球与太阳的关系来订定的,所以这种历法实际是"阴阳合历",月为"阴"的系统,年为"阳"的系统。只有回历是纯粹的阴历,一年十二月,月按月球而定,没有闰月,一年三百五十四天或三百五十五天。所以回历的季节与月份无关。

"农历"一词如解释为农民因习惯关系而喜欢沿用的历,那可以说是正确的;但如果解释为便利于农民的生产活动的历,那就与事实不合了。所谓"农历",就农业论,是不很合用的历法。闰月是一种不得已的办法,并不十分科学,而且非常不方便。平年十二个月,三百五十多天,闰月之年十三个月,三百八十多天。平年也好,闰年也好,月份与季节都不能配合,农民不能按照月份去从事生产活动。就是因为这个原因,并且完全是因为这个原因,才在月份之外又定出二十四节气,作为农民劳动生活的指标。如用阳历,节气的制度就可废除,因为阳历的月份与季节是完全配合的。例如立春总是二月四日或五日,其他的二十三个节气也只会有一天之差。如用阳历,农民只记得何月何旬应作何事即可,不必再记在月旬之中流动不定的节气。我们教师,特别是农村中或接近农村的学校中的教师,可以配合教学,使学生彻底了解这个历法的道理。

三、两河流域以外的亚洲西部国家

[叙利亚]此词所指的范围,历代极不一致,最广泛的意义包括整个地中海东岸的陆地,最狭的意义则专指东岸北部的内地与尽北部的一点海岸,北部海岸的主要部分为腓尼基。今日的叙利亚国国境,就是限于最狭义的叙利亚范围之内,也是一个阿拉伯国家。

[腓尼基与腓尼基人]上古时代的腓尼基,大体上就是今日的黎巴嫩国之地。腓尼基人也是闪人。自公元七世纪后,这个地方也逐渐阿拉伯化,所以今天的黎巴嫩也是阿拉伯国家之一。

[推罗和西顿]两城现存,为黎巴嫩国海岸南部的两个小海城,

已无古代的重要性。推罗城今日称苏尔(Sūr)。

[迦太基]城已不存,遗址在今突尼西亚东北角,距今突尼斯城不远。

[巴力斯坦——以色列人和犹太人]以色列人和犹太人都是由阿拉伯半岛北移的闪人,种族语言都极接近。

巴力斯坦就是历史上的犹太国,即广义的叙利亚的南境。今日此地的沿海部分及北部为一九四八年新成立的以色列国的国境,东南部已为约旦国所并。(约旦国,一般报刊上仍沿用旧称,称为"外约旦"。)约旦为一个阿拉伯国家,以色列为一个恢复了犹太古语的犹太国家。

[耶路撒冷]古犹太国的首都;犹太教、基督教、伊斯兰教三教的共同圣城。今日此城位于以色列及约旦两国的交界处,为两国自一九四八年以来争夺的对象。此城法律地位的问题至今仍为悬案。

[波斯和波斯人]波斯人是一种说印度欧罗巴语的人,与古印度的印度欧罗巴人很接近。与印度的印欧人一样,他们也自称"雅利安"人(Arya),就是"贵者"的意思。他们的国土于是称为"贵者"之国,就是伊朗(Iran)。他们对人对地又都自称"波斯",古波斯文拼音为 Parsa,波斯尽西南角临波斯湾上的一州,又特称"波斯"。

[帕赛玻利]为波斯州的大城。此城现已不存,旧址在今波斯州州会施拉兹(Shiraz)东北约五十公里,古建筑的遗迹仍然甚多。

帕赛玻利为希腊文拼音的写法(Persepolis),意即"波斯城",按中国一向翻译的惯例,可以译为"波斯堡"。今日欧洲各国文字都用希腊文的拼法,古波斯文的拼法已失传,大概是"波斯卡达"(Parsakarta)。

四、印度

[印度国名]在过去历史上因为分裂的趋向强过统一的趋向,所

以印度没有一个概括的国名或地名，"印度"一词是外国人拟定的。印度西北的那条大河，当地人称为 Sindhu，后来波斯人就用此河名称它这个邻邦。这个办法向西传到希腊罗马，向东传到中国，我们中国两千年来把这个名词译为"身毒""天竺""天笃""信度""印度"。近代印度已接受了这个外来说法，自称印度。

〔恒河〕梵文为 Ganga，中国佛经中译为"恒河"。"恒"字当读如"亘"。

〔达罗毗荼〕梵文 Dravida，为入侵的雅利安人对古印度原来居民的称呼。后来这种人都被驱逐到印度半岛的南部，所以南部之地就也称达罗毗荼。

〔吠陀〕梵文 Veda，意即"智慧"。《吠陀经》的内容为颂神或祷神的诗歌、咒文，及宗教仪式的文字。因为印度早期没有历史文献传下，我们今日只从《吠陀经》中看到一点古印度的社会及一般情况。

〔摩拏〕为神话人 Manu，不止一人，可说是"制礼作乐"的神话人物。

〔佛〕梵文 Buddha，中国过去音译为佛陀、佛图、浮屠、浮图等，后来习惯只简称为"佛"。

〔摩揭陀〕即今日印度共和国的比哈州（Bihar），今日的州会帕特纳（Patna）即古摩揭陀国的旧都"华氏城"。

〔梵文〕为古印度的经典文字，统治阶级故意把它神秘化，说它是最高的天神跋滥摩（Brahma）所创。跋滥摩一词，我们中国在过去又简译为"梵摩"，再简称"梵"，于是就称这种文字为"梵文"或"梵书"。但这个名称是我们中国所定的，印度人自己称这种文字为"萨姆斯克尔达"（samskrta），意即"雅文"或"经典文字"。今日印度许多种语言及方言都直接或间接与梵文有关。

〔印度数学〕现在全世界通行的阿拉伯数目字，是由古印度的数学家所首创，其中"零"及相关的数字位的制度尤其是重要的贡献（数字位制度即依部位而定个位、十位、百位、千位的制度）。

五、希腊

［伊利亚特］希腊人所攻毁的小亚细亚西北角的古城特累，又名伊利昂，歌咏此事的史诗称《伊利亚特》。

［斯巴达与弃婴的风气］弃婴是许多古代国家都曾有过的风气，斯巴达因特别提倡尚武精神，弃婴的风气尤为发达。

［柏里奥克人与希洛人］是斯巴达的两种非公民的人。柏里奥克，原词为"周围的人"的意思，因为他们居住在斯巴达国家的边地。他们都是被征服的部族，他们仍保有人身的自由，并保有土地财产，但他们须向斯巴达人交纳贡赋，在对外作战时他们须出兵。他们不能参加斯巴达国家的任何政治生活。希洛（Helos）原为一独立的城邦，此邦的人为斯巴达征服后，沦为奴隶，此后还有其他地方的人同样地沦为奴隶，这些人统称为"希洛人"。他们是国家的奴隶，不属于私人，由国家分配予公民，代公民劳作，经营公民土地，每年纳租，约为产量的二分之一。这些人，在身份上是奴隶，但就剥削关系而论，他们近似农奴，所以恩格斯在《家庭、私有制和国家的起源》中称他们为"希洛农奴"。

［僭主］僭主就是乘着阶级斗争剧烈的机会，用武力或其他方法夺取政权的人。这种人的政权没有当时贵族阶级典宪规章所正式承认的地位，希腊人（当初大概是贵族，后来是所有的人）于是称他们为 Tyrannos，意即"无合法地位的统治者"，即"僭主"，称此种统治为 Tyrannia，即"僭政"。这两个名词在当时是有浓厚的法理意味的，取名的原意特别着重其"不合法"性，与其人取得政权后作风的"好"或"坏"无关。这些僭主，对于缓和阶级矛盾，"安定国家"，多作了一定的努力，并且他们一般地是比较重视平民的利益的。但如可能时，他们总是把地位传给子侄，这些第二代的僭主因为往往都曾度过一段处尊养优而无所用心的生活，所以大位临身后时常表现为

昏庸,甚至残暴,因而被驱逐以至被杀。原来意为"僭主"的那个希腊字于是在人心中发生变化,开始意为"暴君",原意为"僭政"的那个字开始意为"暴政"。这两个字,经由拉丁文,传给今日欧洲多数的语文,在这些近代语文中并且只有"暴君"及"暴政"的晚出意义。今日一般欧洲文字的历史书中,往往对此没有清楚的解释,使读者容易发生"以今说古"的误会。我们中国过去有些"西洋史"作品中也把这两个名词译为"暴君"及"暴政",那是不合古代希腊此一段历史的主要阶段的实际情况的。中国旧的"西洋史"书中也有把两词译为"霸主"及"霸政"的,也不妥当,中国春秋时代的那些霸主,除性质与希腊的僭主完全不同外,他们都是有"合法"地位的,他们是周天子所正式任命的"诸侯之长",而希腊的僭主是自建自立的一邦之主。若把"霸"字理解为战国以下特别是秦汉以下"横行霸道"的意思,那就与"暴君""暴政"相同,尤为不当。

[贝壳放逐法]此法当初的用意是在防止僭主的出现,多数公民如认为某人有作僭主的野心,就可把他放逐。后来此法成为党派之间政争的工具,占多数的党派往往把少数党的首领用此法放逐。

[米利都]在小亚细亚(土耳其)西南岸,今日其地仍有古城遗址,称帕拉提亚(Palatia)。在波斯侵略前,米利都是希腊世界工商业最发达的一个城邦,也是科学、哲学、文学的中心。在小亚细亚的希腊城邦被波斯征服后,米利都首先起义,希波大战爆发,最后希腊大败波斯,未为波斯所奴役。

[土地和水]是波斯统治阶级对国家领土的一种称呼,正如中国过去的帝王将相称他们所统治的国家为"江山"或"河山"或"山河"一样。

[色雷斯]大致等于今日的保加利亚国境。

[马拉松]今城同名,古城在今城稍南。

[狄萨利亚]为今日希腊东北国境。

[德摩比利隘口]在今希腊拉米亚(Lamia)城东南约十四公里。

　　[萨拉米]有两地同用此名。一为海岛，就在雅典岸外不远的地方，公元前四八〇年希腊的海军在此岛之外的海上大败波斯的海军，是希波大战中一次有决定性的战役。另外，在地中海东端的大岛塞浦路斯的东岸有一座城，也名萨拉米，并且事有凑巧，公元前四四九年希腊海军在此城附近的海中又大败波斯海军，使波斯海军从此不能再在东地中海威胁希腊人的活动。这个萨拉米城，今天已为废墟。雅典岸外的名岛，今日除仍沿用"萨拉米"古名外，又称库鲁雷（Kouloure），在现行的地图上两名都可见到。

　　[普拉提亚]此城今日已为废墟，在今希腊东境之飞奥提亚（Viotia）州。

　　[米卡尔]为米利都以北海岸上小山的名称。此名现已不用，在今日一般地图上此山无名。

　　[狄洛岛]爱琴海中的名岛，岛上有全希腊所特别尊重的太阳神庙，所以称为"圣岛"。希波大战后，雅典组织"狄洛同盟"，自为盟主，主持爱琴海上的商业活动，同盟的盟址当初就设在岛上的太阳神庙中。

　　[埃比唐]希腊原名为 Epidamnus，乃希腊人在希腊西北边外的伊利里亚（Illyria）人居地的海岸上所建的殖民地城邦。古代的伊利里亚即今日的阿尔巴尼亚之地，古伊利里亚人即今日阿尔巴尼亚人的祖先。此城在罗马统治时代改称狄拉基英（Dyrrhachium），近代阿尔巴尼亚人称它为杜列西（Duressi），中国一般地图上采用英文及一些其他西欧语文的拼音，译为都拉索（Durazzo）。二千五百年来，此城向未完全丧失它的重要性，今日它为阿尔巴尼亚首都地拉那的港口，也是全国最重要的港口。公元前四三五年埃比唐内部的党派之争，是引起伯罗奔尼撒大战的一个主要导火线。

　　[克里昂]这位在对斯巴达作战中的雅典主战派首领，各种文字的许多历史书上，包括一部分比较专门的书，都称他为"制革匠"，这是把当时政争中所用的"政治骂名"不予深入了解而即贸然引用所

发生的错误。他是一个制革手工工场的主人，是一个代表工商业利益的大奴隶主，不能称为"匠"，因为"匠"字所给人的印象是一个"劳动者"，克里昂绝对不是一个劳动者。奴隶主国家的雅典轻视一切体力劳动，克里昂的政敌骂他为"制革匠"，在当时的思想意识中是一种大的侮辱。

［叙拉古］城现存，仍为西西里岛东岸的名城。

［科凯拉岛］在希腊西岸外，今日名科孚（Corfu）。公元前四三五年埃比唐发生政争后，科凯拉进行干涉，引起伯罗奔尼撒大战。

［帕德嫩庙］意即"童女庙"，庙中所供奉的"雅典娜"女神是一个童女。庙在雅典的卫城上，是雅典人所特别尊重的一座神庙。另外，罗马有一座"群神庙"，拉丁文的名称为 Pantheon（潘提昂）或 Pantheum（潘提英），字形字音都与雅典的帕德嫩（Parthenon）相近，但性质不同，此庙所供奉的不止一神，在罗马也没有帕德嫩庙在雅典的那种政治活动及宗教活动的重要地位。

［第比］在中希腊，现存，已为小城。与埃及古都"第比"，在希腊文中是同一个字。

［特尔菲］现存，在中希腊，为小城。今日仍用古名，但又称卡斯特利（Kastri）。

［喀罗尼亚］在中希腊，今日为废墟。

［易普斯］在今土耳其国境中部，其地今日情况不详。

［安提俄克］为古叙利亚西北角大城，现存，属土耳其，在土耳其领土伸入大叙利亚土地范围的那一个土耳其东南端角落。

［萨摩斯岛］为小亚细亚西南岸外较大海岛，现属希腊。

［西奥斯岛］为雅典东南爱琴海中较大海岛，现属希腊，古名（Ceos）与今名（Kea 基亚）音稍异。

［大夏］为在巴克达利亚（Bactriana）地方立国的种族的名称（Dahae），我们中国在汉代把它用为国名。

［安息］在帕提亚（Parthia）地方自立为王的那个人，名叫

Arsaces，以后历代的王都沿用此名。我们中国在汉代译此字为"安息"，并用为国名。

六、罗马

[罗马共和国的阶级矛盾与对外侵略]过去一切统治阶级，是惯于以对外侵略来转移人民的视线，麻痹人民的思想，缓和阶级的矛盾的。罗马共和国时代的对外侵略，到布匿战争为止，几乎都是属于这一类型的。为使人民忘记国内的阶级不平和阶级压迫，罗马贵族所控制的政府不断地发动对外的侵略战争，每次胜利后也分给人民一点土地及小恩小惠，但大部的土地及利益都为贵族所占有。

[布匿]迦太基人是腓尼基人，罗马称腓尼基人为"匹匿"(Poeni)，此字拉丁文的形容词式Punicus，近年我们中国一般的历史书中多译为"布匿"，称罗马迦太基之间的大战为"布匿战争"。

[布匿战争中罗马战船的吊桥]迦太基为海军国，善于海战。罗马在开始与迦太基作战时仍为陆地国家，航海及海战的经验都很差。罗马人于是发明了"吊桥"的办法，每只船上装一吊桥，接近迦太基战船时就把吊桥放下，紧紧钩住敌船，士兵一涌而过，与敌人在敌船上短兵相接，等于在陆地上作战。这是罗马利用自己的长处，强迫敌人在不习惯的情形下仓促应战的例。

[亚历山大利亚的图书馆]在希腊化及罗马时代，这个埃及的大商埠及文化中心有两个大图书馆。第一个较早的图书馆，也是当时地中海世界最大的图书馆，最盛时藏有写本四十万卷，在公元前四八年恺撒率罗马军队攻城时全部焚毁，一卷无存。第二个是较晚较小的图书馆，上古西方世界的第二个大图书馆，在公元三八九年被信基督教的罗马皇帝下令毁掉。因为图书馆就设在旧的神庙中，在毁庙时，图书也大部失散或被毁。后来到五世纪中期，有一次城中仍信旧日宗教的人与基督徒发生冲突，基督徒进入这个藏书的旧庙

中,把书卷全部搬到街上焚毁。

以上的焚书代表世界史上两次大的文化浩劫,本身就值得注意。我们特别提出,又因为在各种欧洲文字的历史书中,无论是大书或小书,专书或课本,一直到很近的时期,都时常列入一段对伊斯兰教的诬蔑,说亚历山大城的图书馆是公元七世纪中期阿拉伯人征服埃及时所故意焚毁的。这是基督教教会对伊斯兰教所造的谣言,没有一丝一毫的事实根据。

[罗马帝国与拉丁语]罗马帝国的长期统治把拉丁语的使用推广到整个的地中海世界,特别是地中海西部的世界和中欧西欧。到中古时代,拉丁文仍为中西欧的官方用语和学术用语。世界史发展上的资本主义先在中西欧出现,在资本主义的历史阶段中西欧在世界上比较占优势,所以他们所公认的欧洲国际学术语的拉丁文就无形中变成世界的国际学术语。今日各种自然科学中的术语几乎都是用拉丁文,国际法中的术语也以拉丁文为主,社会科学中也夹杂了不少的拉丁术语或由拉丁文转化而出的术语。

[耶稣——有无其人的问题]这是在谈论中及通信中时常遇到的一个问题。简单地解答这个问题,可说承认历史上有耶稣其人,远比否认他要恰当些,要科学些。这个问题是十九世纪中期所遗留下来的问题,复杂繁琐,今日没有再详为解释的必要,我们只把问题的意义予以简单的说明。

这个问题的来源有二:一为十九世纪资产阶级历史学及历史批评的发展及发达,一为十九世纪中晚期科学与宗教的思想斗争。西方的历史学到资本主义阶段,特别是到十九世纪,才基本上跳出文艺的领域,进入科学的园地。但因立场观点的关系,它的科学性是有限度的:其中一种表面非常科学而实际极不科学的发展,就是在对史料的批评中怀疑过度,最后成为思想方法上的虚无主义,历史上许多的大事和人物都被"证明"为子虚乌有。在大事上,一个最突出的极端例证,就是有人费毕生之力,写了长文和大书,"证明"全部关于欧洲中古时代的史料都是伪造,并且也根本没有中古时代那一回事,十九世纪距离古罗马帝国只有几百年的时间!在历史人物问题上,专就宗教人物而论,波斯教的创立人、佛教的创立人、基督教的创立人,都曾被认定为虚构。今日资本主义国家的历史学仍然有虚无主义的一面,但这种轻率的论断已不时髦,今日资本主义国家中也没有一个比较严肃的历史学者再说波斯教或佛教的创立人为整个出于伪造。今日仍有人对耶稣的问题发生疑问,那是另有原因的。

十九世纪中期达尔文的《物种原始》一书发表后,引起基督教教会的驳斥,科学界以及一般有进步思想的人士于是对教会群起而攻,根据科学,根据哲学,根据历史,向教会开火。说耶稣根本为无其人,也就是此时发生的一种历史方面的说法。这在当时的思想斗争气氛中,在资产阶级历史学的领域内,是很自然会发生的一种说法。但今日时代已变,尤其是一个已经掌握马克思主义思想武器的人,无论是在研究历史时,或是在批判宗教时,都不再需要此种在科学上成问题的论点。

[基督]原为希腊名词 Christos,是希腊文对犹太文 Mashiakh(弥赛亚)一词的翻译,就是"救主"的意思,耶稣的信徒认为他是降世的"救主"。此词明末天主教传入中国后,译为"基利斯督"。十九世纪初年西欧基督教新派(普通所谓耶稣教)也有传教士进入中国,他们把此词简化为"基督"。但中国的天主教一直到民国初年仍沿用"基利斯督"的全名,近年来才开始用"基督"的简称。

[耶稣纪元——公元]西方世界当初并无统一的纪年法。罗马人以传说中的罗马建城之年纪元,建城为公元前七五三年,这一年就是罗马的纪元元年,他们使用意为"建城之年"的三个拉丁字的字首的字母为纪元的符号,即 A. U. C.。罗马帝国成立后,这个纪年法传遍地中海世界及欧洲的大部。一直到中古时代的早期及中期,此法仍在欧洲通行。公元六世纪基督教的一个修道士推算耶稣的生

年,他断定耶稣生在罗马纪元七五四年,并开始以此纪元,称此年为元年。后来的习惯,用两个拉丁字 Anno Domini(简写 A. D.)称此年,即"救主降生之年"的意思。自此"救主纪元"就与"罗马纪元"在欧洲并行,新的纪年法压倒旧的纪年法,各地先后不一,经过了几乎一千年的时间,到公元十五世纪罗马纪元才在欧洲完全停止使用。

耶稣以前的年份,很早也用两个拉丁字标明,即 Ante Christum(简写 A. C.),意为"基督之前"。英文把此两字译出,为 Before Christ(简写 B. C.)。我们中国过去依欧洲的惯例,公元纪元用 A. D.,因为英国是如此用法;公元前也就照抄英文,用 B. C.。至今仍有人如此作法。用两个字母,诚然较比写"公元"或"公元前"为简便,但原则上我们仍应使用自己的文字,在必须用字母符号时,似当使用有国际学术语性质的拉丁符号,不当使用英文的符号。

到耶稣纪元制度已在欧洲流行之后,才有人发现六世纪时那位修道士的推算有误,耶稣实际大概是生在罗马纪元七五〇年,即公元前四年。但至此若再更改,牵动太大,于是也就将错就错,继续以罗马纪元七五四年为耶稣纪元元年。这个纪年法,在资本主义时代传遍全世界,就是今日的"公元"。

[安息日,礼拜日,星期日,日曜日]为商品交换期的划定,为结合宗教的祭祀祷祝,而把一个月再分为几段,是几乎所有的民族自古即有的办法,最普通的是三分(十日一周)、四分(七日一周)和六分(五日一周)。这三种办法,我们中国都有。十日一旬的制度,至迟到殷代已经流行,并与宗教已有密切的关系。五日为半旬,大概与旬制同时出现,中国今日许多小的城镇,每五日为市集之期,可能来源甚古。《周易》文字最早部分的《卦辞》中已有"七日来复"之句,可见每月四分的观念在中国也是很早就有的。后来每日又按二十八宿分配,二十八宿又予以四分,正是七日一周的办法。我们今日译西方的"周"为"星期",仍是二十八宿制度中原有的名同。但这一切在中国过去都没有成为硬性的办法,今日中国以及世界的七日一

周的制度来自基督教,基督教承自犹太教,犹太人又取法巴比伦。

古巴比伦原有七日一周的制度,似乎也未硬化,犹太人学来之后,把它与宗教密切结合,成为一种牢不可破的制度。他们说上帝用六天的工夫创造宇宙万物,第七日休息,所以就规定每第七日为"安息日",不准从事劳动,只准礼神拜神。基督教兴起后,最初的基督徒都是犹太人,仍守安息日,在安息日举行新的宗教礼拜。但据传说,所谓耶稣死后复活是在一个周期的第一日,就是现在的"星期日",于是就又在那一天礼拜。早期的基督徒实际有两个接连的"礼拜日":一为周期的第七天,即旧犹太教的安息日,即现在的星期六;一为周期的第一天,即所谓耶稣复活的那个周期日,即现在的星期日。这个新的"礼拜日",他们称为"主日",即纪念救主复活的周期日期的意思。公元四世纪罗马帝国承认基督教为合法宗教后,第一个信基督教的皇帝君士坦丁在三二一年规定以"主日"为基督徒的唯一"礼拜日",自此这就成为基督教的定制,一直到今天。今日的星期日是基督教的礼拜日,犹太教的礼拜日仍为星期六,即自古未断的七日一周的每周第七日(近世基督教有几个小的派别,以犹太教的安息日为礼拜日)。在世界史上,唯一可与由犹太人传下的几乎三千年来未断的七日周期制相比拟的,只有中国的干支纪日制,比西方的七日周期制的历史还要久远(巴比伦的七日周期制,详情无考,西方的周期制只能由犹太人受巴比伦影响后算起,那是公元前六世纪的事)。

回教兴起,规定以每周的第六日为回教的礼拜日,即现在的星期五。所以在回教徒、基督教徒、犹太教徒人数比例相差不太大的近代都市,例如埃及的亚历山大利亚,就有银行每周休息三天的奇特景象。因为一教的银行停业,其他两教开业也不方便,索性大家就休息三天了事。

清末中国经由英国的文字而采用了西方的这个制度。英国为日耳曼民族的国家,日耳曼人在未信基督教以前也有七日的周期,每日纪念一神,信基督教后仍用旧名,称基督教的礼拜日为"太阳日",即太阳神的纪念日。(今日欧洲凡是日耳曼国家都称此日为"太阳日",拉丁国家称它为"主日",斯拉夫国家称它为"复活日"。)我们中国就参照旧有的天文学名词,译这个"太阳日"为"日曜日",其他六天也按英文中的神名译出,但为简便起见,又译"日曜日"为"星期日",此后六天按数字排列。后来这个简便的制度很快地流通,日本则采用了较为繁复的"日曜日"等的制度。

这以上是我们所自拟的译名。基督教的传教士则参照我们的"星期"制度而称"星期日"为"礼拜日","星期一"为"礼拜一"……今日的习惯,行文都称"星期",但口语深受了基督教教会的影响,多称"礼拜"。这虽是小事,事实上确不妥当。"礼拜日"是宗教制度的名词,"星期日"只是计日的名词,我们中国既不是基督教的国家,似乎以不用"礼拜日"一类的名词为宜。况且我们国内虽无犹太民族,却有不少的信回教的兄弟民族,他们的"礼拜日"是在星期五,所以我们在口语上似乎可以考虑改变习惯,与行文一样,只说"星期""星期日"……

[君士坦丁与基督教]基督教因为起初是人民的组织,深遭罗马政府的敌视,基督教不止一次地被宣布为非法团体。到公元三一三年,罗马皇帝君士坦丁才正式承认基督教的合法地位,与其他的宗教同受法律的保护。这件事后来被教会的历史家渲染夸张,把它说成为定基督教为罗马帝国国教的措施。一般的历史学者不察,一直接受教会的这个歪曲事实的说法,连二十世纪初年的权威史著中仍多沿袭此说,至今此说在史书中也尚未完全肃清。三一三年后基督教发展甚速,皇帝日愈利用它为统治工具,但正式禁止一切其他"异教",承认基督教为帝国的唯一宗教,为"国教",是三九二年才发生的事,距离君士坦丁承认基督教为合法团体已有八十年。

[所谓"罗马帝国灭亡"]一般的历史书上说公元四七六年"罗马帝国灭亡"或"西罗马帝国灭亡"。第一个说法是完全错误的,罗马

帝国于四七六年后在君士坦丁堡又维持了将近一千年,绝不能说四七六年罗马帝国灭亡。说"西罗马帝国灭亡",也只是历史书上一种便利而不恰当的说法。在法理上,罗马帝国始终是大一统的,并无所谓东西。不过自四七六年意大利的罗马皇帝被废后,西部即不再有皇帝,却是事实,我们如理解为自此西部无皇帝,西部的领土为蛮人所占有,那是可以的。但连那些蛮人仍然长期地认为他们是居住在罗马帝国之内,是在替罗马帝国守土,所以"灭亡"一类的观念,在当时以及此后很长的时期内,是在任何人的心中都没有发生的。

我们以上是讲"法统"和当时及后世的观念意识。但从另一方面看,四七六年的变化确有它的重要性,就是社会阶段的转变。前此欧洲为奴隶社会,自此欧洲转入封建社会。此点虽然重要,但也不可过度强调,因为封建制度,无论是在罗马帝国内部,或在帝国边外的日耳曼人地区,都于公元一二世纪间就已萌芽,并非四七六年或四七六年前后才骤然出现。至于封建制度的确切建立,在欧洲各地先后不一,也不能以四七六年为枢纽。我们只能说,四七六年的变化,是欧洲特别是西欧由奴隶社会转入封建社会过程的诸种有关大小事件中的一个对后日历史家比较醒目的事件而已。

注

一、撰者没有中学教学的经验,所供的资料可能不适合需要,请读者多提意见。

二、这些"简释"的目的,是供教师作教学的背景资料,并不一定需要课堂上全部应用。

(原载《历史教学》1953 年第 10—12 期)

对世界上古史改分区教学法
为分段教学法的体会

本年一月在上海复旦大学受高等教育部委托召开的"世界上古史"教学大纲讨论会中,南开世界史教研组建议上古史教学改为分段教学法,那就是说,不再一国一国地讲述,而把整个上古分为几个段落,每一段落中要照顾到全世界所有的国家。

这个建议的提出,是由于在原来的分区分国教学实践中发现了一些相当根本的问题:

第一,这首先牵涉到一个整个教学大纲的体例问题,中古史和近代史,尽管时间都较上古史为短,教学大纲却都是按时代分段讲授,而长达三四千年的上古史反倒分国讲授,不仅三课的体例不相配合,并且事实上必会牵涉到更根本的问题。下面两点中就要谈到根本的问题。

第二,年世相同的国家而分前后讲述,同学很容易得到它们有先后相承的关系的印象。虽然教师可以说明,分别先后讲述的两国在年代上实际是同时的,但上古时代错综复杂的大大小小国家实在太多,一个一个地讲下去,确是难以叫初学的青年把年世的关系搞清。结果,虽然对个别事实较多的国家或可得到一个比较清楚的印象,一般同学对整个上古时代总难免有一片模糊之感。这可能,在或多或少的程度上是由于教师的教学技术不够考究,但旧有教法本身的确也产生了必然的困难。

　　第三,上古每个国家,在表面现象上似乎都有兴起、盛强、衰落的过程,我们一国一国地讲授,使同学很容易获得一个各国盛衰兴亡、千篇一律的印象,更严重地甚至可使他们有意无意之中得到一个历史循环论的结论。循环论在过去历史知识浅薄时,本是世界各地最流行的历史观,今天又成了帝国主义国家有意识有目的地宣传的反动历史观的一种,我们要极力避免即或是无意中给青年与此种历史观相类似的一种印象。上古史因受资料不完备、不平衡的限制,许多问题本不容易整理清楚,但我们若把各国各区综合探讨,在种种方面具体判明上古时代世界性的社会发展线索的可能仍是很大的,在消极方面则可不致给同学一个各国盛衰循环的错误印象。所以这个方法是值得予以考虑的。各国分述,本只是资产阶级历史学的传统办法,而在学术上,特别是在社会科学上,除了纯技术的问题外,资产阶级一切的传统办法我们是都当全面考虑,然后决定去取、决定损益的。在上面这样一个根本问题上,社会主义阵营的历史学者是没有理由不假思索而默然地继承资产阶级学术的传统的。

　　这个问题是有事实上的困难的。上古世界国家甚多,不同的语言甚多,并且上古时代重要国家间的语言歧异要远较近代为大,结果是很难有人是全部上古史的专家,一个人只能是一国或历史关系及语言文字较为接近的几个国家历史的专家,所以比较重要的上古史作品都是专论某一国历史的作品,概括性的著作而真正达到较高科学水平的实在是不多见,这自然就为综合时代教学法造成相当根本的困难。在会中,大家经过反复讨论,最后主要地也是由于考虑到这个事实上的困难,决定教学大纲暂时仍采分国编排的办法,但同时在原则上承认综合时代教学法应当是今后奋斗的方向,并决定号召全国的上古史教师同志就此问题撰文讨论。

　　院系调整四年以来,南开大学世界上古史教学也一直是采用分国分区教学法,每年都遇到上面所提到的那些问题,有时同学也提出不少的与这些问题有关的疑问。起初教师(即作者本人)认为这都是课程内容本身所决定必然发生的困难,除由青年努力学习外,别无办法。今日检查起来,这是学术思想上的保守想法;实际上,连续几年而青年一直提出的问题,其中必然有问题,并且很可能是相当根本的问题。这类问题的提出,正是教学相长中的"学"对"教"的重要帮助的一面;就学术发展而论,这是在科学上新生力量出现的另一方面。老年一代的人如果细心考虑青年一代的此类实质上属于建议性的问题,科学就可很快地向前发展一步。老年一代若因自己掌握了丰富的科学知识而对青年的建设性的建议故步自封,那就只有等待这一代青年成长之后再走这一步,科学的发展就要迟缓得多了。我们老年一代应当欢迎青年一代的新生力量通过我们自己而早日表现出来。由上海开会归来后,经过南开世界史教研组各同志间的交换意见,并征得了系领导的同意,我们在下年(一九五六——一九五七学年度)准备第一次采取试验性的综合年代教学法。在初次实践的过程中,必然会遇到困难——一些在旧法教学中所意想不到的困难,教学效果可能不好;但我们考虑到,不作此试验,根本问题的解决就永不得开展。所以我们仍然冒险地决定准备这样作了。

如上所述,我们还没有实践,所以对此问题还提不出积极方面的经验,供大家指正。用新法教学后,我们准备把过程之中的一切,无论是属于新的发现一类的或属于新的困难一类的,都向同道的人提出请教。

在下年的教学中,我们准备把会中通过的教学大纲中的内容全部包含进去,一切细目也尽可能地依照会中通过的大纲节目。至于整个的教学的纲目,我们还没有详细拟定,只有一个概括的章目及重大分段的提纲,列举如下,请同志们指正:

世界上古史教学章目

一、总论

二、上古前期(公元前二九〇〇—前一一〇〇年)

(A)前论——生产力生产技术的遗产——铜器时代

（B）前期上（公元前二九〇〇—前二〇〇〇年）

　　（1）两河流域——苏摩、阿卡德

　　（2）依兰

　　（3）印度——身毒文化

　　（4）埃及——古王国

　　（5）克里特——爱琴文化

（C）前期下（公元前二〇〇〇—前一一〇〇年）

　　（1）两河流域——古巴比伦帝国——亚述之兴起

　　（2）依兰

　　（3）印度——雅利安人之移入

　　（4）埃及——中王国与新王国

　　（5）克里特与希腊半岛——诺索斯与迈其尼

　　（6）叙利亚与小亚细亚——哈梯人与铁冶

　　（7）中国——夏商

三、上古后期（公元前一一〇〇—公元五七〇年）

（A）前论——生产力之发展——铁器时代

（B）后期上（公元前一一〇〇—前五〇〇年）

　　（1）中国——殷周之际、西周、春秋

　　（2）印度——吠陀时代

　　（3）西亚与北非：

　　　　埃及

　　　　亚述与亚述帝国、新巴比伦

　　　　小亚细亚各国

　　　　叙利亚

　　　　腓尼基

　　　　希伯来

　　　　波斯之兴起

　　（4）希腊——城邦之成立

（C）后期中（公元前五〇〇—公元元年）

    （1）中国——战国、秦、汉——诸子——汉与儒家

    （2）印度——列国与帝国——哲学

    （3）波斯帝国

    （4）希腊：

        雅典与斯巴达——哲学

        马其顿——希腊化时代

    （5）大夏与安息

    （6）犹太——哲学与宗教

        中国、印度、希腊、犹太之哲学发展

    （7）罗马——统一意大利——罗马帝国之成立

（D）后期下（公元元年—五七〇年）

    （1）中国——新、东汉、魏、晋、南北朝——佛教

    （2）印度与大夏——佛教与印度教

    （3）东亚新兴诸国——朝鲜、日本、越南

    （4）安息与萨珊波斯——波斯教

    （5）罗马帝国：

        基督教

        中国、印度、波斯、罗马之宗教发展

（E）游牧世界与土著世界（公元前一〇〇〇—公元五七〇年）

四、总结

［原载《南开大学学报》(人文版)1956 年第 1 期］